重。日本與中國同屬東亞儒家文化圈，他們在接納西方學術思想和研究模式時，已作了某種消化與調適，從思維轉換的角度看，更便于中國借鑒和利用，他們的著作因而被時人廣泛引進。

與當代學術研究日趨專業化、專門化、專家化的『窄化』道路迥乎不同的是，中國傳統學術崇尚『學問主通不主專，貴通人不尚專家』的通識型治學門徑，處于過渡轉型期的民國學術在不同程度上保留了這種特徵。民國學術大師諸學科貫通一脉、上千年縱橫捭闔之功力自不待冗言，外交家著倫理政治史、文學家著哲學史、化學家著戰争史等亦不乏其人，民國專題史研究呈現出開放、融通、跨界撰述的特點。與此同時必須看到，自晚清以來，中國的命運就在外侮屢犯、内亂頻仍的窘境中跌宕彷徨，民族存亡仿若命懸一綫。這股以創建學科、總結經驗、解決問題爲指歸的專題史出版風潮背後，包裹着民國學人企望以西學爲工具拯民族于衰微的探索精神，及以學術救亡的愛國之心。梁任公曾言：『史學者，學問之最博大而最切要者也，國民之明鏡也，愛國心之源泉也。』這種位卑未敢忘憂國的歷史使命感和國民意識是今人無法漠視和遺忘的。

『民國專題史』叢書收録的範圍包括現代各個學科，不僅限于人文社會科學，學科分類以《民國總書目》的分科爲標準，計有哲學、宗教、社會、政治、法律、軍事、經濟、文化、藝術、教育、語言文字、中國文學、外國文學、中國歷史、西方史、自然科學、醫學、工業、交通共19個學科門類。本叢書分輯整理出版，内不分科，單本發行，方便讀者按需索驥。既可作爲大專院校圖書館、學術研究機構館藏之必備資源，也可滿足個人研讀或興趣之收藏。

與目前市場已有的一些專題史叢書相比，『民國專題史』叢書具有規模大、學科全、選本精、原版影印的特點。本叢書選目首重作者的首創、權威和著作影響力，尤其注重選本的稀見性。所謂稀見，即建國後没有再版，且多數圖書館没有收藏，或即便有收藏，也是歸于非公開的珍本之列予以保存，普通讀者難以借閱。部分圖書雖有電子版，但作爲學術研究的經典原著讀本，紙質版本更利于記憶和研究之用。本叢書精揀版本最早、品相最佳的原版圖書作爲底本，因而還具有很高的版本收藏價值。

『民國專題史』的著作是民國學者對于那個時代諸問題之探究，往往有獨到之處，無論其資料、觀點短長得失如何，要之在中國現代學術史的構建與發展進程中，自有其開宗立論之地位。

出版前言

中國現代學術體系是在晚清西學東漸的大潮中逐步形成的。至民國初建，中央政治權威進一步分散和削弱，加之新文化運動帶給國人思想上的空前解放，新學的啓蒙，新知識分子的産生，民國學術如草長鶯飛，進入一個自由而蓬勃的時代。中國傳統學科乃中國學術之根基與菁華所在，民國學人采用「取今復古，別立新宗」之方法，引入西方的學術觀念，積極改造，使史學、文學等學科向現代學術方向轉型。此外，大力推介西方社會科學的新學科和自然科學，在學習、借鑒乃至移植西方現代學術話語和研究範式的過程中，逐漸建立中國現代學科，使中國的學科門類迅速擴展。一時間，新舊更迭，中西交流，百花齊放，萬壑争流，開創了中國現代學術的源頭。

伴隨知識轉型和研究範式轉换而來的，還有學術著作撰寫方式的創新。中國古代的著作向來以單篇流傳，經後人整理匯編後，方以成册成集的面目出現并持續傳播。直到十九世紀末，東西方的歷史編撰體裁不外乎多卷本的編年體、紀傳體和紀事本末體等，章節體的出現標志着近代西方學術規範的産生和新史學的興起。章節體具有依時間順序，按章節編排；因事立題，分篇綜論；既分門别類，又綜合通貫的特點。以章、節搭建起論述之框架，結構分明，邏輯清晰，較傳統的撰寫體裁容量大、系統性强。它的傳入，使中國現代學術體系從内容到形式被納入了全球化的軌道。民國時期專題史的研究、譯介、編纂、出版恰恰是在這樣的背景下欣欣而發，是學術的實驗場，也是歷史的記録儀。編選《民國專題史》叢書的初衷正是爲了從一個側面展示中國學術從傳統向現代過渡的歷史進程。

專題史是對一個學科歷史的總結，是學科入門的必備和學科研究的基礎，也是對一個時代艱深新鋭問題的解答，是學術研究的高點。民國專題史著作中，既包含通論某一學科全部或一時代（區域、國别）的變化過程的，又囊括對一時代或一問題作特殊研究的，還有少部分是對某一專題的史料進行收集的。原創與翻譯并重，翻譯的底本大多選擇該學科的代表著作或歐美大學普及教本，兼顧權威性和流行性，其中日本學者的論著占據了相當比

圖書在版編目(CIP)數據

社會進化史 / (德)米勒利爾著; 沈怡, 陶孟和, 樑綸才譯. —鄭州 : 河南人民出版社, 2016. 4(2017. 1 重印)
(民國專題史叢書 / 周蓓主編)
ISBN 978-7-215-10035-0

Ⅰ. ①社… Ⅱ. ①米… ②沈… ③陶… ④樑… Ⅲ. ①社會發展史 Ⅳ. ①K02

中國版本圖書館 CIP 數據核字(2016)第 079689 號

河南人民出版社出版發行
(地址：鄭州市經五路 66 號　郵政編碼：450002　電話：65788063)
新華書店經銷　　河南新華印刷集團有限公司印刷
開本 710 毫米×1000 毫米　1/16　印張 25.5
字數 370 千字
2016 年 4 月第 1 版　　2017 年 1 月第 3 次印刷

定價 ：164.00 圓

周蓓 主編

『民國專題史』叢書

（德）米勒·利爾 著 沈怡 陶孟和
樑綸才 譯

河南人民出版社

社會進化史

以進化論的觀點敘述人類文明與文化的演進過程，提出文化的原動力在于人的自身

序

向來關於社會的論著大概多屬於哲學的著作。著者所根據的事實很少，專從理論的立足點討論關於社會的原理原則，或研究關於社會的抽象的觀念，或用哲學的眼光解決現代的社會問題。自柏拉圖的共和國乃至英國馬肯西（J. S. Mackenzie）現在已經絕版的社會哲學緒論一切關於社會的著作大概都是這一類。

但是要使社會的研究成爲科學的，就不能不脫離了以先哲學的科臼。抽象的哲學的推論誠然有時可以供給我們許多的提示，產出良好的結果，有時可以提出合理的臆說，指導後來的研究，但是眞正的科學不能只建設在抽象的推理上的。無論理性是如何『純粹的，』如果沒有事實，如果對於事實沒有系統的研究，那理性終久不能產出科學的。近代社會學者都已注重事實。事實固然是社會科學的基本原料，但是研究起來也不是容易的。近來古生物學，人類學，言語學，歷史學，經濟學及其他輔助科學進步極速，所供給的研究資料甚多，要整理，排列，捨輕，取重，從夥多的紛雜的事實之中，攝取精要，的確是極困難的。社會學所包括的範圍極廣闊，所牽涉的關係極複雜，所以就是已經有了許多的事實，有時仍然嫌不足，所需要的事實偏偏不齊備。所以社會學者要在這個情形之下構成一個有系統的科學，恐怕有很少敢輕於嘗試的。

社會學者的大部分因爲全體的綜合的研究，差不多是茫無頭緒的，所以都專從事研究一個民族或一個題目。結果，社會的研究變爲極專門的，而所謂社會學的本身反倒沒有成立。我們試翻閱現在社會學一類的書籍，除了無數簡陋的散漫的淺薄的教科書以外，大部分都是些社會學或人類學的專著。這些專著固然是很有價值的，是社會學的基礎，但不能稱爲社會學。

現在社會學上最主要最根本的問題，就是社會的性質，社會的演化，文化演進一般的趨向，社會進步與社會退步諸問題，這些問題，固然不是純粹哲學的討論所能答復，卻也不是那些社會學與人類學的專著所能解釋闡明的。要答復這些重要問題，必須藉各種研究與各種輔助科學所供給的材料構成社會發展的全景，尋出社會進化的系統。這就是歸納的社會學，這就是現代社會學上最重要的事業。現代社會學所以能成立的理由，就是因爲可以根據社會現象與社會事實用歸納的方法以追溯社會進化的次第，顯出進化的線索，指示將來進化的傾向與目的。現在我所要介紹的著作，就是這一類的歸納的社會學。

本書所採用的研究法，就是自然科學上所用的比較法，但是著者稱他爲變象的研究法（Phaseological method）。按這個方法先將文化的全範圍分爲若干部分，然後再將各部分自最古以至現代所經由的途徑分別排列爲若干變象（Phases）或階級。我們如果將各不同的變象互相比較，就可以發見這些變象的演化都是有一定的方向的。這個方向可以稱爲『進步的趨向』（die Richlungslinien des Fortschritts, the lines of direction of progress）。

發見這些進步的趨向，不特有學術上的趣味，並且是現代社會生活上最迫切的問題。我們人類已經有了幾十萬的生命，我們在這個長久的年代之中已經造出極複雜的極高尚的文化：從禽獸般的小的遊羣已進到龐大的國民，更進而爲國際的大團體，從不知取火，不知耕種的生活已進到能支配一切自然力與物質的境界，從鳥鳴獸吼般的言語已進到能用文章發表極深邃的思想極濃厚的情感的階級。這樣可驚的變化到底有什麼意義，到底有沒有一定的系統，到底還要發生什麼變化，到底向什麼方向行去，這些都是最迫切的問題不得不急謀解決的。而研究文化進步的趨向，正可以幫着我們解決這些問題。

我們用變象的研究法尋出了進步的趨向，第一，可以知道人類過去的發展是進步的，有一定的方向的，有一定的規律的，並不是偶然的，無定的。從此可以看出過去文化進行的趨向。第二、我們可以對於現在有一個新的觀察。我們可以看出現在的文化並不是絕境，並不是最高點，我們的社會並沒有到『山窮水盡』的境界，現在的狀況不過是無窮的發展程序中的一節。第三、進步的方向可以指出將來的目標。我們研究現在的社會現象尋出他的原因了以後，才可以發見那支配社會現象的定律，從此也就可以推測那些現象的前途。這樣的推測，雖然不能說有十二分的把握，但是至少可以指示進化的傾向與進化的目標。這些都是社會學上最主要的問題，可以用歸納法，比較法，卽著者所謂變象的研究法闡明的。

著者所抱的計畫頗大。他擬出要著述的歸納的社會學共十二册。全書總名爲『人類進化之階級』據著者自述這十二冊包括純粹『純粹社會學』的全部。此外關於應用社會學的計畫尚未宣布。不幸著者於一九一八年逝去，除應用社會學的著作一部外，他所計畫的純粹社會學只有七冊出版。茲將已出版的各冊名稱列出，以便略窺著者計畫的大概：

一、生命與科學之意義——民族哲學的基礎線索　一冊
二、文化的變象與進步的趨向　一冊
三、婚姻與家族的型式　一冊
四、家族　一冊
五、戀愛的變象研究——性別關係的社會學　一冊
六、優生學——選種，教育，遺傳的社會學　兩冊
七、苦痛社會學（應用社會學之一）　一冊

本書的原稿就是上列的第二種，現在改名爲『社會進化史』。此書出版於一九〇八年，我在十三年前最初研究社會學的時候，哈蒲浩教授就舉出這本書做參考。歸國以後

常想將原書譯出，但是因爲譯述德文太覺吃力，所以始終未敢動筆，但是在學校講授社會學的時候，常引用他的材料與論斷，得力於這本著作的不少。前年沈怡與梁綸才兩君答應分別擔任譯述這本三百六十頁的大著作。以後沈君赴德留學，梁君又以故未能賡續譯事，我覺得這個未竟的譯事若竟放棄，未免可惜，於是我又自己動筆，將第三卷第四章以後翻譯完畢。幸而此書現在已譯成英文，（英文本改名爲 The History of Social Development，譯者爲雷克女士的母女二人，雷克女士也是與我在十三年前同班受業於哈蒲浩教授的）我按英文本翻譯，省了許多的時間與精力，遇有難解的地方，我才對照原本，檢查他的真意義。

德文原書在一九一五年再版，畧有改竄的地方。我因爲手下沒有新版，所以有翻譯校閱都按第一版原書。

陶孟和十二，九，一，北京。

著者原序（著作的趣意與計畫）

人類從渺茫的起源經過非常久遠的時期，才進到現在的地位，這是人所共知的。人類最初都是些散居在深林中的小羣與野獸無異。以後由小羣聯合成爲部落，部落成爲國民，國民成爲國家，國家又成爲强權，到了今日，差不多世上所有的人民都藉着貿易相結合成爲一個大的工作團體。人類一步一步的趨於組織更高的團體，前一代總是做後一代的先導，文化的成績竟積成爲大產業。人類創造言語爲文化最重要的媒介，發明工具，舉火，以後又發明耕種與畜牧，採取金屬。人類又發展了宗教，藝術，科學，造出各種巧妙的機械，更漸漸會支配自然的勢力。

所謂文化就是人類這樣的偉大變遷的程序，但是人類對於這個大變遷所經行的途徑的一大部分，却是絲毫沒有覺察的。因爲這個變遷太大，所以有許多大的事業，他的狹窄的眼光都沒有看出。他沒有看出文化的緩慢的進步，正如同他在地上居住的地方沒有看出那繞日的大運行的一樣。

正在人類史上最重要的一幕，正在人類文化的發展進到自覺的境界的時候，發生了抽象的文化學，就是社會學人覺得他正在進化的運動的中心。現在人的理性初達到自我的意識，正如同兒童初次叫了一聲『我』的一樣。

自從這個樞紐的時間以後，文化進步的性質一定要改變：本能的努力一定要變爲意識的行動。人類向來以爲文化的運動是一種不可思議的勢力，用不可見的線索支配人類的運命的，從此以後，他的進步的知識可以希望益加能夠支配這個文化運動，以先他在本能的生活中，不得不服從那個文化以爲是定命的，現在他可以爲他的主人翁了。

★　★　★　★　★

但是達到這個目的的路是很長的。人要支配文化的運動，必須先要了解他。爲求了解起見，我採用一種研究法，這個方法雖然不全是新創的，但是在文化學上確沒有貫澈始終的應用過。這就是自然科學上的比較研究法，用在人類文化的發展上也可以稱爲『變象的研究法』。按這個方法，文化的全範圍一定必須分爲成分，成分中最重要的爲人種的蕃殖，社會組織，言語，科學，信仰，倫理，藝術。各種文化現象在各種分類所經行的途徑，自最古的時代一直到現今，可以排列爲多少變象或階級。我們比較這些不同的變象，就可以發見這些變象都是遵循一定的線路，這些線路我們稱爲「進化的趨向」。

這些線路使我們清清楚楚的看出人類發展是一個進步的運動，不是偶然的進行的，但是按着規則的定律，有一定的方向的。這些線路指示給我們文化在過去進行的方向。現在已經開闢了的發展的線路，不只幾百年但是無數萬年，既然有這樣長久的背景，這樣的研究也不能算爲過分的。

這些線路又使我們對於現在得到一個新的眼光。我們知道我們現在生活的狀況並不是一個絕頂，不過是發展的無窮的程序中的一部分。例如大家所爭論的女權運動，不過是發展次序中的一個必須有的連鎖，這個發展程序的次第：就是一、性別間的分工；二、男子間的分工；三、女子間的分工。這個次第不過是分作的定律的一方面，分作是一個普遍的定律支配有機體與文化的發展的。

最末這些線路是對於將來的指南針。我們考查現在社會現象的原因，可以發見支配那些現象的定律，還可以推測將來的現象。這種推測，若預言家的預述未來的事實當然是不可能的，但是看出演化所趨的目標，因此更窺測進步所趨的線路是可以的，也是極重要的。

★　★　★　★　★

這就是研究的方法：從社會學的事實（包括世界上各地方各時代各民族所有的事實）研究文化的變象，從文化的變象研究進步的趨向，從進步的趨向更研究文化發展的定律。我們從遠處慢慢的，一步一步的循着這條路進到社會學的目的。人類明白了自然的定律，就可以支配自然，明白了人類發展的定律，也就可以在頭緒紛繁的社會程序中看出一個固定的目的，從此也就可以用人的意志支派這個重大的勢力。

★　★　★　★　★

變象的研究法，可以用來研究文化的各重要分支。文化全體的研究可分別為以下部分：

第一部分（卽本書）包括經濟發展的變象（經濟學的變象研究。）這一部分可以稱為『文化的階級』，因為文化發展的高度常可以用經濟發展的標準量計，經濟的變化也常認為文化的階級。

第二部分討論人種的繁殖的現象，（愛情，婚姻，家庭，親族等等。）

第三部分討論社會組織的發展，從遊羣到現代的强權國家。

第四部分討論人類智慧的進化，卽言語，知識，哲學的與宗教的信仰的發展。著者在數年前卽研究這一部分爲此書的出發點。

第五部分討論倫理，法律，藝術的發展。

最末將進步的趨向與文化發展的一般定律，爲現在所公認的，總束爲一結論。

★　★　★　★

全書中五個部分討論特殊的原則，結論專討論社會發展一般的原則，兩種相合，包括文化學的全體，卽孔德所稱爲社會學的全體。讀者對於這個新的，光榮的，但是可惜仍然不完備的科學所得的成績，從此可以略窺一般。社會學成立了雖然不久，却已經膨脹極大，如果要將社會學敍述完備，或者須有數百本之多。本書只討論關於發展的最重要的最根本的原則，一切細則於敍述上或是於了解上不是絕對的必要的，本書不再備舉。

每一部分都是詳細的陳述，爲全體的一部分，但是也都是首尾畢具的獨立的著作。

讀者固然以遍讀全書爲上策，但是若只讀一部分，也可以了解的。

全書各部分都不另著緒論，現在特以社會學汎論冠首章爲本書引言。

社會進化史目錄

社會進化史

第一卷　社會學緒論

第一章　文明與文明學

文明的意義

文明二字，包括知識能力習慣生活，物質上與精神上，種種的進步與成績，換一句話說，就是人類入世以來所有努力的結果。

人類有言語，彼此之間，可以通意，所以一人得到經驗，不啻所有的人都得到經驗一般。由此以往，年復一年，也不知過了幾百萬年，精神的材料竟是越積越多。各個人的腦筋裏都有了知識與經驗，人類的能力也就一天比一天大。人又能制伏自然界，因此能超過一切獸類，在地上佔最優越的地位。獸類所苦的，是因爲言語與工具沒有進步，或有進步甚少。又因團結性不堅，同類散漫不齊，故每種改造，每代都須從頭做起。他們仍舊各自各的幹去，不知道從前他的同類早已做過這一段功夫了。至於人類方面的各種新改造，却是都從前一代所已經達到的一點出發，這是人類成爲萬物之靈的大關鍵。

我們試看野蠻種族所過的是什麽生活？茹毛，飲血，穴居，野處。反過來再看現在泱泱的文明大國是什麽景象？有那麽多的村落，城市，畜牧，農產，還有鐵路，工廠，學校，教堂，戲院，圖書館，美術館，市場，議院，監獄，病院。有聽命於一人的盈千累萬的軍隊，有航海與戰鬥用的艦隊。還有百萬千萬以上的居民，做出貨物來，互相交易。如此大相逕庭的兩現象，放在我們面前，無異進化上的一個起點與一個終點，也就是文化到現在所經過的種種實況。

以後的路與各個人以前所經過的，簡直不能比較，因爲前者實在太短。在進化途中有長期的停頓，休息或退化的時候，因此他祇有一步一步，一站一站的望前走。換一句話說，最初由一種狀態變爲另一種狀態的變遷（或變遷的形式，）非常之慢，而且看不出。等到各民族接觸較多，精神交換更密了以後，進化的能力始稍稍表現出來。此後日益加速的進化不絕，遂爲人所共見。

有史與有史以前的變象

文化的大部分，雖是演進不已，但是古人祇在遠處望見。古人對於種族的歷史與種類的能力的知識祇有些傳聞與故事。或以爲文化向來是如此的。古人的普通見解，常以爲人類的進化最初曾經過一個黃金時代，從此日趨退化，一天不如一天。即古代希臘與羅馬最高的思想家（例如 Empedocles, Epicureans）也不脫此種觀念。自從古代國家衰滅以後，文化的演進，不免遭着打擊，自然不免有退化。好容易進到高處，又從新墜下，淪爲野蠻民族。剛有一點科學精神，又被神鬼思想遮蔽。如同這樣的時期，不下一百多年。「古代」以後有「中世」，「中世」以後有近代歷史時期的開始，乃在古代之後。如將歷史的年紀估定爲六千年，還不算長久的時期。

這種解釋自身很有難成立的地方。因爲當古民族進入於歷史光榮時代的時候，文化已經比太古時代的原始地位高了許多，如果仍舊拿這個來作爲研究原始時代文明的根據，簡直無異距今數千年後，學者以鋼琴爲太古時代的樂器，把機關車當作最古的運輸器具。如此思想，實在可笑。歷史較古的民族，大半多有記載，並不是完全沒有歷史供給我們。不過記載乃是文化很發達以後的成績，在沒有記載以前，當然還有許多可以記載，而無從記載的。因此有史以前的文化沿革情形，早已埋沒在黑暗的古代以內。歷史於此幾乎不能尋出個本源來。

追溯有史以前的變象

一．依據古生物學

我們如果要研究無史時代的狀況，想像當時文化的程度，除了憑藉古物，別無他法。因此研究的方法便不能不稍稍變更。人有時在地下發見昔時人類遺留的兵器，工具，用器，裝飾品，日用品，食物，坟墓，碑誌等類。如一八三六年在法國北部Somme流域地方Boucher de Perthes曾發見洪積，紀冰期內人類的遺物。一八五三年發見古代湖上住房的木樁工程；以後在歐洲與其他各洲發見古物，一天多似一天。博物院裏充滿了許多材料，經過學者整理以後，造成一種新學問就是有史時代以前的研究(Pre-history)。後來因爲這門學問進步極快，有史時代以前的研究那個名詞，似乎太不實在，乃改稱古生物學。

二．依據比較人種學

第二種研究方法就是依據比較人種學。西勒爾(Schiller)在他所著的萬國史裏曾論到人種學，他說：『航海家的發見，使我們接近了許多民族，環繞我們的這許多民族各有各的等級，有如年紀不等的小孩子，圍住一個大人立着一樣。我們可以研究他們的來歷與他們的進化程序，這是何等値得讚美的事呀。我們的文化程度大概已不算低了。但是我們祖先在原始時代的一段歷史至今仍然缺乏，豈不是一個缺點。從這人種學裏。也許可以把他從新補出，這不是一樁狠有益的事麽？人類從前的幼稚情狀，的確狠有可羞可憂的地方。但這些種民族恐怕還不是原始階級。因爲原始的人一定比這些還要更不合理如……」

就理想說，生在同一時代的人類，不應該有等級的差別，但是事實却不如此。他們的文化，高下各不相同，細考起來，恰可以把他編成一部上窮數千年下抵現代的歷史。單說目前，有文化極高的民族，也有文化極低的民族，如使我們拿一本世界遊記讀一遍，便能了然。從前的人，因爲根據些本身極不可靠的事實，所以引出許多極不通的謬誤，如果早曉得用這個比較方法，不僅各零星部分早已發現，就是有史以前的重要諸點，也未必找不出來。

三. 旁證

我們已經有從研究古生物學及比較人種學入手的兩條路，第三條就是言語學了。研究言語學所用的方法與上兩種又是截然不同。言語在世間雖然與別的一樣也有不絕的變化，但是終究免不了有古代遺留下來的根芽夾雜在裏頭。用言語學的方法比較了以後，他的真意義便不難重復現出來，因此使我們多得一種考據。

至於宗教神話，雖有許多過於離奇不經，但是在古代人類的腦筋裏，却都佔過相當的位置。研究的時候也萬不容忽視。此外風俗習慣，雖則經過時代太久，早已失却原來的意義，但是從至今還沿襲或殘存的形式 (Survival, Überlebsel) 之中，至少也可以找出些材料來。

社會學的問題及目的

由前所述，我儕對於有史以前的情狀，大概可以有點頭緒了。自從象形文字及楔形文字發見以後，古代的事實，更容易查考，我們研究的範圍，又推廣了好些。新學問如統計學，國民經濟學，文明史，風俗史，文學史，美術史，政治學，人種法理學，人類心理學，人類學等等，源源而生，可以從各方面來研究這個社會的產物——文化。雖則各種學問的方法不同，却都有一個共同目的：就是認識人類是社會的生物。

科學的範圍雖然擴大，但是假使自然科學（地質學，生物學）沒有特別進步，則研究人類社會的各種科學，還是毫無依據。地質學與生物學告訴我們說，凡百創造，皆由已有的狀態或已有的變化變起。我們可以從進化與變形上定出人在自然界的位置，可以知道他的歷史在自然系統上的位置，也就可以對於人類有更深的了解。但是這門學問始終沒有統系，直等到拉馬克（Lamarck）瑯特（Goethe）西來耳（Geoffrey de St. Hilaire）哀拉司摩（Erasmus）達爾文（Charles Darwin）斯賓塞（Spencer）赫克爾（Haeckel）這一般人的努力以後，『社會學』纔在十九世紀裏產生出來。孔德（Comte）曾下有一個定義道：社會學的問題，乃是研究已往的人類與社會進化的知識。

社會學的問題

在研究社會演化的定律以先，應當先將演化的各證據尋出。

所以社會學家須先注意搜集完備的材料，正如同植物學家須搜集植物標本的一般。他須搜集各地方各時代的文明形式，將他敘述描寫，并且分門別類的整理。人類學古代神話，歷史文化史言語學統計學等等都是供給我們原料。我們將這些原料選擇排列就成爲今日所稱的社會變形學。(Social Morphology)

接着便發生第二個問題：這許多的形式怎麼樣會從一種發展成爲他種的。就歷史所記載的，以及我們見得到的來研究，自然還不難。假如歷史上都沒有記載，那必須用比較方法來研究。可以指導我們做研究的一個根本律就是進化的程序，大概是由簡入繁，由天然的入人造的，由同質的入不同質的。依此方法，我們便可以確定一種進化的線路，或幾種進化的線路，因爲進化是有許多線路，將許多線路相合便顯出文明的發展。

爲使對於各種進化都有明瞭的觀念起見，我們須把各個文明部分所得的進化線路，分爲大的和小的節目來講，如變遷，如循環，如時期。——文明實在並沒有清清楚楚的淵源或時期文明是接續的。因爲大家都在一條路上，祇能一步一步的走，也沒有人能一躍千丈。所以若將文明分爲無數節段在科學上旣不見得是需要，並且言語上也太不方便，使平空須添出幾千幾萬的新名稱。所以分節段的法，便不得不單單注意那幾個特別重要的進化點。(我們對於月有滿月蛾眉月種種稱呼，對於風有北風南風等等名稱，與此情形相同。

把進化的步驟，分時按代的考據起來研究進化的線路就是社會變象學(Social Phaseology)的問題。所有社會變形學供給的材料，經他一番整理以後，不啻成了一本社會現象的家譜，歷來各民族進化的變象，都可以在他那裏查考出來。

社會學用比較法，歸納法，從許多材料抽出演化的定律，使我們對於社會進行的趨向有了更清楚的了解。

社會學的用處

我們有幾件事情應該先知道的。從前從某個階級進入另一階級是怎麼一回事？我們所生存的狀態怎麼過來以及怎樣成立的？怎樣可以把這個地位提高？怎樣可以把人類間各個渺小之我擴大而為偉大之我？此無窮之世界自何而起抵於何而終？這都是人類到了一定的知識程度以後所認為重要的問題，大家要知道的。假使人沒有科學，就如禽獸一樣，只剩有飲食男女與勞苦罷了。

照例我們知道了一件事實，第二步便當研究他的所以然，怎麼成為這樣的？這就是科學的態度。我們既知道了那些與人生有密切關係的事實，就不願叫他雜亂放着，便須考一考他的進化史。——德國話裏如『紛亂』曰 Verwickelung『進化』曰 Entwickelung，『了解』曰 Verstehen『發生』曰 Entstehen。這些字的構造狠有深意；就是說要了解一個紛亂東西除非考究他的發生和進化不可。極複雜的機器，如使我曾見他製造見他裝置，我便可以把他的內容知道明明白白。社會學就是叫人知道文化的究竟，因為他能把文化一一放在我們眼前，至於如何可以使我們了解所處時代的地位，那就是本書著作的目的了。

各科學最高的目標，在乎不囿於目前而能放眼到將來。如孔德曾說：『知道是為預知。』(savoir pour previor) 今天裏頭含着明天。文化乃是接着一定的定律向着一定方向前進。我們如果能把進化的線路確定，那末就可以知道望着什麼目標走。正如同天文學者預先知道天體如何運行的一般。我們所知道的進化路程越大，對於將來所推測的變象便越靠得住，所以關於有史以前的變象的知識（古生物學）於我們有極大的用處。社會學現在甚為幼稚，他的問題又太紛亂，所以就是推測將來，為期太早，我們將來慢慢的也一定會有些光明，可以幫助我們推測前途的。——社會學這樣的研究可以產出理想的與實際的結果。這個研究可以預備出進步的途徑，我們看了不斷的變象，就可以知道每件事項不過是向更高處去的一個過渡的狀態。這個事實誠然是有傷人類的自負心，但是一般相信進化已經到最高點的與反對新的觀念的，如知道這個事實亦可以自己省悟他們誤謬的觀念。至於政治家如果能明瞭社會的組織，備具了廣遠的眼光，乃是一件非常有益的事，如政治家沒有社會學的知識，他就不能自主的確定政策，反致受潮流的波蕩。本來政治家應該導引時代潮流的，因為他不知道什麽叫社會，倒反被潮流所掀動了。假使他是一個極頂聰明能幹的人，剛巧立在與時代相反的地點上，掀起了與進化相反的事實那種情形，比不進化，還要可痛。能懂得進化的，纔可以支配進化，不懂得進化的，就得被進化支配。歷史就和鐵輪一樣，不停的望前滚，他的力量，沒有可以抵抗的。人也是等到做了自然界的主人翁，有了運用自然科學的方法，纔有能力支配文化為他利用。

人是一個社會的有機體，亞里士多德說人是一個政治的動物。祇有這樣說法，纔可以把人的心理上的意義了解。使我們心理活動的觀念——如日常事實或宗教的哲學的問題——並不是我們從自己心中製造出來的，他乃是發生在別個的腦殼裏（那腦殼雖然早已不存在）聚積而成爲社會的產業，由此傳遞給我們的。世間一切，凡是我們思想的，接觸的，希望的，實行的事實，無一不是由此傳遞的。這個傳遞從兒童的遺傳與教育早已存在他的血肉之中。若拿我們個人按着個人的知識所成就的與這個社會的產業相比較，那真是渺乎小矣。有了這個簡單的事實，心理學就開闢了一個新領土。個人心理學就是從社會的集合中，把個個抽出來，單獨研究他的性質。但是因爲沒有社會心理學做根據，他還是太空洞。社會心理學的要旨在乎說明支配我們精神與生命的觀念是怎樣發生的。

參考書

社會學填滿了我們知識上一個大罅隙，在衆科學中以社會學影響人類爲最大。假使人承認社會的真理而不爲黨見或私心所朦蔽，那社會學對於人的生命一定有極好的，極重要的影響。無怪乎現在研究社會學的人日見其多。自二十世紀以來，社會學的進步與發見頗多，若十九世紀爲自然科學的世紀，則二十世紀爲文明學的世紀。關於社會的參考書甚多，讀者最好參考 Eisler: Soziologil 書中所列的書目我所得力的著作家有下列諸氏：

Condorcet, Comte, Herder, Spencer, Mill, Taine, Lyell, Darwin, Rousseau, Montesquieu, Bastian, Waitz, Peschel, Ratzel, Fritz Müller, Schurtz, Lubbock, Tylor, Lippert, Morgan, Grosse, Letourneau, Espinas, de Greef; McLennan, Laveleye, Cunow, Kohler, Post, Westermarck, Starcke, Zenker, Gumplowicz, Vierkandt, L. M. Hartman, Simmel, Stammler, Maine, Achelis, v. Dargun, Wachsmuth, Hellwald, Henne am Rhyn, Klemm, Kolb, Honegger, Buchsenschütz, Buckle, Hahn, Hehn, Sombart, Marx, Engels, Schättle, F. A. Lange, Bücher, Roscher, Schmoller, A. Wagner, Carey, Duhring, George, Schrader, Noiré, Steinthal, M. Lazarus, Laz. Geiger, Ed. Meyer, Friedländer, Lamprecht, Dahn, Prutz, Breysig, Hörnes, Ranke, de Mortillet, etc.

第二章　文明的源流

人類史只是地球史上狠短的並且狠晚的一章。地球上初有人類當在地球成立的數百萬年後。所以研究人類的源流與文化的發生，除了依據地質學與古生物學以外，每每不能得着正確的材料。現今依次講地球分期史和地質變化，讀者由此可以知道地球史與人類史的關係，更可以推測人類以後，在自然界中應佔何等的地位。

甲．地質的變化

地球殼爲二種石質所成。

一．火成石　原本是地內的火溶質，經冷凝結成石。

二．冲積石　在水中冲積成的，且有層次。

冲積石有許多互相重疊的層次，冲積石的年代越久，層也越在深處。石層的構造可以列表說明如後。

人類威權乃盛
豲鹿，古巨象，穴熊時代，初有人類的痕跡。
片葉樹及哺乳動物，有偉大的進化。(若袋獸，嚼嚙動物，食肉獸，蝙蝠，古鯨魚，馬，黑野猪，長鼻獸，牛猿，人猿)
巨龍絕跡，飛鳥始有具齒之顎，骨片葉樹始生。
爬行動物，如魚龍，蛇頸龍，(Jchtyosaurus, Plesissaurus)，龜及古鳥有卓越的進化。始有有骨之魚 (Teleosti)
馬尾蛇紋石迷齒龍 (Labyrinthodont) 及鰐魚的時代 哺乳動物始出現(矮小，大如鼠，與袋獸相似。)
有鱗的及有殼的雙棲動物時代，爬行動物始生。
隱花植物 (Kryptogamea) 有大進化。昆虫始生，水陸動物 (Amphibian) 始生。(如雙棲魚，Dipnoi，魚入於水陸族的過渡形式) 迷齒龍。
有殼魚及古珊瑚時代 陸上植物始生 始有軟骨之魚
三葉蟲及海藻時代 有殼魚始生 (Ganoide)
有海藻，蛆，三葉蟲，硬皮動物，有節動物。
厚三十公里爲最堅實的層次，但尚不見化石。

丁．近世紀 Cainozoic Epoch	3，冲積紀 近代
	2，洪積紀 新冰期 過渡冰期 古期冰
	1，第三紀 後新紀 Pliocene 中新紀 Miocene 始新紀 Eocene
丙．中古紀 Mesozoic Epoch	3，石灰紀
	2，侏羅紀 Jurassic
	1，三疊紀 Triassic
乙．上古紀 Palaeozoic Epoch	5，二疊紀 Dyässic
	4，石炭紀
	3，泥盆紀 Devonian
	2，志留紀 Silurian
	1，康勃里紀 Cambrian
甲．太古紀 Archaean Epoch	3，古粘土石
	2，雲母石
	1，片麻石

我們試由下向上讀去，第一便遇見最古的構造，曰片麻石，雲母石，及古粘土石。三者的厚度，共約三十公里，成爲地殼最結實的基礎。造成這些層次所用的時間，已是無從數計。在這些層裏現在還沒有發現生物的化石。但是也不能據此就說在原始時代地球上絕對沒有生物。我們雖然沒有查出生物的痕跡，但是也須假定那最初的植物與最初的動物一定是在太古紀發端。至於太古紀以下的幾個世紀以內，那就可以的確說已經有許多類的植物動物，例如三葉蟲(Trilobite)已有比較的狠高的發展。有些人稱太古紀爲無生物紀實在是錯的。因爲太古紀雖然沒有化石，未必是沒有生物。

動植物在康勃里紀第一次出現，以後每次變化又逐漸生出許多新的動植物來

(詳細見右表)每種新的種類可代表各時期的特色(表中寫在左方),漸成爲一種特出的種類。以後這些種類又漸自滅絕,使更新的形式有構造的餘地。例如悉留紀(Silurian)的硬殼魚,二疊紀的原始爬行動物,三疊紀的原始哺乳動物,都有這個性質。在第三紀(Tertiary)內哺乳動物的進化到了狠高的地步,半猿與人猿也都有了。到了洪積紀(Diluvial)時,人已出現,到了現在的冲積紀(Alluvial)他的權勢愈加一天鞏固一天。人類在這個時期,狠有特別色彩,正如同侏羅紀的巨蜥蝪類一般。

把我們所說的簡單結束起來便得下列數點:

I. 地球太古紀		大約祇有水族:海藻與沒有腦殼的動物
II. 地球上古紀		鳳尾草類與魚類
III. 地球中古紀		針葉林與爬行動物
IV. 地球近世紀	第三紀	片葉林與哺乳動物
	第四紀	人

以先解剖學者寇維也(cuvier)對於此項構造的成立，與構造中所含的有機體，曾發表一種見解，他說每個新層都是在地球的猛烈的震動以後才成立的，因爲這個震動將一切已有的動植物各種類都毀滅，此後新種類的種子纔狠奇怪的發生。

這個見解就是有名的奇變說(Catastrophe theory)。賴愛爾(Lyell)說這種奇變說是沒有理由的。因爲地質的構造完全是幾千萬年間力的作用和緩的平穩的結果，這個力的作用是我們每天看得見的。因爲地球漸漸冷却，所以地殼起不絕的變動，就中在許多地方這個變動是看不出的。有些地方高了起來，有些地方低了下去。我們心目中每覺地殼是龐然一個大物，但是若與地球全體一比，那就薄多了，比較起來大槪衹有地球儀上的一層漆一般厚，並且是柔軟的。

地殼的突起與沉下在許多的地方可見，突起的如瑞典的海岸與尖山島Spitzbergen沉下的如美洲北方的格林蘭陸地從海中拔出，經過許多時間，越拔越高，高到一個極點。(在喜馬拉雅山上一七〇〇〇米突高處，可以找到海螺與海貝的遺跡，祕魯的安底斯山上高出海面一四〇〇〇米突的地方有這種遺跡)。因爲忽起忽沉的關係，所以一個地方，時而爲陸，時而爲海。能使他起新變化的，就是水。水蒸發成氣，在空中遇冷，又下降變而爲雨水，漸漸滲入岩石之中不知不覺間，被他侵蝕，雖極堅硬的岩石也都有如冰塊似的分裂下來。這種石塊跟着溪流江流從新又捲到海裏，越積越多，也看不出有奇變的痕跡。所以新的構造就都是這樣不知不覺的不斷的在那裏進行。

從此看來，地球與生物是一樣的由變化成立的，那由奇變發生的學說是無稽的了。地質構造係由於古岩石漸漸的變化而成，由此類推，則動植物也就決不會從天而降，可以證明了。他都是從已有的下等種類隨時進化，乃成爲高等種類，需時極長久，進化極遲緩的。我們今日猶可以看見許多變化的現象，可以證實這些變化無一不與力有關係，如由於變異，由於物競天擇，由於適應環境，由於遺傳。物種由來的理論，可以在地質學，比較解剖學，生理學，病理學，生物的進化史，（如同胚胎在母腹中起變化等等）各種科學中尋出無量數的事實做證據。必須有懷疑，或至蠢至愚的人，纔可以肯去否認這個種類進化的理論。

乙．有史以前的變遷

假使這個理論不錯，人是從下等形式中變化出來的這個結論是無庸驚奇的了。不過我們要知道那下等形式是什麼？人都承認第三紀乃哺乳動物成爲人猿的進化時期。但是確鑿的人類的痕跡當時還沒有發見。

到了洪積期，人類纔出現。那時的人，如同本書關於人種學項下所講的低等遊獵民族一般，並不是極幼稚，無文化的。以先人類學有遇見的遊獵民族如布須人(Bushmen)澳洲土人，火國人(Tierra del Fulgans)以爲他們就是原始人的代表。但是這個見解卻是完全謬誤，而且不合理。我們試把他們細細研究一番，就可知道他們與原始民族相去甚遠。他們都有製造種種的武器與工具的本領。他們發展比較的狠高的言語，有舉火用火的知識，有宗教觀念，並且還有不少的文化與傳來的知識。照此說來，他們比原始狀態，當然已經高出許多，並且這種成績斷非一蹴可就，總是費了無數年代，纔能到此地步。

因此進化史上發生一個極大的罅隙。關於這個罅隙，地質學與人類學都不能供給我們知識。這個罅隙就是因爲文化原始期仍舊無從查考，因爲不知人類突進時代是何種情形。人在人類的胚胎時代，突出所有同輩生物之上占最高的地位，正是人類歷史最重要的一段。例如創作工具，造出言語，舉火，都是重要的進步，後來雖最偉大的發見與發明，也不能與之比擬的。

我們用現在所有的智識，來研究這個文化初期最要的一點大概不過是些臆說。假使以科學的實在的事實爲根據，我們所得到的結論，總可以放出些光明說明這黑暗時期。這種結論總比那荒誕的故事較可徵信。關於人的起源沒有可確信的理論，本章以下所述人類起源的理論，不過是因爲與其他理論相連罷了。

近代社會學所講的關於人的性質，個人的價值，個人與社會的關係的結論，正與普通的意見立於反對地位，也同哲學家的見解相衝突。這些結論表出非常的進步，可以說是將近代科學的價值從新估定。現在將這些新的理論與社會學介紹讀者。最先先討論文明的起源，因爲討論人類起源的問題就是討論人類與獸類的區別，就是將人類赤裸裸的最深的根底顯出。

無文化的人類祖先

將進化最高的動物與顯然已有文化階級的人類，互相比較一下，就可以看出古代文化成績諸如語言工器兵器，所有可傳遞的知識，宗教觀念，以及造火與火的應用都是。我們現在設法研究人類沒有文化的祖先們究竟用什麽方法得着言語及工具，我們現在有兩種假定：

一．祖先們一定有手，不然決不會發明工具。

二．他們是一種羣居動物，因爲祗有在羣衆生活中，纔能發達複雜的言語。

現在就此二點，分別討論。

手的由來

手的功用在工具發明以後，日益繁盛，日益重大，是顯而易見的。但是在工具發明以前人類的手做什麽用的呢？他的功能如何，他的用處如何？

哺乳動物原屬四足類。人類始祖，也是一個具有四足的動物。這個從進化史與人類現在所具有的特質兩方面看來，這個結論是不錯的。例如原始的脅骨間的回血管，只於當身軀不直立而橫置時，纔是一種有用的機關。從此看來人類的上部肢體，與下部一樣，本來也是行動的機關。那麼，手是如何發生的呢？

最簡單的解決這個謎，可以說：前面二足因爲應昇樹的需要，遂成爲手。所以有人說，人類與爬樹猿應該有親屬關係，爬樹猿也是與人一樣有二隻手，在所有哺乳動物類之中，與人要算最接近的了。高等猿類與下等人類的區別若完全從解剖學或生理學方面看來是狠大的。若追溯猿與人類的發展，自最低的猿類到最高的人類，研究他們的變遷，我們在發展的路線上就發見罅隙。但是這個罅隙，不是在人與猿之間，乃在猿類之間，在舊世界新世界猿類與猿類(lemur)之間。據赫胥黎的研究，人與秦盤吉(Chimpanzee)的分別狠少，不如秦盤吉與狐猿類之分別之重要。

況且適應樹上生活不特可以解釋手的所以成形，並且也可以解釋後來人類直行而不爬行的事實。因爲爬樹，所以身軀就直立起來，上下部肢體的運用也就截然分爲兩種，上部爲攫握的機關，下部爲運動的機關——從這個同許多旁的原因裏頭可以得到結論：手在工作器具未發明以前，原是一種爬行機關，由此也證實了人類無文化的祖先，原是一個爬樹的動物。

註．參看下列各書可得關於人類起源的討論：達爾文的種源論，人種由來，自然淘汰等書；赫胥黎的「人類在自然界中的地位」Wiedersheim Der Ban des meuschl, Rorpers, (人體的構成) Bolsche Die Abstammung des Menschen (人類的起原)。

言語的起源

人類的祖先，必定是羣居動物，這是第二種假定因爲不然便不會發明言語。

言語的作用，乃在交換意見與求得諒解，所以言語的起源必假定有團體，有社會生活。——哺乳動物之中合居的形式有兩種：第一．分居的家庭，家庭的範圍，祇包括父母及其子女，子女一經長成，便與父母離居，自闢家庭，他們的配合倒是純粹的一夫一妻制，但是不會同居到一年以外。這種結合已是應傳種的需求而起，可以名之曰：「家庭團體」。第二．合居的家庭子女，即使長成以後，也並不與他們的父母分離，這種團結的意義不僅爲傳種，已有彼此保衞與防禦攻擊的作用，可以名之曰：「社會團體」。生在這種團體中間的動物，我們稱爲羣居動物，蟻，蜂，馬，狼，犬，猿，狒狒(baboon)長尾猴，都是羣居動物。至於獅，虎，貓，熊，狐，等動物，則屬於家庭團體的生物。

高等發展的言語，是在社會裏發生的，已是無疑的了。因為家庭團體與社會團體不同就，缺少共同的連絡與繼續永久的兩個根本條件。家庭動物的言語，大概不外對其子女發警告兩性相逐時所恃為媒介的呼聲之類。不同的團體沒有相通的必要。況且時間太短也不能教子女許多言語。至於在社會團體中則不然，代代相傳自有一言一語以後，變化復變化，決沒有停止的時候，因此所積愈多，言語也就一天比一天完備了。

衞司脫馬克否認這個社會起源的理論，他以為類人猿如大猩猩，秦盤吉之類，皆生於家庭團體之中，並不是羣居的人類，也不是羣居動物，這個見解不確。第一觀察未真，尚有自己矛盾之處。第二即使屬實，也不能即以此為結論。因為人類並不是從類人猿或現在生存的猿類變化而成的。考第三紀時，人類與獸類的進化，已是各循各進行的路途。今日所有的哺乳動物的種類 (genera) 在第三紀時已經存在，但是就中許多族現在已經滅絕或是變了新族。(參看 Mortillet: Le Préhistorique, 128) 當時哺乳類約有一百二十餘種，共分三百六十餘族，後來滅絕或是變為新族的，不下五十九族。——總之即使可以證明現代的人猿，與人類直接的有共同的祖先，這也可以說在人的一方面是進步，在猿類一方面是回到本原的情形。猿類缺乏社會本能，所以語言與文化，都不能像有組織的人類所有的那樣高。實在有許多事實，可以證出猿是人類的退化的，例如人猿確有與人類嬰兒相像的地方。所以按生物發生的根本律推論，反可以說這種猿類的起源，乃是從當時的人類分出來的。

達爾文說：看着現代四手動物羣居的情形，就可以想到當年與猿相似的人類的祖先，一定也是羣居的了，（見人種由來）這句話極是實際。我們如果考查猿類的性情，他們在遇着災禍的時候，各分子對於領袖的服從性，互助的能力等等，我們就看出猿類的性質與人相同，便不由不相信猿類是從人類分出來的話，有幾分可靠的價值。

白雷姆(Brehm)及沛爾梯(Perty)研究狒狒的種類(Baboons)供給我們許多狒狒與原人相仿的事實。據說狒狒性好聚合，常萬千頭成羣，夜間睡時都蹲踞一起，以其一任看守，以防敵人。遇爭鬥時，全羣都能狂吼狂嚷，雄而勇者奮勇攻敵。雄狒的責任在乎保護稚弱，從敵人的包圍裏救護他們，使受傷的安全退避，時則在後為防衛。——雌狒的盛慾期，僅不過二十五或三十日，雄狒則終年如一——狒不僅能捕雞，也能捉羚羊，山羊或從石下捉取蜴蜥與蝸牛蛀蟲之屬。有時合衆力推運巨石。

這些情形，若參考以後所述的遊獵民族，便可看出與此有相像的地方。就其一端而論，他也有與人類相似的虛榮心，（這是社會中最重要的性質，可以使個人服從社會）例如嘲笑，苛責及斜視，皆能使狒發怒欲狂，如此類事實，足證明狒的虛榮心的盛。

人類社會的起源，又有一證：即一直到現在，倘沒有發見人類孤立的分居的家庭。從各方面推測，即在氣候或土壤最不好的地方，生存競爭異常困難，那家庭的團體生活即使不得已而有時分離，依然是互相聯絡成爲大團結。

將上面所有研究的結果，結束起來，我們可以說，人類祖先原是羣居的爬樹動物，大約和四足之族同出一源，但是與今日生存的猿類，並沒有直接的關係。人生而有社會的本能，是從一種羣居的種變化出來的。

人的成立

一定有人要問：其他依樹爲生的動物，雖然也是羣居，也有手，爲什麼不能向創造言語和工具方面發展呢？爲什麼單單祇有人類向這方面突進呢？爲什麼單單人類有抽象的思想，宗教的及政治的觀念，善惡的判別，敏悟的天才，一般動物直不能與人類比擬呢？

凡此種種進步的原因，可以用一句話來回答：都是由於一種空前的環境改變的影響。這就是人類祖先受環境的逼迫，必得離去樹上生活，來到地上。現在有許多種猿類從樹上爬下到平地獵食的時候，常用後足去走，因此兩手就自由了，就中一類因爲便於獵取將位置變爲永遠直立的位置，他對於樹的關係日益遠，而對於地上的關係日益深，因此進入進化的軌道，遠出四足類同族之上。

樹對於善爬動物，狠是一個避禍或安息的所在，可以避野獸來攻犯，所需的防禦狠少，只用升援就夠了。同時食物豐富，不用奮鬥戰爭，卽可得到。所以在樹上居住者缺乏使他們向上發展的刺激。這是一般動物不能與人同趨進化的一個大原因。

平地上的情況，處處與樹上不同，不是生活的安樂窩。平和的食植物者到了平地必須遊獵，必須戰爭。沒有高處可以供他躲避，所以他失了空中的依傍。因爲平地上的遊獵，戰爭，不安全與危險，久而久之，發展能力勢必致養成狡猾，工心計，技巧，持久，及勇敢的性質。爬躲，野戰，爭鬥，時時鬧個不休，因此養成了他的戰鬥性。人最初所受的教育是從大野獸得來，因爲如果他要在生存上占優勝，他一定要制伏那大野獸。人在平地上可以有無限的環境，與樹上單調的生活大不相同。人在長久的期間要順應那些不同的環境進行他的發展。

人類祖先在此新環境中輔助他的生存競爭最有力的就是：(一)羣的團結，(二)手，卽工具之工具。現在討論二者對於文化的影響。

合羣與言語

猴類的團結，上文已述。這種團結爲保護自己及攻擊他人是狠高的組織。集數千百個耳目手足，共向一個目標，受一個腦筋的支配。這個必須有共同的計畫與互相的了解。因此必須有意思想通的方法。言語遂從此發生。據杜撾脫(Dupont)所說，高等動物能說簡單言語的，並不算希奇，如雞鴿就能作十二音，狗能作十五音，有角牛能作二十二音。鐸爾塞(Dorsey)更說現在普通的人所常用的字也不過三百字。猴子是常吵鬧，嬉戲，鬥弄的，據迦爾奈(Yarner)說他也不過有二十音，此外加許多動作與面色表示的態度。

言語最初不過是些叫喊，以後成爲交換意思的方法，組織全羣使全羣的動作，宛如機械一般，遇到戰爭，竟可用言語指揮全體，共同奮鬥，以抵抗强有力的仇敵。

言語旣然於生存競爭上有大用，言語當然也漸進步。因爲各羣間的戰爭必然是組織的程度較高的一方面得勝。因此戰爭愈多，人類的程度愈演愈高，言語也就愈益進步。言語成爲人類知識的根源。拉擦路司迦狣(Lasarus Geiger)曾說：「言語造出理性。在有言語之先，人類是不合理的。」初看來，這句話似乎不通，實則是極確的情形。最初的言語，不過是供相互達意之用，但是以後發展就有了兩種功用：

一．使思想得以累積。

二．用言語發表思想。

玆先研究第一項，卽

思想之累積由於言語

因爲言語可以使我們傳遞思想，所以每個個人對於人類在無數年代所發展的最高的思想也能享受。現在藉着教育與遺傳兩種，可以使現代的學者領略古代的思想。無論何人，卽使最無智識的也都由遺傳得來能力，能發展極高，比他自己獨立發展的更高出許多。從此看來人所以藐視一切動物，正因爲一般動物都沒有這樣好的機會。

各個人的腦子裏的能力，不只是他一生的短時間的智慧，乃是人類的幾千幾萬年的智慧。知識能日益屯積，所以產出極偉大的社會知識，一個人就可以享受無數人的思想的成績。個人的知識與社會的知識不能同日而語，卽世上最高天才的貢獻與社會的知識相較，仍然是有限的，因爲社會的知識屯積日久有如金字塔，天才雖然在金字塔之頂，但其所加不過一塊石頭罷了。

人類的智慧與高等動物的智慧本來是相近的。而何以相去如此之遠，從此可見人類智慧高超於一般動物的大部分，是因爲用言語聚積的結果。

動物的心理能力也發達極高，如聯想下判斷，小心觀察，利用過去的經驗，揣測人的意思。他們有記憶力，推理力，想像，判斷的能力，特以象猴，狗，狐，之類，顯出有極高的智慧。常見許多狗的有非常的銳敏的知覺與濃厚的感情，假使他們要是會說話，直可以拿他們當做人。

在另一方面，如兒童未曾受過教育，沒有言語，沒有了解，他的智慧就不能說是比猩猩或猢猻會高。他也不過是一個動物。兒童自幼時隔離變爲野蠻的是曾有過的事實，等到以後再被發見的時候與動物無別，也是些不會說話的愚人，稱爲 Homo ferus Linnaeus

思想之演進由於言語

人類智慧所以高於動物大部分是由於社會的，不是由於個人的原因。這個可以用言語所屯積的結果去解釋。

但是人類的了解與動物的了解間，仍然有根本的區別。這個區別就是動物不能有抽象的觀念，不能受抽象的觀念的感動。人類智慧的特出的，就是有高的思想程序，人類最高的能力也是用高的思想程序爲工具，這個都是必須有抽象的思想纔能做到的。而這個抽象的思想只於有言語時纔可以做到。以康德的聰明，他在他的『純粹理性評判』中仍未能解釋這個問題。

所謂語言，卽是每個物事在人心中都有一個字與之相連。那個字就代表那個物件或那件事。那個字就是那事物的符號。例如人說『蘋菓』人一聽見就聯想到他的形狀，氣味等等。

有言語的人類與不能言語的動物相比較，人類不僅是能用所記憶的景象或代表思想，並且還能用這些符號思想用符號思想占我們精神生活的一大部分，但是我們沒有理會他的重要。如我們讀書時，讀了就能完全了解，不用圖畫的代表在意識的前面，我們不是用景象去思想，我們是用符號思想。

用符號思想比用形像思想有利益甚多；茲總括爲三種：

(甲)符號比想象的範圍廣。例如三角形有等邊的，有等角的，有直角的等等許多種類。若用形像則不勝其煩，若用符號則「三角」兩個字可代表無數的種類。如說『我』乃是萬千的觀念，思想，欲望，努力，行動等等的結晶。假使人未曾用這個『我』的小符號代表這些心靈的作用，使『我』與外界相對立，他就永遠不能了解他的能力了。

(乙)符號是更活動的。用符號可以將物體與他的性質分開，如說某種顏色，某種大小。若用想像即不能將性質與物體分開，觀念不能自由的提出。

(丙)符號是更精確的。例如三一一二蘋菓與三一一三蘋菓相距甚近，若用想像去想就狠易相混，若用符號卽可分別清楚。

用言語卽抽象的符號思想比只能想像或記憶的景象思想可以多加思想，思想的深切。二者的區別，可用現金與紙幣相比。若市上全用現金，則一切大的交易皆爲不可能的。試想用一百萬的現金去運輸，計算，有多少困難，須費多少時日。若用紙幣則交易上非常便利。人用言語思想，正如用紙幣去交易一樣，若動物則只有現金，不能有高等思想的程序。

因此人類出了想像界以上，脫離了物質界變爲智慧的。所有這些都是由於言語。從此看來，人類智慧與動物智慧不是不相連的，但是那兩種的聯絡就是言語。言語能發表意思積久的利益有三層：

（甲）傳發觀念意思互相聯絡，爲所有的社會組織的根源。

（乙）個人思想的屯積爲有力的社會智慧的基礎。

（丙）人的思想力因爲有言語可以脫離笨重的想像的世界進至於活動的抽象的思想的世界。

最初看出言語的重要的要推寇維也(Cuvier)。言語學之鼻祖洪保德(Wilhelm von Humboldt)曾說：『人之所以爲人是因爲他有言語。』但是他又說：『但是人要是發明言語必然他已經是人了。』這第二句話是不對的。言語不是發明出來的，他的發展狠緩慢，差不多是一字一字造成的。最初的言語就是動物對於幼稚的呼喊的聲音，以後進步成爲組織羣的工具，遂成爲生存競爭極有力的工具，以後在無數年代之中，遂日益進步。

但是要知道智慧不是全由言語造出的。言語與思想是相互進步的，言語進步引起思想的進步而思想的進步又影響言語的進步，正如同行路時左右腿互相輔助的一般。

手與工具

人類祖先，脫離樹上生活，到了新環境的時候，更有一種工具就是手。手雖然不是工具，但是今日最有用最利害的工具都是手造出來的。

動物中有簡單的組織與一種合作的智慧上文已經說過。動物中有簡單的工具。猿用木杖行路，擲石，樹枝，及有刺之菓實於其敵人的頭上。他們用石打破有殼的菓實，剖開牡蠣。秦盤吉能用樹枝造居住的小屋，那小屋與野蠻人所造的住房頗相像。

由此看來，猿類也似乎是在木器石器時代。但是猿類的進步就也到此爲止，人類則有其他刺激能夠在利用工具的方面前進。人類自從脫離了樹上生活以後，他與熊一樣的用足跟行走，就可以直立起來。他的上身就不是爲行動的用，可以自由的應付新的環境。人類既然知道用石子敲果實，再進一步，卽能用石子打擊石子成他所希望的形像，以後就造出法國的古物學者所謂『拳擊』(coup de poing) 這個工具。這個粗笨的工具可用做刀，斧，鋸，鑿，鉋，錘種種用處，但是實際上自然那種用處也不完備。人以後可將這個工具改良，加上小柄，就成爲錘子，加上齒縫，就成爲鋸子，諸如此類，已後遂分別成爲許多不同的工具，各有各用。樹枝也是一樣的，已後分爲許多的器械，如棍（爲擲掘或戰爭之用），以後又分爲鎗棒，以後又成爲刀，弓，箭，槳，舵之類。

人類既然造出工具與武器，他以後的生存競爭就主要的靠着這工具與武器的發展，特別以戰爭用的武器爲最重要。羣中最初能揮長鎗斧頭的，當然可以將其族羣攻敗，無論體力若何强大的民族，也必爲能用武器的民族所制勝。從此以後，生存競爭遂從物質界移到知識界，戰勝的未必是體力最强的，乃是智慧最高，軍器最備的。工具的發展既有如此的結果，所以人類心靈也就看出能創造的腦筋要比蠻野的武力占優勝。

發明工具造就工具的時代實在是從自然的人改變到文明的人的重要的關鍵樞紐。在工具發明以前手的用處有限，等到工具發明以後手的用處無窮。Noiré說：『刀在手裏正與天生的一把刀的功用相同，但是他的最大的利益，就是如不用那刀時，還可以放下或用其他工具代他。』實在是拿刀的手若放下了刀，換了一個鑽子，一枝筆，一只杯子，一個鍾頭或是一枝手鎗，他便完全變爲別的機關。所以人類有多少種工具，他的手便有多少種機關。但是機關雖多却都能自由運用，不然人就須變爲千手佛了。

進步的演化在一定的點就脫離有機的範圍，人到文明程序以內。這個過渡是由於上述的各種原因而直接的是由於工具的發明，間接的就是由於手（工具的工具）。

火

造火燃火的知識，是古代最末的大成績。言語與工具的演化，當然是同時並行，但是造火取火，多配火的知識，當遠在此二種發明之後。因爲取火是一件狠複雜的事情，須狠留心的。

火如何發見，沒有人知道詳細。現在的解釋如下：原始民族用木石製造器械工具的時候，鑽孔須用尖銳的木頭用許多時間去旋轉。這個旋轉的運動，野蠻人做的狠巧妙的，常使歐洲人驚詫。旋轉最急的時候，孔內的碎屑因磨力所發的熱，可以燃着。假使這些火星落在乾的苔草上，如設法使之不滅，卽可生出火焰。

差不多所有的原民，取火的方法，都是一樣的，用磨擦，鑽孔，或旋轉。有些部落用一種弓形的器具推轉鑽子。從此看來，以上的解釋是狠充分的。在有些地方，最初之火，或者是由火山爆發得來。今日大洋洲的居民仍然是用火山熔岩煑食物。有些民族，或者偶然用有鐵質之石（如火石）相磨擊，也可發見取火之法。低級文化的民族，如火國與北冰洋的愛斯基摩，還仍是偶然用打火的。

人類如何發見取火之法，並非困難的問題。較困難的問題，就是說明爲什麼古代人民，乃肯費力去取火，去維持那火燃灼着。古代人類所住的地方，一定不是寒帶，所以當然不是因爲寒冷取火的。更不是因爲煑飯之用，纔發明火的，因爲未開化的民族的口腹之欲，是守舊的，他以先沒有吃慣的東西，他是不敢吃的。火的破壞的勢力，人類最初不知道。

以後用火灼樹，用林火驅逐野獸的時候，纔理會他的勢力。大概最初使人注意火的是因爲他的光焰，黃，紅，藍色之焰，呑吐跳躍，當他升騰的時候，一切物質有當之者都被呑蝕，眞是有魔人的狀態，今日的兒童也與人類兒童時期的人民一樣常好做出煙火，專爲觀看之樂。特別是在黑暗之夜，火的光輝一定是非常悅目，特別是獅虎等在野外望見卽行逃避，不敢來近，所以人更寶貴火。

火對於人的魔力，是因爲人是喜觀光明，怕黑暗，這個情形在兒童中可見，卽在今日高等文明中，此種情形仍未全消滅。瑘特（Goethe）的浮士脫（Faust）劇中有形容火焰最美麗的文詞，而言語學者迦瑘（Geiger）曾說：『就可用的記載看來，古代愛火不是爲他的有益的功用，也不是爲他的熱，但是爲他的光耀，爲他的紅彩色。按着言語上可靠的解釋，火的這個名詞，也不是因爲他的熱力，也不是因爲他的燃灼力，消滅力，或使人苦痛力，乃是因爲紅色的光耀。最先引人愛火的是因爲他的顏色』。

結論

人類發見了火以後遂出了原始狀態。人在第三紀的幾萬年中，纔從動物的狀態進而爲有理性的生物這個變化的最重要的關鍵就是手手由行動的機關，以後人從樹上生活到地上變爲自動轉的手了。第二個關鍵就是社會的本能，有了這個本能，就可以藉着言語與思想的能力聯合人類成爲最有組織的聯合。人類可以支配全世界的大奧祕就在此點。

要知道人的優勝高出一般動物的不是因爲他個人的能力與個人的優長但是因爲他能聯合起來成爲强有力的組織，他們的互相維持在全地球上是有効的。

這個個人與社會的關係若比較，各種不同的文化階級是狠顯然的。現代的大國家若與 Veddas 或澳洲土著的部落相比較，則差別極多，但 Veddas 的個人或澳洲土著的個人與現代文明社會的個人相比較，則差別極微小。

社會的權力越大，個人越是要倚賴，越不能獨立。野蠻人所需要的工具武器都是自己去做，但是文明社會的人差不多沒有一件東西是自己做的，他所需要的東西必須藉着金錢的媒介得到他人的工作的結果。如果讓個人獨自存在他就變成極可憐的生物。他所以能夠維持他的高級的文明是因爲有社會。

Peschel 所說的一段故事，可以供我們參攷：『一五四〇年 De Sotos 同他的幾個同伴航行到美國的南岸上陸。不知如何忽然斷了歐洲本國方面的接濟。他們的馬死了，火鎗因爲沒有火藥也失了用處，刀劍也銹壞了，衣服靴鞋都穿破了。以後有人看見他們穿着印第安土人的裝束，用印第安土人的武器』。這些文明人狠快的墮落到野蠻的情形。我們可以斷定如文明人與外界隔絕，他不能維持他的文明生活，卽使可以生存，也一定失去言語與思想力。

社會的團結，是社會學的基礎，也是了解文明現象的鎖鑰。讀這本書的時候，這個要時時刻刻記着的。

我們現在推測古代原民的黑暗生活，要接着研究有歷史的前後的情形。但是在研究之先，我們要先討論社會發展的全範圍。

第三章　全部文明的分類

文明的範圍非常廣大。我們要能支配文明必須按着以先羅馬人與科學家給我們的教訓，（羅馬人故諺有『分開再統治』"Divide et impera"）要將文明分出類別。我們對於每部分要有科學的研究，將所得的材料分類排列。但是那分類又不可過於懸揣的規定的，那排列必須與材料的性質相合。

要做到這一層，必須將複雜社會的現象，按自然的分類去選擇，並且排列這些分類的時候，將最有關係的合爲一類，將先後的次第分清。

人類生存最根本的要素，就是預備生存所需要的方法，第一是食物，第二是住所，以後是衣服，武器，工具，器具。

我們所要討論的第一類現象，就是些維持個人生命，保護個人生命所必須的物質的東西。這一類，按最廣義說，可以用社會經濟一語包括。

在維持個人生命之次，最重要的，就是直接的或間接的影響種族的延續的生命程序。此類卽支配生命延續的風俗制度，如生殖，性別的關係，婚姻，家族等等。

以上兩類，都是關於物質的生命的一般要素。第三類則爲關係於社會關係的現象，卽社會中個人間的相互關係，社會與世界全體的關係，社會間的關係，（平和的或戰爭的。）此類仍包括社會的構造，社會的社會生活，政治生活，總而言之，可稱爲社會組織或與社會組織有直接關係的現象。

社會經濟，生殖與社會組織，這三種所有的生命程序於社會有機體的生存的（換言之卽於有生命的團體所必須的）都包括在內。這三類爲所有高等的精神生活的基礎。

所有的精神生活的根本在於言語。『最初是字』（語見聖經約翰福音）這個道理前章已經說得詳細。

精神生活可分爲三種：卽論理的，倫理的與審美的三種，卽科學，道德與美術三項。

一．論理的範圍可以再分爲二種：一爲狹義的科學，一爲信仰，兩種都是從同一的根源發生，因爲他們都是根本於物質的或精神的經驗。

從經驗上推論的確實可靠的結論，或然的程度高的結論，則稱爲知識，這些知識相綜合，卽稱爲實驗的科學。從經驗所推論的雖然高但是不大確實的，卽暫時的或常誤謬的結論卽爲信仰，就中最重要的，我們所要討論的就是宗教與哲學。從此可見知識與信仰二者之間，並沒有嚴密的界限，常是重複的，因爲我們一切的見解都是根本於各種程度不同的或然的程度。

二．倫理按最廣義解釋，包括風俗習慣，禮儀以及最狹義的法律。

三．美術是閑暇與富裕的產物，與生命上純粹功利的現象相去甚遠，是在文明的超構造(super-structure)的最高級。文明的基礎就是物質的事物。

全部文明可以按以下的分類列出。

一．經濟（或物質的職能） 二．生殖 三．社會組織（或政治的職能）	文明的基礎
四．言語 五．科學 六．宗教的與哲理的信仰 七．道德 八．法律 九．美術	文明的超構造

研究文明全部的變遷，我們有兩個方法可循。現在用下表說明。

變象	1. 經濟	2. 生殖	3. 社會組織	4. 言語	5. 科學	6. 宗教與哲學	7. 道德	8. 法律	9. 美術
第一	a	h	k	—	—	—	—	—	b
第二	c	—	—	—	—	—	—	—	d
第三	e	—	—	—	—	—	—	—	f
第四	—	—	—	—	—	—	—	—	—
第…………	—	—	—	—	—	—	—	—	—
	g	i	l	—	—	—	—	—	—

右表直行表示各種社會的職能的先後的變象，橫行是將所有同時的社會的職能

相並列，表示全部文明的發展的某一段落。因此全部變象可以按兩種方向去分類，一種是按平行的分類研究文明變象的集合的現象，（如從a到b，從c到d，從e到f，等等）一種是按直行的分類，研究每個社會的職能的各種變象，（例如就經濟而言，從a到g，在生殖的職能從h到i，研究社會組織，則從k到l等等。）

第一種方法，於研究一種文化階級的歷史的表現甚爲有用。這樣研究，可以對於某種民族在某種文化發展階級的情形的全景一覽無餘。但是要研究變象，這種『橫斷法』是不能用的，不能用的原因有二：第一，因爲按這個方法，則各種不同的職能所經過的變象就分開了，第二因爲這些變象的時期不是相同的。

但是『直行法』也有他的短處，他的短處就是讀者常須屢次再重新從下往上讀，常將低級高級相穿叉的研究。況且這個方法將各種職能間的關係分開。例如經濟，生殖，美術都是互相連貫的變象，若用直行法，就好似各不相干了。但是這第二個短處可以用簡略表去矯正，而直行法最大的用處，就是可以清清楚楚的將變象的情形排列。

所以本書始終採用這個直行法。這不特是因爲將文明全部的重要的分類並且還是爲將社會的職能再爲區別。我以爲只有用這個方法，纔可以研究變象學。我們只可以從推溯文明的各種現象上，纔可以將文明發展的全體測出。因爲要保存橫行法的利益所以本書在各章之末列出表來。

但是無論用那一種方法，都不能免有重複之弊。這是當然的，因爲社會學有兩方面，一方面要討論相繼續的現象，一方面要討論同時並存的現象。而人類的言語則只屬於一方面，只關於相繼續的範圍。所以我們不得不將所有的敘述都串叉在言語的一個線索上用言語表出。

第二卷　飲食工具衣服及住居的進化史

物質的現象的分類

人類社會的生存，最初的最重要的條件，就是獲得那生存的方法。食物，住居，衣服，武器，工具。總之所有於維持生命，保護生命必要之物皆屬於此。

凡生產以上各種物品的活動，概屬於社會經濟項下。

按這個定義推論物質現象的演化，可以從兩方面爲科學的研究，一方面是研究物質的品物自身，一方面是研究物品的生產製造。前者是研究所生產的物品，後者是研究生產的技術與工作。因此經濟演化史可以分爲兩部分：

一· 物品的演化

二· 工作的演化

物品更可分爲幾種，本書只討論幾種最重要的。卽食物，工具，衣服，住居四種。

第一章　食物演化史

食物的形式

以先分別原始民族的階級爲遊獵與漁魚，牧畜與農業四種。這個分階級法是假定各種民族的文化可以用他們生產食物的程度爲標準。這個假定我們認爲狠有理由的。何以故呢？因爲生產生存的方法是動物生活的最重要的條件，也是所有的發展的基礎。向來文化可以漸漸進步到更高的階級的正是因爲食物供給的來源大加擴充，有空前的改變。

我們現在還是按着這個向來用的分類。我們先自遊獵民族起首，其次牧畜民族，再次爲農業民族，一直到現代的民族。如此我們可以研究各地方最主要民族的各種生產食物的形式，自最古以至於現代。敘述這些種的形式或者是狠乾燥無味的，但是讀者由此可以知道這方面研究的概略，有許多有用的材料。最末我們要研究這些變象的演化從一種到他種是有何原則或定律。

甲．遊獵及捕魚

我們所知道的最低文化的階級的民族是不能牧畜也不知耕種的，他的智慧比動物高的有限。他們唯一的食物就是自然所供給的，所以常憂不足用的。他們食物的來源是遊獵，捕魚與採集野生的植物。

以先歐洲所發見的民族有許多是在這個階級；現在這些種族都將盡滅絕。除了歐洲以外各洲都有這個階級的民族，可以將他們分爲三組：

第一組　低等遊獵組

這一組最低的民族住在大陸的極邊，或孤遠的海島荒瘠不毛之地，或住在人跡不到的深山或森林裏他們沒有一定的住處，又沒有貧富的區別人皆平等，沒有領袖結小羣散行各方。這些人稱爲低等遊獵民族。

低級遊獵民族最好的代表就是澳大利亞洲與達斯曼尼亞(Tasmania)島黑皮膚的土著，這是歐洲人最初發見他們的時候的情形。就中達斯曼尼亞土著與澳洲西部居民是最低的，南部的民族較高，北部的民族位置最好。比較他們略高的有非洲中部的矮人，錫蘭山中的 Veddas, Andaman 島的 Mincopies, 斐律濱內地的 Aita，美洲大陸南端的火國人，北冰洋的愛斯基摩諸民族。

這些民族的主要食品，就是從遊獵得來的獸肉，以骨髓爲珍品。但是所謂遊獵民族；

並不是專以獸肉爲食品凡是自然所產的可以吃的（按最廣義解釋）都可以做爲食物，卽如愛斯基摩的各部落大部分雖專以行獵爲生，也不是完全沒有蔬菜，因爲他們宰割獂羊的時候將他胃中尙未完全消化的苔草取而食之。遊獵民族的唯一飲料是水。他們不知道有鹽。

只要是可以吃的都取來維持他們可憐的生活。如南非洲的布須人（Bushman）獵來的東西不足的時候，就取蟻卵，蛆，蛙，野蜜，樹枝，樹根，蛇，虱子之類爲食物。Veddas 吃草菓樹根，樹皮，腐木，樹內皮，樹葉，菓實，野菜之類，又善用箭取魚爲食。他們食物的珍品是野蜂的蜜。澳洲土著的食品有草根，樹根，菌類，介類，爬蟲，蝙蝠，蛙，蛇，蜜，油蟲，鳥，鳥卵，魚，龜，狗，袋鼠，海狗，鯨魚之類。得到鯨魚的時候，常聚集爲許多日的饗宴，卽使鯨魚已經腐爛，腐臭之氣盈許多里也是如此。有許多民族有吃虱（Phthiriophagia）的習慣。澳洲土著互相捉虱，以爲美味，若所捉的虱多，就歡呼呑食。

這一階級的民族是無所不食，無論若何可吐棄的也都能吃，但是卽是這些可吐棄的食品也常是不容易得到的。低等遊獵民族的生活，常是受困受餓的。他們腰間繫一帶在飢饑不能得食物時繫緊滿足他們的飢餓，所以有得吃的時候食量非常之多，反之飢饉挨餓的時候幾星期不食也是異常可驚的。

第二組　高等遊獵民族

第二組的經濟情形較高。屬於這一組的有美洲印第安的遊獵民族，如 Californians, Apaches, Comanches, Dakota 中許多族 Chippeways, Shoshones, Athapascan 的水瀨，兔狗貧諸族等等。他們經濟的進步，靠着平原的水牛與森林中的鹿，羱羊等。北美的食物仍有許多野生植物如李子，矮瓜，野大麥。

第三組　捕魚民族

屬於第三組的有美洲西北部與亞洲東北部卽白令海峽兩岸的捕魚民族，現在已經滅絕的堪察加島的 Itelmen, Chukchis 與高麗幾個民族，Aleulians, Gilyaks, Kolu chen (或 Tlinket,) Queen Charlotte 島上的 Haidah, Vancouver 的部落，Chinuks 等等。在不知牧畜與耕種的民族中要以捕魚民族爲最高，因爲他們可以從江海裏採取無量的物品，江海產魚特以鮭魚(Salmon)甚多，此外還有許多旁的物品，所以比內地的耕種的民族還覺充裕。這些民族中許多是居處固定的，住房狠大，造出各種巧的工具與用具，他們的武器與財產常不是共有的。他們常蓄養奴隸做買賣，知道分工。他們的文明靠着獸肉食品之多與商品（如水瀨皮等）二種，所以在許多方面高出牧畜與農業民族之上。

乙．畜牧民族

主要的畜牧民族在亞洲與非洲的草原與沙漠。以牧畜為生的民族，在中亞有蒙古人，韃靼人，他們有大羣的牛，馬，羊，駱橐，就中如 Kelmucks, Turcomans, Uzbegs, Baschkirs, Yakuts, Kirghiz 幾族，已約有二三百萬人。此外更有西藏人，南印度的 Todas, 與遊牧羱羊的 Samoyedes, Ostyahs, Voguls, 通古斯人等。在非洲最有名的民族有 Bedonins, Dinka, Bari, Masai, Wahuma, Gacea, Somali, Ova-Herero, Hottentots, 等等。歐洲只有拉蒲蘭的拉蒲人 (Lapps) 是牧畜民族。美洲在最初發見的時候只有祕魯的土人豢養駱馬 (llama) 可以稱為畜牧民族。阿利安民族的祖先，Scythians, Parthians 等等，皆是畜牧民族。

這些人是食肉的，但並不是專吃肉食的人。因為牲畜是他們的財貨，他們的活動全是為增殖牲畜，所以不肯輕易的宰殺他們的牲畜。大概只於在牲畜生病或受傷的時候，或是在令節或有宗教大典須用犧牲的時候纔宰殺牲畜。況且牧人狠喜歡飲乳。例如Ova Herero族每日飲酸乳五升至九升(litre)，又如 Dinka, Masai 人，又時時取獸體上的血做飲料。男子大概還是做他們原始的事業去打獵，女子做飯幷採取草根，草菓，菓實等食品。牧畜民族也有多少耕種的，有時用交易的方法或用強取的方法從鄰近耕種的民族得到植物的食品。

丙．耕種民族

人類的大多數是農人。只中國人即有四五萬萬，占全球人口三分之一，而文明民族的繁密的人口全體占全球人口七分之六，但是耕種的民族的文化有不同的階級，他們耕種的方法也不相同。按漢恩(Hahn)在他家畜的著作內的分類法，可以分別耕種形式有如下四種：

一．耕種 (Hoe culture)

二．犂耕 (Plough culture) 即最狹義的農業

三．園藝 (Horticulture)

四．商耕 (Handelsban, Commerceculture)

一．耙耕

耙耕是農業的最簡單的形式。沒有犂，沒有牛馬，只有用耙耕地的表面。不用肥料，但是所耕的地常遷移。

原始民族的大部分用耙耕法，按其文化的高下可分爲下列幾類：

（a）耙耕兼遊獵

美洲的印第安種大部分是屬於這一類。向來人誤以印第安人爲遊獵民族。他們成然有專事遊獵的，但是在歐洲人發見美洲的時候，他們已進到文化的高一級卽耙耕兼遊獵一級。例如米西希比河東與聖羅連斯河以南之間的民族，都是屬於這個階級，就中最有名的爲 Iroquois, Delawares, Mohicaus, Crees 米西希比河以西則有 Arikara, Mandaus, Osage, Sioust 的一部分，Omaha, Ponca, 等等。在南美有 Guiana 部落，Caribs, Uanpes, Arancaus, 巴西土著等等。

（b）耙耕兼捕魚

第二類耙耕兼捕魚,有時加以牧畜。印度洋太平洋諸島嶼的大部分民族皆屬於此類。從 Madagascar 到 Easter 島可分爲兩大部:第一部可稱爲印度洋包括馬來羣島,麻六甲羣島,斐律賓,蘇門答獵,爪哇,婆羅洲。Celebes 諸族。第二部爲大洋洲,大洋洲又更分爲三種:第一爲黑島洲(Melanesia)內有 New Guinea, Solomon 羣島 the New Helerides, Fiji, New Caledonia, 第二爲多島洲(Polynesia)有夏威夷新錫蘭, Tonga, Is., Samoa, Rotamah, Marquesas Is., Society Is., Easter Island. 第三爲小島洲(Micronesia)有 Mariamil Is., the Caroline, Marshall and the Gilbert Is. 那印度洋人與多島洋人爲馬來種。黑島洲人爲 Papuan 種,而小島洲人爲兩種的混合種。

(c)耙耕

第三類以耙耕爲主,打獵,捕魚由自然所供給的食物極有限。許多印度洋人與非洲的耕種民族即不屬於遊獵與牧畜的都屬於此類。非洲之民族有 Zambesi 人 Ma Kalaka, Ba Yeye, Njam-Njam, BaSemda 等等。

(d)耙耕兼牧畜

非洲民族如 Kaffirs, Zulus, Ovallpo, Ba Kuba, Waganda 都屬於此類。

原始民族從事耙耕的大概都是食植物的。主要食品爲麵粉質的植物。將穀物烤了磨成粉，然後用水煑成粉漿。這種粉漿在歷史上是文化進步的一個大關鍵，他是人民的食品，是人口集合的物質的基礎。古代羅馬人的主要食品名 pulmentum 就是這種粉漿（粥）。至於麵包是在第一次布匿克戰爭(Punic War)以後纔發明在各處應用的。古代羅馬人向各處戰爭每次獲勝都是得力於 pulmentum 爲最多，因爲每個兵士只背負一小袋穀粉，卽有糧餉，不必專有大隊的糧餉隊了，所以軍隊的行動非常方便，軍隊的力量加增。卽至今日，意大利人仍保存這個古法，用玉蜀黍做成粉成爲 polenta。德國鄉間的農民，特別是在巴維利亞與梯洛爾 (Tyrol) 山間，這一種粉還是日常食品。

印第安人用玉蜀黍做粥，內中常加以野獸肉。（在 Iroquois 族這種肉粥稱爲 Saejamite）。他們於玉蜀黍之外更種植豆，倭瓜，淡巴菰，香蕉，紅薯，豌豆。

大洋洲人住的地方，氣候宜於耕種，從 arum 的根採取漿粉。此外他們還有狠好的食物的供給，主要的有麵包菓，香蕉，芋薯，甜薯，可可菓，甘蔗，有根可吃的羊齒等等。三棵麵包菓可維持人的一生的用；香蕉生產甚多，據 Ritter 計算，若將香蕉與小麥種植於同面積之地，則香蕉的出產比小麥多二十五倍；芋薯則常重三四十磅。此外他們還有海魚，軟體動物，與熱血的動物如鷄，鴨，鴿，鼠，海鵝。有時也豢養猪狗之類。

非洲人的主要食物是一種麥粥，（所謂 Kaffir Corn or Carrot Millet 他們也種玉蜀黍，豆，甜薯，其他薯類，乃至米與淡巴菰及其他種蔬菜。

耙耕兼牧畜的非洲人豢養羊，山羊，猪，狗，鷄，火鷄，鴨，鴿，鵝之類，但是他們的主要食品是黍粥加以牛乳。

以上所述四種耙耕的民族，按物質的文化說，以印第安人爲最低。耙耕兼遊獵是農業的最低級。男子都去遊獵，所有的身心都費在求食上，而在地上用人工的方法生產食品，就是女子的工作。男子的精力完全用在自然的求食方法，因此他就退化而女子的進步反超過男子。

大洋洲人於遊獵以外，加以捕魚，位置較高。因爲捕魚所費的時間，精力，較遊獵爲少。他可以有暇去耕種，即酋長也肯做耕種的事。他還能豢養狗，猪，鳥，所以他們人造的食物，比天然的食物多。

非洲人的情形更進一步，差不多天然的食物都爲人造的食物所代替。非洲從事耙耕的民族在打獵捕魚兩方面雖然不如印第安人但是他們在低等民族中要算最長於耕種的。就中有些部落常兼耕種與牧畜兩業。有動物植物兩種食物。

我們若以人工的食物生產爲標準去定這些耙耕的民族的程度，就大體上看來當以印第安人爲第一，大洋洲人爲第二，非洲人爲第三，就中雖有例外，姑不具論這個判別階級是合理的，我們於討論他種文化標準時可以看出。

二．犂耕

普通最狹義的農業就是犂耕。用牛，馬拉犂，翻動土壤，預備撒布種子。古代阿利安民族與西姆民族，都是用此類的方法。

犂耕的最重要的形式有四種：

(a) 燒田法是最粗的耕田法，最初須將森林或草原改變爲耕地時用此法。只用植物燒了的灰或牧獸時的糞做肥料。如腐植土(hmuns)的層不厚卽須常改變地方。

（b）較進步的是分田法，也稱三田法（three field system）即將可耕的地分爲三塊，一塊地任他休閑，一塊種春穀，一塊種秋穀。休閑的地既可省肥料，又可省人工。這個耕法在查爾斯大帝時，已經採用在德國，直迄於十九世紀仍用此法。

（c）牧耕法與之相仿，卽種植幾年以後，卽改爲牧畜以休養地力。

（d）輪耕法。將養地力與吸地力的植物分別定期輪流種植。如供給肥料的植物有苜宿，淡巴菰與豆類，吸取地中肥料的有穀類，有油植物，麻葛之類。此法不必使土地休閑，卽可產出大量的飼料飼養動物；用此法時所耕種的土地甚密，因此需用勞働，資本與進步的耕種法。

三．園藝

園藝比以上諸種耕法甚高。古代祕魯，墨西哥，現代中國與日本都是用園藝的耕法，供養極密的人口，爲古代文化的基礎。特以中國爲園藝最發達的地方。世人明白這個耕法的狠少，所以我們要採用法人西蒙所觀察研究的結果詳細敘述。（見 G. E. Simon: La Cité Chinoise. 此書有英譯本）

如王木集即是一個模範的例。此村在一個廣大的山谷裏有七八百家。這些家不是一排一排的，但是在與園田相間的散在各處。只有在市場商賈聚集的地方，房子纔聚爲繁密的一團。高的有寶塔爲開會演劇及外鄉客人借住的地方。有些寶塔是廟宇，內有圖書館供入閱覽。全村約有一萬人占地約一千二百每。（每每合華畝十七畝半。）他們的生活與我們完全不同，一方面沒有像我們孤立的小村的乾燥鄙野，一方面也沒有我們都市的喧囂。而都市與鄉村的優點兼而有之。

各家都是大家庭，常是三代共居一家。祖與孫，祖母與孫媳，常同居融融，幼者扶養老輩與我們的養老年金又大不同。他們不想將家產剖分，家中各員都可自由獨立做於他自已有益的工作，租稅又極輕。此種家庭大約有十餘人在他們房子的周圍有三十餘畝的園田即可足用。他們的生產是因爲他們的耕種方法好，那個方法可用三個字代表，即水，肥料與工作。

水是用人工導引的。有時可以引水越過山陵流下成爲無數小溝渠，雖然雨水缺乏也可以使土地肥渥。中國人是長於灌溉的，所以有防止旱災的方法。不怕氣候的變化。

肥料的大部分是人糞。歐洲都市每年拋棄的糞有數百萬噸，汙毀河清的清潔；中國却用他爲最肥的肥料，一點也不肯拋棄。人與土壤之間，有機質的變化是相循環的，所以中國的民族是長存的，中國人按着自然的定律去做，差不多是像履行宗教的職務一般。

中國人耕種的工作，能力更出乎歐洲人意料之外。全家的人鷄鳴而起，勤勤懇懇的做到日落。他們愛勞働，以做事爲娛樂。在肥渥的土地上耕作是最快樂的。這個工作使人類活動爲調和的發展，因爲身體發出所需要的努力而精神則專注意於供給各種植物的需要。每日終日在田野間，所以這個職業比他種職業特別於身體好。中國農人熱心種植，不只種有用的植物並且種些怡心悅目的花草。稻麥的秧都用手仔細的插種加糞，因此生產甚豐，常有一麥而有六十穗的。因爲全家的人都要有加增的職業，所以種穀類多種。

這個結果是可驚的。中國農人在三十餘畝的田中可以種稻，茶，甘蔗，橘，麥，玉蜀黍，有油植物，蕎麥，淡巴菰，棉，桑，芋，薯，白菜，豆，及他種蔬菜菓實，這個情形差不多歐洲人實不能相信的（詳細統計見西蒙原書三六四頁）。

但是這個偉大的成績所用的方法甚單簡。在德國每一陌須有流動資本二百五十元乃至三百元，中國農人所用不過一個鐵挖，一個水箭，一個耙，一個木犁，特別是一個鐵鏟。因爲鐵鏟是主要的器具，所以此種耕法也稱鏟耕法 (Spade Culture)。

他們的食品以植物爲主，肉類狠少的，但是也飼養鷄鴨與猪；這也是園藝的副產物。其他肉類不吃，因爲各處都是耕田，沒有牧地，園藝也比牧畜所生產的多。各家差不多都可以自給。做油，做糖，織蔴，紡棉，繅絲，做衣服，做器具，都是自己去做。個人生產足可以滿足需要，所以買賣的東西狠少。

中國的幾百萬家都是這樣生活。園藝不特可以供給這樣多的人口的食物，並且使那些人的生活安適，平和，幸福。歐洲人的職業單調無味，求金錢的欲望，只有苦痛困窮的生活，對於中國人的生活不能想像的。中國人在幾千年前卽明白福祿特爾『種你的園子』的話，他們能夠實行。Hesiod 認明這個是解決生命問題的方法。中國國家就靠着這千萬的知足安樂的人民維持，而歐洲的國家沒有不是用武力維持的。

園藝法優於歐洲的耕種方法，顯而易見，識者以爲中國園藝占世界經濟的最高級，曾提議討論可否在歐洲採用的。Hahn說：『壞的園田一笳比好的牧地一笳所生產的多是所有的農人都知道的，但是我們沒有從這個事實得到結論。』西蒙計算如法國採用這種密耕法可以供給法國人口的三四倍。但是現在的趨勢，正與此相反，歐洲的資本制度，正要取中國現有制度而代之，資本制度已經侵入日本，也漸伸入中國。此問題今姑不論，現在先討論歐洲文明社會中代取犂耕的發展。

四．商耕

若研究生產的正當的標準，卽不能只就從地上獲得食物的量的一方面觀察，並且還須觀察所費的勞力。假使爲維持生存所用的力少，從事於食物生產的人少，就可以有許多人有許多餘力去做他種事業，造出高等文明所特有的其他好的物品與好的行爲。因此商耕漸興，在歐洲文明的民族中，商耕與資本制度相偕發展。他們使商耕出乎園藝之上。試比較這兩種的制度，就可以證明商耕所特有的優點了。

一．中國式的園藝專爲滿足那從事園耕的大家庭所有的需要。商耕是資本的企業，爲滿足外間的需要，他的生產變爲市場上的貨品。因此我們稱爲商耕。(註)歐洲古代的犂耕本爲個人的需要所支配。但是以後犂耕的各種形式（如三田法，牧耕法等）漸漸與資本的發展相適應，成爲商業的企業。特別是近來的『自由耕種制』(free farming)不是按種植的更迭次序。但是按市場的需要種植。

（註）關於農業階級如以下的分類，也可以說是有理由的：

甲．個人的生產

一．耙耕，　二．鋤耕，　三．園藝（鏟耕）。

乙．商業的生產

二．商耕的第二特點是耕田，收獲，製造原料都是應用農業機械以代人的腕力。園藝雖然只用極簡單的工具，但是無論中國人用鏟犂如何伶巧，比較那歐洲的機械，總是極可憐的。因爲如果機械越完備，就是越省人工，那按所費的力所得到的利益也就越大。重心越是由勞力移到資本，他的組織從文明的立足點看來也是越高。歐洲商耕的組織甚高的資本制度，當然是比中國的制度更有効率。

三．機械的發明，是應用科學在生活上的結果。科學在許多方面上影響食物的生產。如用人工的肥料，用選種的方法改良動植物的種類，都是商耕的特色。又如從世界各處遷移動植物使適於各地方的氣候，特別是將農業全體都用科學計畫，這都是歐洲的科學進步的結果，雖以中國農人的技巧與經驗也不能同日而語。

四　中國人是利用土壤的生產力至於極點，歐洲人是利用人的勞力的生產力至於極點。所以中國的人口極多，那些人口的活動都吸收在土壤上，而歐洲從事生產食物的人按全體人口計算日見減少；繁密的人都是從事於他種職業，特別是在都市裏的人口最多。

商耕最可注意的一個現象，就是都市的發達；都市軋倒鄉村，將農業國家變爲工業國家。但是假使人口只限於家庭的生產，雖然農業有進步也不能有這種大變遷。這個大變遷是因爲進步的國家氣候溫和，適於工業的活動，從其他未大發達的國家或食物生產有餘的國家輸入原料與食品。這個大變遷是因爲國際分工，利用新國家處女的土壤，所以商耕爲近代工業發達的先聲。因爲商耕須以貿易爲基礎，近代商業則以世界貿易爲基礎，而世界貿易遂聯合全地球上的人成爲一個大的勞働組織。

五．中國耕種自己的田地，直接的消耗那田地所產的植物，他的身體的每個細胞都是由他所住的土地上所生產的原料供給滋養品，但是歐洲人的食品則由全世界供給。近代海陸的交通不特將地方的利益調和分配，並且在有不測的天災的時候也可以調劑各地方生產的盈虧。

交通不發達的地方如印度中國常有一處食物充足而鄰近竟感飢饉無法救濟的。營商的國家久已不聞有飢饉之災，這也是商耕的優點。

從此看來園藝與商耕的優劣高下狠難斷定。只有兩法並用纔可以算更進一步。但是兩方法並行還不能認爲最高的食物生產法。最高的生產法，須將來化學進步可以從土壤，空氣，水諸原素中造出綜合的食品。

食物生產的系譜

上文所討論的食物生產有十一種形式：

I．遊獵及捕魚
- 一．低等遊獵民族
- 二．高等遊獵民族
- 三．捕魚民族

2. 牧畜……四．牧畜民族
五．耙耕兼遊獵（印第安人）
六．耙耕兼捕魚（大洋洲人）
七．專事耙耕（非洲人）
3. 農業……八．耙耕兼牧畜
九．犂耕
十．園藝
十一．商耕

以後的問題是研究這些形式如何發生如何發展以先解決這個問題是狠簡單的，以爲先有遊獵階級，以後繼以牧畜階級，再後爲農業階級，以爲農業階級都是要經過遊獵與牧畜的。但是現在都知道這個見解是錯的。社會發展不是有一個固定的線路的，但是有許多的各民族因環境的不同循行不同的線路，但是各線路都是趨於更高的階級。我們現在研究這個問題。

一．遊獵階級在社會學上的重要

遊獵與捕魚的民族，專靠自然的食物，牧畜與耕種的民族，用人工的生產食物；遊獵與捕魚民族，在文化上當然比牧畜與耕種的民族爲低。牧畜與耕種的民族以先曾否經過遊獵階級？遊獵民族是否我們的文化祖先？或只是文明演化上的一別支？是歷史上普遍的情形或只有特殊的或地方的重要？這些都是狠難回答的問題。以先達爾文遇遊世界的時候，看見了火國的裸體的野蠻，他自己想道：『這就是我們祖先的樣子！』這是真的麼？

從以下所列的理由看來我們一定要承認遊獵階級有普遍的重要。

一．在全地球上常發見有史以前的武器與工具，燒了的，打碎的與人的牙齒所嚙的骨頭。這些都可證明各處的人，最初都是遊獵的，肉食的民族。

二．世上沒有完全不食肉的民族。即如印度，祕魯，墨西哥，中國，日本不愛吃肉的民族也是因爲耕種或園耕纔變爲食植物者。印度人因宗教的原因嚴禁食肉，但是他的祖先也與其他印度歐羅巴種一樣是牧畜民族。牧畜民族以先必是遊獵民族。因爲假使人類以先沒有獵取過食物他絕不能想到豢養動物爲食品而植物食品的需要也一定承認的因爲假使他看不起植物的食品他也絕不肯費事去種植物就我們所知道的牧畜民族裏遊獵也是採取食物的一個重要方法。又如祕魯人墨西哥人的發展是顯然無可疑的以先由遊獵經過耙耕兼遊獵的階級以後纔變爲高等的文明的農業階級中國人日本人以肉爲特別珍品但是因爲他們園藝的產品特別充裕所以他們以植物爲主要食品。

三．又一個證據就是人的牙齒人的性質兼有獵取獸類的武勇與食動物的忍耐，人的牙齒也與他的性質相同也兼有食肉與食草兩種動物的牙齒低等遊獵民族的食品與高等猿類的食品幾乎完全相同至於人類兩邊的牙齒爲什麼不及猿類的銳利完全是因爲有了刀以後少用牙齒的緣故從人的牙齒推測可知他是什麼都吃的。

四．從兒童遊戲上也可知我們是從遊獵民族降下來的所有動物的遊戲都是「反元」(atavistic)的表現動物幼小的遊戲不過是本能的用他們身體的與心理的能力將來於長大的生命維持是有必要的小貓練習攫捕爬攀特別是捉取活動的東西小狗一同遊戲的時候，一定要引着他所要捉的跑，一直等到精疲力盡，爲得他們可以捉住咬他的項。小馬有種種跳躍，可以練習腿快能夠抵抗來攻。

我們從幼稚的遊戲上，可以看出幼稚的遊戲是訓練維持種族最重要的能力，這些能力都是自然由遺傳所賦與的本能。

兒童（特以男童）的遊戲表示，遊獵與戰爭最顯然。兒童最好的遊戲是爭鬥，喧吵，追拿爬的，飛的或遊泳的東西（例如蝴蝶，魚，昆蟲，鼠等）。就是成年的人也有由遺傳得來的遊獵的本能，與野獸相同的，那是無可疑的。因爲在文明環境之內，那個本能已經無用，在許多種環境之內，這種本能已經可笑，但是數十年來生命所最需要的遊獵本能，仍然存在的。

人發明了工具與武器，所以由野獸變爲遊獵者與戰士，但是人的歷史，一直到了現在，大都市的屠獸場都是流血的，從此可見人的獵食的獸性，仍未消滅。

博言學的研究也證明這個見解是不錯的。迦爾（Geiger）說：『言語學可確切證明自從人爲人以後，他是吃肉活着的。肉或獸的意思，是指可以吃的動物』（如德語 Braten

（烤）的古訓是指可以吃的動物。德語 Wildbret （獸肉） Brot （麵包）都是從這個字源來的。〕非洲中部 Logon 地方稱食物爲 tha，稱肉爲 tha 稱牛羊爲 tha。在許多非洲的種族裏肉與獸常是一個字，魚稱爲水肉。

從此可見遊獵階級，必爲一般人從動物生活，進到人的生活，必經的階級，無可疑惑。卽現在文明最高級的民族，也必經過這個階級。

在白令海峽兩岸住居的捕魚民族，當然是因爲地方的情形，爲普遍的遊獵階級的一別支，我們不必討論。

二．牧畜在社會變遷上的位置

牧畜在社會變遷上的位置，極難斷定。這有二種原因：第一，因爲不能以牧畜階級爲農業階級必經之階級，第二，因爲遊獵階級進到牧畜階級或農業階級，要看地方的動植物的情形而定。

美洲產野獸甚多，如水牛，鹿，羱羊，但是都不易豢養。而美洲又有極有用極易種植的農產，卽玉蜀黍。印第安人自然不用經過牧畜階級卽變爲耕種的人民。歐洲人發見美洲的時候，沒有一個部落是牧畜民族的。只有秘魯人馴養駱馬，但是也只用他載重。美洲各種變遷都有自簡單的遊獵階級以至從事園藝的，秘魯人，墨西哥人，只是沒有經過牧畜階級。這是新世界文明的特色。

舊世界的文明變遷，與此不同。舊世界的植物（特以穀類）種類甚多，但是極難種植，而可馴養的動物甚多，如馬，牛，羊等類。所以舊世界的人本是以牧畜爲主業，以後纔做耕種的事業。這是一般的情形，發展最高，勢力最大的阿利安民族，即是如此。

新舊世界的演化的路途不同。新世界竟將牧畜階級跨過。

從此可見牧畜不必是農業的必經的初步。近來有些科學家（如Hahn）另有主張，以爲耕種不是由牧畜變的，乃是先有耕種而後有牧畜的。他們主張的理由如下：

一．住居無定的人民，不易馴養動物。只有居住安定的人，如耕種的人，可以馴養動物。

二．被豢養的動物，因爲被拘束不易繁殖。只有住居安定的人，可以免去禁錮之弊。

三．畜牧民族的食物，一定須有植物補助。畜牧民族要獲得植物，只有自己耕種，管理耕種民族或用現物交易。

四．馴養動物最初得到的利益，只有肉，皮骨，（獸肉是以後纔用的）肉，皮，骨又是極容易從遊獵得到的。所以遊獵民族要是從事牧畜並沒有什麽利益。這個理論雖然有許多社會學者主張，但是若認爲普遍的原則，則有可批評的。

卽使遊浪的民族比較住居安定的民族，馴養動物較爲困難，我們也不要忘記各處的遊獵民族，就是最低的，也都馴養狗爲家獸的。如 Veddas. 澳洲土著愛斯基摩都豢養狗，常有大羣的狗。人在有家之先，狗卽是家畜。遊獵民族，不只馴服狗並且教他打獵拉撬等事。澳洲的遊獵民族，有狠能馴養動物的，常養狗以備宰食之用。如假定最初馴服的獸是狗那就狠簡單的因爲被馴服的狗，可以幫助看守其他動物，不使他們散失。愛斯基摩連最獷野的狼性的狗，都可以馴服訓練以供驅遣馴服那糠羊，羊，山羊及其他合羣的動物，也不致比那個更難。

遊獵的人民，既然可以馴養狗爲家畜，那被囚禁的動物不能繁殖，也不是一個有力的理由。耕種的民族，沒有這個困難，因爲他們圈禁廣大的土地，常圍起全半島禁錮動物。

Hahn說：『就是專從事遊獵的民族，也用這個方法，所圈禁的土地，比我們王室御用的廣大的獵場還大。』遊獵民族所用的豢養動物的方法，就是將野生動物驅於大籓籬之內，保存他們爲將來之用。這種方法，一定是最初的牧畜方法。

若說牧畜民族沒有耕種，不能生存，也與事實不符。牧畜民族如 Hottentots 自己不能耕種，也不與耕種民族相交易，是我們所確知的。況且遊獵民族，既然可以不用耕種就能生活着，牧畜民族的說備，更加充足，當然更不必從事耕種，即能生存了。

最末的理由，謂遊獵民族，若從事牧畜，也沒有什麼利益，這個理由，是狠不充足的。遊獵雖然可以得到肉皮骨，但是不能永遠得到。因爲遊獵是不定的，無所獲則飢腸轆轤，苦不可言。若飼養動物，即有可靠的供給，不憂缺乏。原始的人民，專注意於滿足肉體的需要，對於這個利益，當然是看出來的。

我想牧畜民族，是直接由遊獵民族變來的，這個說法，大槪是確的，這個變嬗過渡的困難，我們看得過重。我們沒有憑據可以證明那西藏人，中亞的居民，或 Hottentots 在從事牧畜之先，曾經過耕種的階級。但是他們好像是從遊獵直接改爲牧畜的。

但是歷史上也有從耕種改爲牧畜的人民。如冰島(Iceland)在歷史年代內，廢止耕種，專以牧畜捕魚爲生。亞非兩洲的草原與沙漠的遊浪民族，環繞他們的都是些耕種民族，他們自己也多少從事耕種。這些人以先或者是耕種民族，以後遷徙到草原居住的時候，纔改業牧畜的。

其餘的民族如猶太族，阿利安族，Basques（法國與西班牙間比利尼山中民族）以先曾爲牧畜民族以後纔從事耕種有一定的住所的。但是這些種族以先或者也是耕種民族，以先有狠複雜的歷史。

總而言之，遊牧生活雖然是狠重要的，狠普遍的一個階級，但只是一個地方的現象，不能認爲一般的文化階級。有幾個途徑，都可以引到牧畜階級或從遊獵直接的達到牧畜階級，或已經達到耕種階級，以後因爲遷徙到新的環境（如草原）才變爲遊牧的。這一種以後再改適宜的環境，又回到耕種。就中以何種發展爲最普通，是狠難斷定的。

三．耕種的變遷

各種耕種的形式中，兩種最極端的，卽園藝與商耕。

園藝從耙耕演成爲最完備的形式。如上文所述，美洲就是變化的最好的例，美洲土人最先本是利用野生植物的遊獵民族，以後變爲遊獵兼耙耕的，以後文明的墨西哥人與秘魯人，就是從事園藝。

耙耕大概是在鋤耕之先。據 Oswald Heer 的研究歐洲卽在最切湖居的時候，用耙耕種植小米，一定是已經普遍了。用鋤與牛耕種大麥是在以後，最後才種植小麥黑麥與乾草。

商耕在近代是從鋤耕變化的結果。只有從事牧畜的民族，才有資本制度的精神與組織，這是在本書可看出的。

我們若將以上各節總括起來，那生產的程序，可列出系表如左：

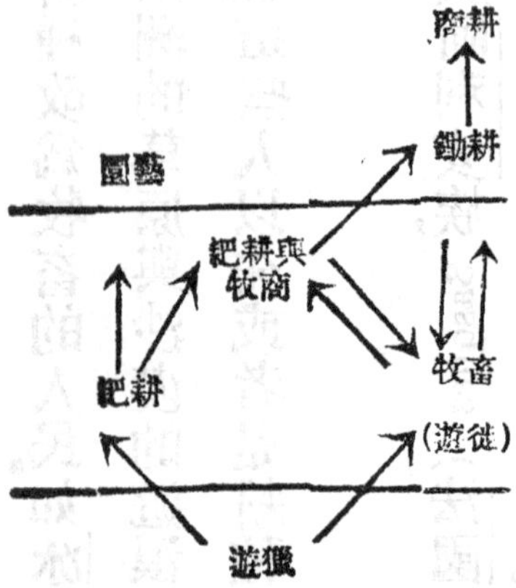

四．食物生產的變遷與文化階級

將人民分爲遊獵，牧畜，農業的種類雖然有用。但是不能用他們爲階級的分類。因爲他們的發展，並不是像我們所想的那樣簡單，他們的變化，不是像一個梯子，向上的進步，却好像一棵樹，有若干的分枝。

但是階級的分類，在社會學上是極有實用的，我們按着英國人類學者泰勒(Tylor)的例，將人民另分爲三類：即野蠻(Savagery)半開化(Barbarism)文明(Civilization)三類。這個分類，在社會學上，須大加擴充。所謂野蠻係包括遊獵與漁魚兩種，半開化爲牧畜與耙耕，而文明係較狹義的意義，包括鋤耕，園藝與商耕三種。

這個分類與上列的系表的關係，是狠簡單的。我們將上表畫出兩行橫行的線，即可明白這三個階級。現在述說他的概略如下：

一．最低級野蠻的人，與一般動物一樣，靠着自然的食物，對於將來的生產與生長沒有想到。

二．半開化的人，才知道用人工生產食物。人工求食物有兩種方法：一種是藉着牧畜，生產動物的食品。一種是從事耕種，耙耕生產植物的食品。

因爲他們的食品種類不同，所以生產方法的種類，也是不同的。

三．文明進步是緩慢的，漸漸的所以不能確切的淸楚的定出。有新的食品發現，不是從牧畜或農業得來的。

因爲這個區別不是質的，一定是量的。按先天的推論，總以爲這個量的等級，一定是農業與牧畜的聯合得到的。但是事實上不是如此的。例如許多非洲的民族與其他自然民族，雖然是兼有耙耕與牧畜，但是古代墨西哥人，秘魯人，中國人，日本人的文明，都是農業的。古代文明的發源，必須有一種有用的植物出產極多。例如古代美洲文明的主要的物質基礎是玉蜀黍，中國，日本，印度的文明的物質的基礎就是米，埃及及其他東方民族的物質基礎就是豆類。文明與不文明的民族的差別，不是靠着食物來源的增加，但是靠着利用鋤耕，園藝，商耕，密厚的耕種土地。

以上所說，不過是指出直接的原因，不是說明文明的主要精神。因爲所謂文明，並不是只於厚密的耕種土地，文明乃是他的結果的現象：卽分工與人的職業的分作。因爲食物的生產非常豐富，所以人才有剩餘的精力作他們的事，這時方有文化發現。紅印度人從事遊獵與耙耕的時候，并沒有職業上的區分。大洋洲與非洲的耙耕民族，才初有職業的區分，但是在文明的民族間，分工非常發達，質比量更爲重要。這個結果的現象是非常的重要，有深遠的影響於社會，特別是對於現代國家的設立，所以我們不能說文明是文化的第三級，文明應當與自然相對待，文明民族是有文化的民族，其餘的都是自然民族。關於這些問題，我們以後敍述工作進化史的時候再討論。現在我們只討論食物的變遷，以上所說已足。

食物的生產，可分爲三大時期，所表示的文化階級如下：

一．野蠻——人類直接從自然得到食物，用遊獵，捕漁，採取野生植物的方法以自養。

二．半開化——人類初馴養動物，耕種植物。於自然的出產食物之外，更用牧畜，耕種人工的生產食物。

三．文明——人工的生產食物更加多，因此於生產食物之外，更有餘力從事其他事業。高級文化的基礎就是分工，現在分工發達，有多種不同的職業。

各種民族所屬的階級可列出如下：

甲．自然民族

一．野蠻

(甲)人的自然狀況文化的自然階級　此種的民族現在已經滅絕不可知。

(乙)低級遊獵民族　代表此級的有澳洲土人，達斯曼尼亞人，中非的矮人，布須人，山居的 Veddas, Mincopies, 火國人，愛斯基摩人。

(丙)高級遊獵民族　北美西部北部的印第安人，加利福尼亞人，Apaches, Comanches, Athapascan 部落等等。

(丁)捕魚民族　Itelmen, Aleutians, Gilyaks, Kolyaks, Haida, Tsimshian 與 Vancouver 等部落。

二．半開化

(甲)遊牧民族　在亞洲有 Kalmucks, Kvigizes, Bashkirs, Uzbegs, Yakuts, 西藏人。Todas, 牧羱羊的遊牧民族，Ostyaks, Voguls, Samoyekes 通古斯族。在歐洲有拉蒲蘭人。在非洲有

Bedouins, Dinkas, Baris, Masai, Wahuma, Galla, Somalis, Ova-Hereros, Hottentots 等等。

(乙)農業民族 一．耙耕兼遊獵：北美印第安人的大部分 Iroquois, Hurons, Delawares, Mohicans, Crees, Ojibwas, Sionx 等等。在南美洲有 Caribs, Uanpes, Araucans, 巴西土人等，二．耙耕兼捕魚：大洋洲人(Polynesians, Micronesians, Melanesians)，三．專營耙耕：非洲的 Zambesi tribes, Makalaka, Ba Yeye, Njam-Njam, Kelunda, 印度洋人等。四．耙耕兼牧畜：非洲的 Kaffirs, Ove Mpos, Ba Kuba, Waganda, Dahomians, Ashantees 與古代湖居的民族。

乙．文化民族

三．文明

(甲)園藝：美洲的文化民族有三個時代：卽墨西哥人，Yukalau 的 Maya,人，與祕魯的 Incas,中國人，日本人。

(乙)鋤耕：(A)阿蘇利亞巴比倫尼亞人，埃及人，腓尼西亞人，卡塞吉人，猶太人，阿剌伯人，波斯人，印度人。(B)希臘人，羅馬人，(C)歐洲中世紀的羅馬日耳曼人。

(丙)商耕，近代歐洲民族。

第二章　工具進化史

工具的進化共分爲四大時代。

一．石器時代，又分爲新舊兩時代。

二．銅器與青銅器時代。

三．鐵器時代。

四．機器時代。

所謂時代，不只是指工具的發達，幷且指歷代一般的文化。除了食物以外，可以評定文化的標準的就是工具。工具的變遷稱曰時代，食物的生產稱曰階級。這都是由於外面的情形的不同，因爲人種學是用階級分類，考古學是用時代分類的。

我們研究工具，在有歷史以前的變遷，不能只限於考古學。卽在現在生存的民族中，仍有許多代表石器銅器鐵器時代的人民的。這些民族所供給的材料，比考古學所供給的更多，我們直可以不必靠着考古學的研究，專靠着人種學去尋出工具發展的各程序。

我們以上所引的各種族，都曾迄於晚近生存的，並且曾與歐洲人接觸的舊世界的亞歐非三洲，雖然早已入了鐵器時代，但是後來發見的大陸島嶼如美洲，澳洲，大洋洲不只是完全不知道有鐵，並且還不知一切金類的用處。只有秘魯與墨西哥是例外，因爲這兩種人在發見美洲的時候，已經到了青銅時代，但是仍然不知道用鐵。

從此看來鐵器時代一直到最近的時期，只限於舊世界的三大陸，其餘的地方仍然是在石器時代。只有美洲的古文明諸民族曾達到青銅時代。

人種學供給我們許多研究工具發達史的材料，我們現在用人種學上的事實與歷史上的事實，用以前所用的方法排列出來，將有史以前的問題，等在下一章再論。

從人種學與歷史所得到的結論。

一·石器時代

甲·古石器期

石器時代的特徵，就是器具，軍械，家具等等的原料，都是直接的從自然得到，正如同最低級的文化的食品，完全靠着自然一樣。所用的材料爲:

一·石

二. 木,樹幹,樹皮,樹心,樹枝等等。

三. 遊獵所得到的動物的皮,骨,筋,爪,腸,角,筋肉,魚骨,蚌殼等等。

差不多所有低級與高級的遊獵民族都屬於舊石器時代。他們所造工具的成績,當然是以武器爲最主要的器械與家用器具,是非常有限的,因爲這些民族是遊徙的,遊徙的時候,若必負載所有的器具,就太困難了。

最主要的武器就是棒,棍,槍,弓箭,擲棒,擲餅,(擲餅是爲增加手腕的投擲的力量的)。槍箭的尖上常是裝着硬石,蚌殼或有尖的骨。箭頭有時裝着毒藥,并且做的極巧,箭射到身上,桿折斷而箭頭留在肉裏。澳洲土人的武器,有一種擲棒名布末朗(boomerang),愛斯基摩人有擲棒擊遠。由吹管中放發毒矢,是以後發明的。捕野獸的方法,用繩索與陷阱,捉魚用鉤,網,與槍。水上運行,是用火將大樹燒空成爲獨木小舟,或用皮造成舟船。所有的工具如刀,鑿,斧與刮皮的刮子,都是用石做的。針是用魚骨或荆棘做的。線是用動物的筋,腸與樹皮做的。籃是用蘆葦,樹枝編的。瓶子,口袋是用完整的獸皮做的。

除專用爲裝飾品的以外,以上所述,差不多是遊獵階級的民族的物質的財產都包括在內。但是各民族所有的不過幾種，不是以上所列的各種工具都有。例如布末朗只有澳洲人有，但是他們沒有弓箭。達斯曼尼亞人只有直尖的棍一種武器，而他的鄰族就有許多旁的種類。

在這個文化階級，紡織與陶器尚未發明。這也是舊石器時代的特徵。

但是燃火用火的知識，遊獵民族已經得到。歷史上還沒有發見不知舉火的民族。人在最早的文化階級已經知道取火的方法，用火做種種的事情。人用火使食物更好吃，燻肉可以保存耐久，用火灼樹根可以將樹灼倒，取出樹心做成小艇。用火鍛鍊槍尖，將木樁灼焦，保存不致腐朽，用火灼草原，可以圍攻野獸，冬天的時候用火取暖，得光亮，夜間用火可以驅逐野獸。火的用處有種種，並不是一個民族都知道的，各族所知道的用處不過有限的幾種。例如澳洲土人用火炙食，灼草，在夜裏得光亮，他們夜間用火光不是爲驅逐野獸，因爲澳洲差不多沒有野獸，但是因爲迷信怕鬼。

愛斯基摩人吃生肉，住冰造的房子，所以他們用火也不是爲炙食物，也不是爲在屋內取煖。他們用火光使長夜光明，用火化冰爲飲水。

乙．新石器時代。

屬於石器時代的不只有遊獵民族，并且還有美洲與大洋洲的耙耕民族。這些農業民族與遊獵民族相比較有重要的進步，我們應該認明他們的文明是一種新的程序，可名爲新石器時代。他們的差別，不只是專門技術方面，并且還在一般的文化方面。

純粹的遊獵民族所做的器械，都是用粗糙的石做成各種形象。新石器時代的人，就可以將粗的石器磨光鑽孔。例如美洲印第安人能有磨琢鑽孔的技術，而大洋洲人除了毛利人以外，只知磨光。

遊徙的民族住居不定，當然只有狠少的器具，但是低級農業民族，漸變爲安居的生活，漸得家庭中安適的生活，所以也就有了進步。例如印第安人雖然爲半遊徙的，他們曾發明搖床與床；床常是蓆蓋著的板櫈，有時就是皮蓋著的箱子，睡的時候由小孔鑽進。他們還有土做的罐，木碟，皮瓶，皮氈等等。

大洋洲人家中的器具更多，更用爲裝飾的。各種的器具，用具，武器，常是極美麗的彫刻，極美術的裝飾的，特別是石棒，常費數年的功夫，造成眞的藝術品。

在新石器時代，兩種新的發明，可以爲這個時代的特徵的，就是紡織與陶器的製造。古石器時代的遊獵民族，雖然知道如何製網，但是不知道如何紡織。南美與中美的印第安人能夠用紡錘紡線，更進一步，能夠用綀與小球織布。大洋洲人與馬來人已經有了手搖織機。

更重要的就是陶器的發明。瓦缶是表示安居的一個符號，並且有了瓦缶，才可以有烹飪的技術。只是有了瓦缶才可以煑飯，因爲要是沒有瓦缶，水就沒有方法可以煑。

烹飪的歷史可分爲三種變遷的程序：

一．最低級的人不知煑水的方法。低級遊獵民族，就在這個階級。據說澳洲人最初看見滾水的時候，不知道他的危險，竟被水燙壞。這些遊獵民族吃肉的時候，或是生吃或是用火烤，因爲他們沒有鹽，就用火灼的灰代鹽，或者先將土坑灼熱，然後將肉放在土坑內，使肉烘熱數小時。旅行家都稱讚這個方法，據說這樣烘熟的肉有極好的滋味，差不多與文明人所用灼肉的方法，有同樣的効果。

二．印第安遊獵民族與許多島洋人（但黑島洋人不在內）皆屬於第二級，他們用木器或不透水的籃盛水，然後將灼熱的石投入一直到了水的沸點。這稱爲石煑法。

三．印第安的農業民族與黑島洋人屬於第三類。他們創造瓦缶。瓦缶最初的造法如印第安人就是將木器或籃用泥圍起使他不怕火灼。以後看出木製或草編的籃是不必要的，所以只用泥造出缶形，不必框架。當時製造都是用手，因爲陶人的輪是以後纔發明的。他們要使土器堅固，所以土中摻加碎石子與蚌殼。這種陶器常是極大的，形狀都像廣口盃或如古希臘的 amphora 形狀。如 Fiji 人更知道上釉的方法。古代人民用這種製陶器的材料，頗可以有做簡單的裝飾的機會。最古的工作的裝飾就是手指印，以後成爲各種美術的裝飾，極常見的就是模做不透水的籃或器具的編製的圖案。

二．青銅時代

舊石器時代與新石器時代的人，都不知道應用有用的金屬的技術。假使一個民族的發展，不受外邊更進步的民族的影響，當然是先採用較軟的容易混合的金屬如赤銅或赤銅與錫的金，卽青銅。鐵是更堅硬更難熔化的，所以在最後才用的。

美洲各民族在克侖布發見之前，正是循着這個次序，他們都是靠着自己發達，經過遊獵，低級農業一直到文明的各種過渡的程序。

印第安的遊獵民族與耙耕民族仍留在石器時代，但是幾個北方的民族特別是Erie湖與Alabama的民族，已經開始利用赤銅。他們的地方產有極純粹的銅，他們不會熔化，但是只按打石的一樣的辦法用錘錘他。中美的墨西哥人與南美的秘魯人也有極豐富的赤銅與青銅的文化。這些民族不特知道赤銅，錫青銅，並且還知道鉛，銀與金，但只是不知道鐵的用處。石雖在軟金屬發明之後仍然占重要位置，因爲石不能完全爲軟金屬代替，只有鐵可以代替他。所以在青銅時代石器仍占重要位置，美洲的青銅時代，正是如此。用木棒打破石塊，一個重的木錘如能巧爲運用，足可以造出石刀，刀刃，鑿子等器具。最好應用的石爲玄武石，黑曜石，雲斑石，碧玉等。他們用火石的粉磨琢石頭或穿鑽最堅硬的礦石，金屬是從礦內取出赤銅與鉛，銀或金相熔合，使他柔軟，這些種合金做爲斧鑽，鑿刀以及裝飾及各種美術品。這些物品做的極精巧，當時西班牙的征服者見了異常驚奇，因爲當時的歐洲還沒有可以與他比擬的。

三· 鐵器時代

舊世界在歷史時代以內已經通用鐵器。不特最古的文明如蘇美里亞人，阿蘇利巴比倫尼亞人，埃及人，希臘人，卽自然的民族也都知道鐵的用處。

歐洲有史以前的鐵器時代，將於下章討論。亞洲非洲的自然民族的文化，不過在半開化的階級已經有了鐵器，而發達狠高的秘魯人與墨西哥人，却只進到青銅時代。這是狠可怪的。另一可怪的，就是普通的自然民族工具的進化的順序，是在石器時代之後，進到赤銅時代與青銅時代，但是舊大陸的自然民族，是由石器時代一躍至於鐵器時代。

但是這個與普通的次序不同，也是可以解釋的。因爲這些自然民族，並不是由自己的發見發明，才進到鐵器時代，大概都是因爲更文明的以先曾經過青銅時代的民族，將鐵輸入給他們的。

詳細研究這樣的過渡的變化，是無可疑的。因爲像鐵那樣有價値的金屬，一旦發見了以後，一定是交通可到的地方，都可以運到的。在非洲與亞洲野蠻與文明的民族多少有直接的來往，因爲各處都沒有不可通的險阻，所以各方面都可以有交際，有接觸。非洲的自然民族，一定有散布傳遞的方法，因爲非洲的土人，雖然都用鐵器，但是知道熔化鐵的比較的不過幾個民族。況且風箱與熔化的方法，在非洲全部，差不多都是一樣的。蔴從東方散布於亞洲非洲兩大陸，玉蜀黍淡巴菰及其他有用的植物，從美洲散布於亞洲非洲兩大陸非常迅速也是一樣的。

非洲與亞洲的遊獵民族與耙耕民族，因爲從有高級文化的民族得到用鐵的知識與技術，所以一躍而進至鐵器時代，竟越過靑銅時代。我們現在不必討論這些鐵器時代的自然民族，專討論上文所說的更有文化的民族的發展。

最古的文明民族如巴比倫人與阿蘇利亞人，是我們文明的始祖，他們初見於歷史的時候，已經對於金屬有極高的知識。他們用採礦的方法採取赤銅，（赤銅是古代最初發見的金屬）鉛，金，鐵。西亞的人以及『新王國』成立時代的埃及就都已知道用鐵了。他們並且知道許多種合金，如靑銅，黃銅，並且有鑄，鎚，鍍的技術。他們的金工，從他們的刀，盔，盾，器皿上看來，已達到極完備的地位。他們知道用最堅硬的石頭造器皿，彫刻的極精美，製造磚瓦，三合土，石膏粉與耐久的顏料，上釉，用吹管造玻璃與各種顏色各種花樣的玻璃。他們還知道上磁，上漆的技術，並且知道鹽質（如曹達硝）的化學的影響。他們有最細的紡織的纖維，外科用的器具藥材藥品與化妝品。許多簡單的與複雜的機械如楔子，槓杆，圓筒。轆機螺旋陶工所用的輪，鏇床，滑車，吹管手磨機手織機，絞盤，纏繞器，起上機，各種車輛井輪，皮製風箱，各種壓機，搖船帆船軍用機械等等。他們的機械的工具發達到極高的程度，所以 Peschel 所說的話，實在不錯。Peschel 說：『假使將古代埃及機械上的發明與我們現在機械的發明相比較，我們在汽機發明之先可以說同他們是一樣的，沒有勝過他們的。』

東方的古塞姆族與哈姆族對於技術的文化，曾達到這樣高的程度，成爲後世不朽之業。

希臘人與羅馬人，雖然是阿利安民族中最早有高等文化的人種，但是在技術發達史上，對於他們所得到的技術文化之外，並沒有增加貢獻，這是狠可怪的。他們對於這些實用的技巧，不特未有發明，反倒失掉。例如造陶器製絲用木器的方法是野蠻的克爾特(Celts)教給羅馬人的。羅馬人雖然是好戰的，但是對於盔甲的製造並沒有進步。從 Augustus 至 Diocletian 時代，羅馬軍隊的軍器等等設備，並沒有變化。

這個奇怪的現象，我們可以解釋。因爲在塞姆族哈姆族中技術既然已經發達，此後這個發達的技巧散布各處，自然到了一個休息的時代，而人類注意致力於其他的文明的問題。如希臘人的專長，就是獎勵科學哲學美術，而羅馬民族一代的事業，就是設立政治的組織，成爲組織完美的世界帝國。實用的技術所以停滯的原因之一，一定是因爲奴隸制度繼續存在，養奴之主人另具一種心理。當時的人輕視各種工作，以爲只有奴隸可作，凡是與物質的接觸都以爲不屑爲。大思想家以爲只有哲學的研究，可以爲値得費力的問題，所有的手工則目爲卑賤，這個愚妄的見解，妨害實用科學的進步，特別是妨害技術的進步。（德國經濟學者 Roscher 說：『因爲在養奴的社會，社會所有的勞働都認爲卑賤，所以不只奴隸是怠惰的，就是他們的主人也是懶惰的。一個社會裏的人民，一半因爲壞而怠惰，一半又因爲驕恣而怠惰，那社會成了什麼樣啊！』）

在另一方面，奴隸制度妨礙技術發展的進步，因爲人有人做機械，他就用不着其他種機械了。例如水磨在 Mithradates 的時候，已經在小亞細亞通用了，但是在羅馬時代所有推磨的殘酷的疲勞的工作，卻都是奴隸去作的。

一直到了中世紀，技術仍然是停滯不進步的。但是以後舊的技術完全改變，這個變化以先是緩的，以後進步極速，一直到了最近時代的發展。

四．機械時代

機械時代的開始不是在機械初發現的時候，但是在機械占重要位置改變以先技術的時候。這是在十八世紀。

以先機械所經過的變化可以分爲以下各期：

第一期。自文化的最低級至文明的開始是機械最缺乏的時期。這個時期的機械，按我們現代的觀念看來是狠幼稚的，只有取火鑽手搖紡機弓箭之類，但是按現代工藝上所謂機械之定義，這些簡單的器具也不能不稱爲機械。按 Renleaux 的定義，凡是可以幫助一種動力勝過物體的阻力，改變那個物體的動或靜的狀態的都應該稱爲機械。

第二期。自文明的發軔至十字軍東征時代。在這個時期的發明，完全是東方民族的，古典的民族並沒有重要的貢獻，即中世的羅馬日耳曼人也無所貢獻。當時只有風車在一一〇五年已經發明，但是風車也是好久以先在小亞細亞通用的。

第三期。自十字軍時代至十八世紀。歐洲過了中世的長久的黑暗時代以後，因爲十字軍戰爭與阿拉伯人相接觸，遂發生新的生命。阿拉伯的文明從亞歷山大力亞人，比藏丁人（Byzantines），波斯人得到了寶貴的知識以後，又有新的發展。希臘與羅馬的哲學家專爲知識自身爲使心理豐富，提高才奬勵知識，對於應用科學在實際上就非常藐視，但是塞姆民族的心理，對於這種高調的不務實際的態度，格格不相入。塞姆族承認知識是一種權力，這個權力的功用，不只是可以提高心理並且幫助着解救人的苦痛，增加所有人的快樂。他們提議用與自然的有用的接觸去代替那無用的機警巧妙。從與自然的接觸上，可以造出發達自然科學的基礎。這是塞姆族因爲他們務實際的心理第二次指導全世界趨向進步之途的。十字軍到東方本來是要征服異教，將他變爲基督教徒而反倒從他們的敵人得到許多無價的寶貝，他們的子孫後代得到這個寶貝，遂產出極可驚人的結果。

歐洲從東方得到實用的知識以後，科學才顯出有用的效果，才得到一種新的見解，這個新見解就是將所有的自然的勢力，供人的用，奬勵他去學習如何去支配那自然的勢力。

在十三世紀時Roger Bacon（一二一四—一二九四）與Albertus Magnus（一一九三—一二八〇）發出新的光明。自此以後歐洲中世紀壓制知識生活的禁令一切罷免。無數的學者趨於新的路途，成功相繼發現。

有了知識就有了解的能力，研究的進步更促各種科學的進步。此後卽爲發見發明最盛的時期。這些發見發明都不是偶然得到的，都是科學的有組織的成績。

所有的發明，必定經過一段醞釀時期，不是一旦成立的。因此常使人對於時間問題不易決定。後來的發明家常誤以爲是新發明的，而不知以先已經有人曾經發明過了。例如最初的紡紗機器，在十六世紀以前已經發見，但是一直到了十八世紀以後，英國的紡紗才發生革新的變化。又如汽機在十八世紀已經發明了，但是在英國應用汽機才不過七八十年。汽船已經在一七〇七年發明。此外如電話，脚踏車等等的最初發明與最後的應用也是相去甚遠的。

現在略舉出幾種最重要的最有用的發明與發見。

放大鏡與眼鏡在十三世紀時已經爲 Roger Becon 發明。十四世紀火藥的發明可以認爲人類支配世界的第三個大進步，（最初的兩個大進步就是造火與用金屬品）十四世紀的發明還有金屬的抽絲，蔴紙木刻物指南針，鎗砲等等十五世紀印刷術始用於世。印刷術的發明本來不必用深的自然科學的知識，但是印刷術的起源是因爲新的自然研究的精神，自然科學發達以後，全物質都受自然研究的影響。美洲的發見也是自然科學（卽天文學）進步的結果。十五世紀的發明還有銅版彫刻磁器，玻璃瓶，水閘等。十六世紀有織襪機織花邊機，鋸木機，時辰表顯微鏡。十七世紀有望遠鏡風雨表，抽氣機，有擺鐘，洩氣弇。十八世紀有汽船，（一七〇七）鑄字機，（一七一四）避電針（一七四九）。

所有工業上最重大的機械到了十八世紀的後半才發明。這些機械不特使科學與製造發生劇烈的變革，並且進到資本制度使全文明世界換了一個新的基礎，另入一個新的時期。

以下所列各種發明是特別重要的：

年　代	發明與發見品	發明人
1764-75	紡紗機	Arkwright
1765	蒸汽機	Watt
1785	織布機	Cartwright
1799	製長條紙機	Robert
1780	錬熟鐵法 (puddling)	
1789	播穀與打穀機	
1789	梳毛機	
1783	玻璃燈罩	Argand
1780	電鍍術	Galvani
1774	養氣	Priestley, Scheele
1803	瓦斯與石煤的製法	
1805	磷頭火柴，嗎啡	
1811	刈草機	
1814	縫衣機	Madersberger
1817	駛輪	
1821	脚踏車	
1821	脂肪分析法	Chevreul
1824	汽渦輪 (turbines)	
1828	攝影術	
1829	機關車	Stephenson
1830	火車第一次出現	
1833	電報術	

年　代	發明與發見品	發　明　人
1837	電氣冶金術	
1840	人工的肥料	Liebig
1846	無烟火藥	
1846	以太麻醉劑	Jackson (Boston)
1847	哥羅芳麻醉藥	Simpson (Edinburgh
1858	斯瓦機	
1861	電話	
1867	代那謨發電機，編織機	Nobel
1867	烈性炸藥	
1869	洋紅顏料人工製造法	
1876	製靛青法	

現在發明仍是日進不已。新的發明新的發見每年不斷的出現。猶太博學者 Ben Akkiba 曾說：『世上沒有新的東西』，無論誰都可以看出這話是錯的，各種事物都是進化不已的。如本書所示文明的方面，即工藝以外也都有進步，不過各種進步的步驟不同罷了。依着過去的進化推測將來無窮的，無限的希望直使人目炫。即如最近的發見如X光線，白喉血清，輻射物質，空中飛艇等等，沒有不是可驚奇的，將來百年以後，又有什麼新的發見直使人不可捉摸。只有一個問題，即煤田將有枯竭之虞的這個問題，須發明的天才竭力的去尋新的代替品。

我們現在的知識，足可以使我們用機械代替人的一切純粹的機械的工作。我們除了紡績，鐵工，機械，化學藥品等無限的能力以外，更有播種，割稻，打米的機械。更有代替洗濯，擦鞋，去塵等骯髒的工作的機械。以先亞里斯多德曾說：『如織機的梭可以自動，琴瑟的弦可以自響，我們也就用不着奴隸了』（政治學第一卷第二章第五節。）亞里斯多德所認以為不可能的情形，我們已經達到了。在役使無數鐵的奴隸（機械）的社會各人似乎都應該可以有雅典的自由民的閒暇。

但是機械並沒有將一切人民的生活改好，現在奴隸雖然廢止，但是仍有窮民與無產階級。這個可駭怪不易了解的事實是現代一個最大的問題，以後須再詳細討論。這個困難問題中的一個原因，就是因爲工藝及一般的經濟生活進化太速，而社會組織趕不上那樣迅速的發展。因爲二者不能相適應爲諧和的發展，所以發現衝突。必須社會組織也發現與工藝經濟有同樣的激烈的變化的時候，必須我們文明的全體與近代經濟狀況相適應的完結的時候，才可以使我們的工藝的技術完全爲人生的用。到了那個時候，才可以稱爲機械時期，現在不過是機械的初期。

從古物學所得到的結論

以上所述是從人種學研究有史以前經濟的變遷。此外更可從古物學古生物學方面研究。這個科學的結果是極重要的，因爲我只可以用比較的方法才可以判定演化上舊的與新的形式。因爲從地殼的層次的深淺可以分別年代的先後，從地層質的構造可以推測年代，所以地質學也可以幫助古物學。演化的次第我們只可以從人種學上用比較的方法得來的。若從古物學就可以直接的攷出。我們用古物學可以試驗從人種學所得的道理真確與否。加以判斷。全世界人類以先的文明如現於食物，工具房屋，衣服，以至精神生活，知識藝術，宗教等等，都可以用古物學包括在內。因爲古物學者從地下所發掘的大部分是器具軍械，工具，所以古物學常是按着所達到的工藝技術分別年代，按着工具的發展量計年代。

古物學不過是地質學的一部分。古物學也可稱爲古代人類生物學，不過是古生物學的一部分（詳見前表導言章）無論從那一方面研究人，總是動物中最末最後出現的一支；人類最初出世是在洪積層，以後他才支配世界的，人類歷史就是在洪積期與沖積期兩期之內。

以下所列之表是接續以前的表，表示有史以前變遷的大概與地層的分類。讀法是由下往上讀，最高的是最新的。

有史以前的時代	有史以前的變遷	地質的構造
3. 第三鐵器時代（有史以後）		

冲積系	2. La Tene 時代（羅馬以前的鐵器時代）	III 鐵器時代
	1. Hallstatt 時代	
	2. 晚期青銅時代 1. 早期青銅時代	II 青銅時代
	2. 晚期石器時代	I 石器時代
洪積系	1. 早期石器時代	
第三紀	?	?

一、第三紀

在第三紀層尚未尋出人類可靠的遺跡。有幾個學者相信已在第三紀曾發見遺跡，但是那些發見都是零落的，並且不可徵信的，所以不必討論。總之，哺乳動物在第三紀晚期已變爲猿類，這是的確的。

二. 洪積系

歐洲氣候在第三紀的時候與今日北美的氣候相若，不過是較爲潮濕些；此後天氣忽然變冷，這個變冷的原因現在還不能解釋。這就是大洪水（這個大洪水比聖經上所說的大洪水還早的多）的洪積期，歐洲自斯堪的拿維亞半島至南德都爲冰河蓋滿。這代冰河時代可分爲三期：即古冰期，過渡冰期與新冰期。據德國地質學者 Penck 的研究，歐洲的冰期與過渡冰期有幾個可更分爲穴熊期巨象期，馴鹿期。

過渡冰期的氣候較爲溫和，當時的動物有象，巨象，河馬，犀牛，穴獅，穴狼狗（Cave hyena）狼，水獺，野猪，麋鹿，馬（此種現已絕種）及大熊諸種。冰河期中的氣候低降，動植物皆帶北冰洋的性質，有馴鹿，紅狐及北冰洋狐，羚羊，山鼠，鵲鳥，狼，穴獅，已死絕之熊三種（即 Ursus spelaeus, Ursus priscus, Ursus tarandi 三種）。植物有今日拉普蘭，格林蘭各地所叢生的青苔。

十九世紀中葉以後在德國，（如 Tanbach, Gera 的 Linden 洞穴中，Brunswick 的 Thiede, Blanbeuern, Thayngen, Schussenried 等處）發見許多關於過渡冰期與新冰期的遺物。發見

最多的當推法國，在英國，西班牙，葡萄牙，比利時，奥大利，意大利發見的也不少。這類發見不特是證明洪積期內已有人類並且還顯出古石器時代人類（卽洪積期人）生活的情形。

古石器時代的人是遊獵與捕魚的民族。他們所獵取的動物有豜鹿，麋鹿，野馬，大頭馬。因爲他們用巨象與穴羆的牙床造成武器，我們可以推知他們一定是用陷阱殺戮這些猛獸的。他們的生活是非常危險的，住在山洞，或自然的藏身的處所，及原始的茅屋，但是現在已無茅屋的痕跡。他們的衣服是用骨針與木針縫皮製成的。他們用木，骨，角，石造出武器與工具。就中以用石做的爲最多，如矛尖，短劍，鑿子，刮子（刮皮之用）斧子都是用石，特別是火石造的。磨石是新石器時代的人民才發明的，所以當時還不知道，新舊石器時代就是按石器的光滑與不光滑分別的。當時主要的食品就是動物的肉與骨髓，骨髓是將骨打破取出。從人的碎骨看來大概當時有吃人肉的風俗。我們發見赭土與野獸的角，殼，牙等各種寶貴的裝飾品常在一處，可以推知他們身上塗抹顏色。巨象骨上的彫刻如果是真的，可以證明當時人的藝術上的技能與銳敏的觀察力。

這些遊獵民族完全沒有耕種與畜牧的知識。當時也完全不知製陶器的方法，因為所發見的數千件的洪積期的遺物沒有一塊瓦片。但是他們有部落間的交易因為在有些地方發見玉斧那斧一定不是本地出產，一定是從遠方輸入的。

舊石器期經過長久的期間，各階級是狠顯然的。如 Broca 與 Mortillet 將法國的舊石器時代分為四個變象的期間，各期的都按所發見的地名定名稱。

一．謝里安 (Chellian) 卽古象期

二．穆司特利安 (Mousterian) 卽穴熊期

三．蘇魯司特利安 (Solustrian) 卽巨象期

四．馬格達連尼安 (Magdalanian) 卽㹢鹿期

謝里安期的武器工具等都是極幼稚的，工作極粗笨。以後工作更有條理，等到蘇魯司特利安與馬格達連尼安期就發達到極高的情形。

舊石器時代末期的人民仍然在野蠻級或遊獵級，他們的情形與紅印第安人或澳洲土人相當。有些古生物學者以為愛司基摩與舊石器時代的人就相去不遠。他們或者

是在冰河期之末向北遷徙，追求他們主要的食品（馴鹿）所以最末到了北極圈內居住的。

三、冲積系 新石器時代

當洪積系漸漸過渡到冲積系（卽現在地質的構造）的時候，冰河期已經過去，氣候漸變溫煖，歐洲大陸變爲溫度適中的地方。巨象與穴熊已經滅絕，馴鹿漸漸向北方退縮，而羚羊山鼠與山羊也漸漸的遷徙到高山的地方。

新石器時代的文明可分爲兩個階級：

（一）新石器時代初期（Néolithique ancien）的食物遺屑的遺蹟以在丹麥，海邊所發見的爲最多，在法國，沙地尼亞，葡萄牙，巴西南部，諸處也不少。這些食物遺屑（Kjokken—möddinger, kitchen—middens）常是數百米突長，一百五十米突寬，三米突高，遺屑之中以海貝殼爲最多，特別是蛤蚌蟶，海螺的殼。遺屑之中還有麋鹿，野猪，狼，狐，狗，熊，狸，貂，蝟，水獺，海狗，貓等動物的骨頭；青魚，鱔魚，鱖魚的骨頭；火石，骨鹿角所做的工具武器，以及木炭灰屑，瓦塊之類。但是遺屑中竟不見有牧畜或耕種的痕跡，也沒有光滑的石器，當時的人是不知道耕種，牧畜與磨琢石器的。

新石器初期的文化是遊獵的，捕漁的，他所以能高出舊石器時代的文化的是因爲製陶器方法。他們的文化與歐洲人所發見的遊獵民族，捕魚民族也堆積食物遺屑的（如火國人）正在同等的程度上。但是歐洲人所發見的這些民族沒有陶器，他們鄰近的民族也不知道製陶法。

（二）新石器時代盛期，法人稱此時代爲 Robenhausen 比初期的文明進步極多，差不多無可比擬。

這個時期的人從事耕種與牧畜。他們種麥，用麥造出一種麵包，豢養牛羊，山羊，狗馬等獸。他們又從事遊獵，特別是捕鹿。除了肉食以外，蘋菓，榛子，及其他生的野菜他們都用爲食品。他們的住居是固定的，在湖上搭起架子或在草屋或地坑（地坑中上覆以頂）居住，不願穴居了。（現在世界上還有許多往在木架建築上的，如波羅洲，新幾尼洲北岸，非洲中部，美洲南部諸湖上都是。總計現在住在木架建築上的約還有一千萬人。）他們用粘土造陶器，用手揑成各種形像，圓形的如鷄卵。他們用巨石造碑坊成巨石的（Megalithic）

的建築有桌形的 dolmen，排凳的 Menhir，圜形的 Cromlech 與墓墟種種不同的形象。他們有分工，有交易製造石器的地方只在 Poitou 一處已經有五十三所，造出大量的石器，就中所用造石的原料，有些是從遠方運來的。新石器時代的石器有大進步，所造的器具都是極精細，不只有形並且加以磨琢。因此新石器時代也稱爲光石器時代。石器上又加鑽孔，所以更爲有用。

新石器時代高級的遺跡在瑞士，南德意志奧地利的木架建築中也有所發見，此外還有許多木架建築，可以證明是屬於以後的金屬時代的。Robenhausen 所舉出新石器時代的木架建築的模範的例在瑞士諸處如 Zurich 附近的 Pfäffikon, Constance 湖附近的 Wangen, Zurich 由拉山中 St. Claude 附近的 Clairvaux。在他處亦發見有木架建築，特以法國爲最多，卽如只塞因河流域卽有一千〇八十處所。此外在德意志，意大利，希臘，帕來斯丁，阿爾門尼亞，埃及，阿蘇利亞，印度，中國諸處也皆有發見。總之，凡是在後代有文明發展的都有新石器時代可徵信的遺跡。

卽在中古時代，歐洲偏僻的地方仍有用石製武器的。例如斯拉夫的普魯士人抵抗武士，蘇格蘭在十三世紀的時候抵抗英格蘭都是用石斧做武器。

現在若將從古物學所得的結果與從人類學上所得的結果相比較，就可看出有史以前的新石器時代的文化不過是在半開化(barbarism)的階級人類學上的半開化階級，雖然可以分爲多少種類，即（一）牧畜，（二）各種的耙耕，（三）耙耕兼牧畜但是現在古生物學只可以發明最末的一類。這就是古物學的一個大罅隙，一個失落的連鎖在洪積層之後，因爲冰河期的遊獵民族完全失了蹤跡，他們在歐州的遺跡完全不見。所以緊接洪積層的冲積層，絕對的沒有人的蹤跡。而此後忽然間又有高等的新石器的文化出現，這時代的人竟能知道耕種，牧畜，磨琢石器與其他種種進步兩期之間當然缺少了許多階級。我們要說明這個疑問，只可以假定當時有阿利安人種從亞洲移入歐洲，他們雖然已經經過以先的各階級，但是他們的遺物現在還沒有發現。

赤銅與青銅時代

從石器期進到金器期的民族，都是先有使用柔軟金屬的知識，以後才有使用鐵的知識。一個石器時代的民族如不受外來的影響，當然先進到赤銅時代，青銅時代。這個進步就是從野蠻進到文明。

例如秘魯人墨西哥人都是由石器期進到青銅期，完全不知有鐵。印第安人的文明，因爲西班牙人的征服，完全毀滅，鐵的文化遂取土人的青銅的文化而代之。中國也是由石器時代進到青銅時代，這些由他們的黃土層 (loess) 中的遺跡可見。按中國的記載，中國在耶穌紀元前第三世紀已進到鐵器時代。埃及在新王國以後（卽紀元前一五〇〇年以後）的石棺石塚中才有鐵器。在以先老帝國時代，青銅繼赤銅之後爲通用的金屬。埃及人在赤銅時代以先一定經過石器時代，因爲他們以先割禮（卽割斷生殖器的筋的禮）是用石刀的。宗教的儀式常忌用新的器具，所以自埃及初年一直到了中世，依舊是用石器的。印度，卡爾地亞，悉利亞，從歷史研究上看來，也曾經過青銅時代。

德國 Schliemann 在 Hissarlick 廢址中所發掘的古代 Troy 時代的遺蹟是極有價值的發見。以先人類在此處曾居住數千年，有泥土九層，內藏有許多有史以前的物品。就中可分別爲三種文化：

一．最低層大概在紀元前三千年至二千五百年爲石器，如石鑽，石斧，石刀，石鋸，此外有赤銅器，但是不見青銅器與鐵器。

二、自第二層至第六層當紀元前二千五百年至一千年，有石製與青銅製的武器，有金與銀，但仍不見有鐵。

三、自第七層至第九層當紀元前一千年至紀元後五百年，有鐵器與鐵製武器。

歐洲使用青銅的知識大概是從東方得來的。他們當時還在野蠻的階級，最初是從部落間的貿易上得到，以後學到製造法，自己也可以做出青銅器來。現在用化學分析古代青銅器，知道他們不是將純粹的赤銅與純粹的錫化爲合金，乃是將鑛錫與鑛銅相合。這是一個更簡單的方法，純粹的錫是在發明青銅之後才知道的。羅馬人從赤銅與鋅造出黃銅來，但是他們當時也是不知道純粹的鋅的用法。歐洲所用的鑛錫，大部分都是從英國與法國的礦中取來的。

新金屬在最初發見與產量不多的時候，常視爲寶貴，用做裝飾品，如手鐲，脚鐲，耳墜，杯，碗與裝飾用的盔甲。以後就用做武器工具，做成匕首，刀，矛，箭頭，鑿，鐮，鋸，鶸斧等物。當時的斧形與現在不同，還是與石斧的形像相同，有曲的柄，一邊或兩邊有翼形的附加物，使斧在柄上可以牢固。雖在青銅時代，青銅也不能完全代替硬石，所以在我們所發現的青銅時代的遺物中石器仍占重要的位置。

歐洲各國青銅工業發展的情形各不相同。與金屬文化最接近的諸國如希臘，意大利，奧地利南部，法國南部，所經過的青銅時代極短，以後輸入鐵器，青銅時代卽倏然截止。此時約在紀元前一千年，瑞士有極長久的青銅時代，因爲不知道有鐵，所以青銅器極發達，成爲『美麗的青銅時代』。日內瓦湖附近"Grande Station"的木架建築就是在這個時代。歐洲中部與北部，特別是丹麥，瑞典與布列顚都可屬於這個長青銅時代。青銅時代的告終在瑞士與匈牙利在紀元前六百年，在歐洲北部在紀元前四百年。

鐵器時代

鐵器時代大概與青銅時代一樣，也是發源於東方。我們推想在黑海，高加索山，裏海與米索波塔米亞之間產鐵富饒的地方大概是最初發見鐵，最初冶鐵的地方。自古代以來在這些地方住居的人民都知道用鐵，就中如 Pontus 的 Chalybes 民族以冶鐵著名，所以希臘人稱鋼爲"Chalybs"。鐵最初在西亞發見以後卽代取青銅，向外傳播，在紀元前一五〇〇年傳到了埃及，在紀元前一千年傳到了希臘。以後經過意大利，澳地利南部又傳到歐洲其他野蠻民族，由 Rhone 河傳給高盧人種，最末在紀元前第四世紀頃傳到斯堪地拿維亞半島。

有史以前的鐵器時代更分爲二期。

甲·哈爾司塔脫期（The Halstatt Period）

這是較老的一期，因奧國 Halstatt 附近的發掘得名。差不多全歐洲的民族，如希臘人，意大利人，克爾特人，日耳曼人都曾經過這個哈爾司塔脫期。希臘人與意大利人的哈爾司塔脫期最短，因爲他們以後不久就進到有史時代的鐵器時代。其他歐洲諸國有史前的鐵器時代都是在被羅馬征服以後才告終，他們在哈爾司塔脫期之後又繼以第二期，即拉推乃期（La Téue Period）。哈爾司塔脫期鐵器的特徵就是過於裝飾美觀，青銅與鐵相並用，荷馬時代的希臘人即有此特徵。

乙·拉推乃期

此期也是以發見地得名，地在瑞士新城湖（Neuchatel See）北 Marin 村中，發見之品甚多。此期出產品的特色是簡單質樸，所用鐵的範圍也比哈爾斯塔脫期更爲廣大。

拉推乃文明是克爾特族（Celts）的事業。克爾特族在紀元前一世紀內占極大的疆域，即今日布列顛，高盧，中歐全部與意大利北部，萊因河上流，澳地利南部，巴爾幹半島之一部及至小亞細亞的加拉太（Galatia）各地方。後來克爾特族的勢力一方面受日耳曼民族的阻遏，一方面又爲占領高盧與阿爾曾山地諸境的羅馬人所挫折。拉推乃期遂從此告終。歐洲有史以前的變遷也以此爲止。此後即是第三期即歷史的鐵器時代，我們已於前章討論。

結論

以上古物學的研究，沒有涉及其他社會學的輔助科學，因此屢有與前文重複的地方。我們這樣的叙述是爲顯出我們所研究的結果。我們比較從各方面研究工具的發展的結果，可以看出古物學證明人種學所顯示的結果，即有史以前可分爲石器青銅器與鐵器三時代。

研究久已滅絕的民族的古物學與研究現代生存的民族的人種學所得到的結果

不特是大體相同，卽在極細微之點，兩方面的結論也是相同的。西勒爾（Schiller）說環繞我們生活的各文化階級的民族好像兒童環繞大人，看他們的情形可以想起我們自己以先的情形。我們從古物學與人種學的研究相符合上可以證明這個話是不錯的。

但是人種學與古物學也有不相同的地方，人種學的材料比古物學豐富的多。我們對於每個古物學的變象都可以尋出與他相當的人種學的變象，但是古物學上仍有許多罅隙，不完全的地方。但是這些缺陷都極容易解釋的。因爲地球曾經發掘的地方不過是滄海之一粟，有許多重要的地方都未曾有機會開掘。況且地殼中所存的以先活動的生命的遺跡不過是極小的一部分，其餘的早已消滅，在自然的變化不息的程序中早已沒有痕跡。

但是有一個問題，就是人類最古的文化階級，人類最初與動物分別的階級，人種學與古物學都無所發明。這兩種科學所顯示的文化最低級就是低級遊獵。人種學上沒有比這個階級再低的；人種學者不能希望在大地上發見比這階級更低的民族。現在的自然民族遇見文明民族，既然漸歸滅絕，以先最低的民族遇見帶有石製兵械的民族也自然歸於滅絕。我們只可靠着古物學的發明，因爲現在地下沒有開掘的地方尚多。我們現在要尋求火之發見以先的歷史，還沒有大進步。假使將來在這一方面不能達到希望，那古物學上所謂『原始歷史』之名稱就不能成立。

人類學與古物學都證明石器青銅器鐵器的三個階級各處不是永遠按着一定的次序演化的。在產鐵而不產銅的地方的人民，當然先知道用鐵，以後才曉得用銅。在沒有鑛錫的地方也一定先知道純粹的銅，以後才知道用青銅。總之因爲環境情形的差異一定發生許多的例外。但是丹麥學者 Thomson 所定的石，青銅，鐵的三時代分期法在大體上是與事實相符的，可信的。中國歷史的記載，Hesiod 的著作，Lucretius 的著作，都指出有這三個時代的分別。博言學上也可證明印度日耳曼的原始民族是屬於石器時代，他們只知道有銅，不知道有金銀鐵。

古物學之有大功於社會學，當然不僅限於工具的歷史方面。古物學之發掘可證明文明的各方面都經過進步的發展，都經過野蠻，半開化，文明的三個文化階級。

我們已經研究之兩種的分類，一種是按食物生產的分類，將文化分爲野蠻，半開化，文明的三階級，一種是按工藝的發展分類，將文化分爲古石器，新石器與金屬的三個時代。這兩種分類的關係可以列出如左：

野蠻與古石器時代相當，

半開化與新石器時代相當，

文明與金屬時代相當。

此中固然有許多例外，但是這個關係大致上是不錯的。

我們要是詳細攷查那些例外，就可以看出他們都是由於本族以外的勢力，因爲與高等文明相接觸，或是從高等文明得到新的技術。例如北美的捕魚民族在 Cook 第一次探訪他們的時候，還是在野蠻的階級，但是因爲與亞洲接近有了接觸，所以得到用鐵的知識。又如山居的 Veddas 本來是低級遊獵民族，但是因爲與錫蘭人有簡單的物品交易換得鐵箭頭鐵斧等，所以自己毫不用發見冶鐵，從事冶鐵，竟一躍而到了鐵器時代。

有些自然民族雖然知道金屬，但是他們對於金屬的知識不是這樣得到的。例如有幾個北美的遊獵部落，因爲他們所住的地方產銅甚豐富，所以製造銅器。但是這顯然是他們環境的結果並不是所謂銅器時代。這有兩個原因。第一，因爲他們不知道冶銅的技術，只是用錘打敲。第二，因爲他們只用銅做裝飾品，銅器雖傳播到各處，但是對於他們的文化沒有影響，他們還是在石器時代，銅是一種奢侈品。

歐洲，亞洲，非洲的原始民族也同他們一樣，他們是從其他部落學到冶鐵的。他們在表面上可以說是在鐵器時代，但是實際上只在石器時代的晚期。遠在美洲文明程度之下。因爲美洲文明確是用自己的努力達到青銅時代，以後進到文明階級的。

由此看來，自己發展冶金術的民族所經過的時代的順序，正如上文所說的舊石器，新石器，金屬三個時代。至於與機械時代相當的是什麼文化階級現在還不能說。因爲這個新的文化，才從舊的文化脫出，仍在胚育的初期，將來變成何種形式尙不可知。

工具最初的形式，工具譜系表。

我們研究工藝科學的發展可以攷出工具最早的形式與工具的沿革。最初的工具都是直接取材於自然，卽石頭，植物與動物。

一．石頭不加以工作卽可爲拋擲敲擊之用。人既然用石頭敲破貝殼與果實以後，自然也可以用石頭敲破其他石頭，造出銳利的刃。原始的石器名爲『拳擊』(coup de poing)的就從此出現，『拳擊』一物可以兼有刀，鋸，鑿，錘，刮，楔，斧等之用。以後人又看出有齒刃的便於鋸物，而不便於割刮之用，有銳尖的石便於鑽等。到人知道這些種不同的用處，石製的武器就按着他們的功用分爲許多不同的簡單的形式。至於拋擲所用的石頭却仍是以先的形式沒有變化。荷馬詩中所吟詠的英雄，在戰爭時還是用拋擲的石頭。

二．植物所供給的可以造工具材料最初是比石頭爲更多，有樹枝，樹幹，樹條，樹刺，爬蔓許多的種類。

樹枝可以做棒，有打擲掘諸種用處。以後樹枝更演化變爲棍，槍，槓，槳，鋤（埃及人所用的鋤以先不過是有叉的樹枝）吹火筒，弓，箭諸種形式。關於弓的發明有種種解釋。有些人以爲弓是脫胎於鑽，以先用旋鑽取火，所以發明了弓。有些人以爲人類最先因爲木上有弦可以發出聲音，所以以後就看出柔軟的彈性力。旅行家說非洲黑人常在長久的時間裏拉單弦取樂，永不厭倦。荷馬的詩也說到用弓弦取音樂的事。原人因爲弦的聲音悅耳，因此發見弓的製造，或者是可有的事。總之，旋鑽，弓與一切絃的樂器都是相連的，不是互相獨立的。

石與木相拚用，成了許多木石兩種物體的工具，如木柄的石斧，木柄的石錘，石尖的鏃箭等。

原人最初用樹枝編成器具與猿猴所製的相仿。例如猩猩可以在極短的時間內用小樹枝在樹上建巢。編物的演化從籃變爲網，籃桶等物，以後更進而爲紡績與織布的事業。編製的籃外附以泥可以煮烹，以後遂有陶器的發明。

因爲樹幹有浮與滾兩種性質，所以以後用木造舟車。

原始的船於非洲Hottentots的，可見他們用樹幹浮在水上用手與足費力的駛行，以後又用火將樹幹內部燒空，成爲獨木舟。用槳櫓駛行。大船就用木相連爲骨架，外面包以獸皮或樹皮，與獨木舟的形像相同。

因爲樹幹可以滾動所以造成滾圓形用以載重。最初大概只搬運樹木，若將所運之物與滾木相連就成爲最初的車。最先輪與軸是用一塊木做成相連在一處的，以後軸與輪分開，將輪安置在軸上運轉。羅馬人曾有這樣的車，因爲他運轉的時候聲音狠大，所以羅馬詩人稱他爲 stridentia plaustra（高聲步行之意。）有輻的車輪與肋骨都是以後發明的，有輻的輪是在車輛以後發見的。

輪的發明有大影響於人類其他的發明。因爲輪是一切機械之母，機械使各物運行，在十八世紀之末機械促動了人類空前的大變化。

三．動物所供給的材料於遊獵民族雖然是極重要，但是對於新的形式並沒有什麼貢獻，不過是對於礦物植物所供給的材料加以修飾加以美飾罷了。因爲有許多用牙，骨，角，爪嵌飾的器具也一樣的都可以用木石嵌飾。但是人的衣服最初是獸皮，此外還有皮瓶，皮袋皮包於載運他人的所有品一定是很有功用。

我們若追溯今日豐富的工藝科學最初的雛形，是非常的簡單，種類也極稀少。最初人只取天然的物品不必多加人工卽可有用。此後從這幾種簡單的稀罕的形式，造出多種的工具。人因爲有專用，所以工具也逐漸改良。例如由杖成鎗，由樹幹成機關車，由弓成鋼琴，可見出演化的次第。這些成績的大部分當然不是由特別思想或意識的創造，造出來的，更不是如一般人所信的按着人的身體各部分的形像造出來的（有一派人以爲工具是按着人的身體各部分的形像造出來的，如錘是倣拳形，鉗是倣齒形，杖是倣腕伸直之形，等等。此說與原名的心理不能相符，姑不具論，卽對於工具也只能解說幾種，不能悉爲解說。）乃是偶然間發見而以後科學發明經若干年代才慢慢的變爲完善的。

左所列表由下往上讀，可以說明幾種工具變遷的次第。

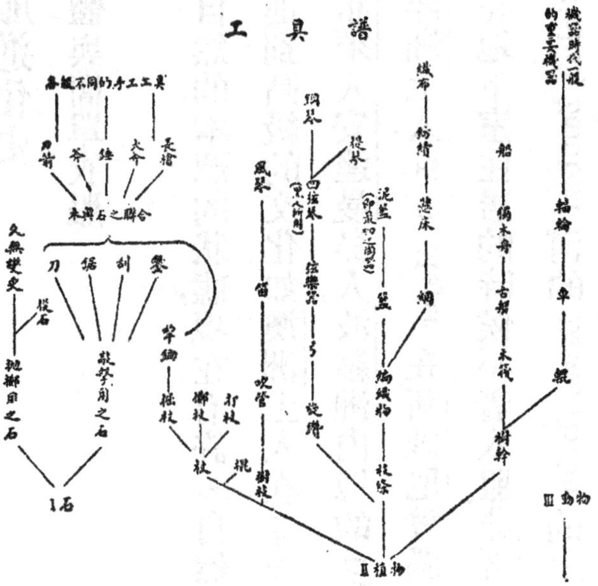

工具譜

第三章　衣服進化史

第一期　裸體與簡單衣服

裸體

裸體是人類自然的本源的狀態，現在有許多自然民族，特別是熱帶的民族都是裸體。裸體的民族，曾進到高級的文化。如澳洲土人在 Cook 發見他們的時候乃至以後都是裸體的。南非洲的布須人，安達曼島人，波羅洲內地的 Dyaks, Marquesas, New Hebrides, Easter Island 及其他大洋洲土人，J. B. Meyer 在新幾尼曾遇見一絲不掛的土人。愛斯基摩人在地下室住居的時候不着衣服。非洲熱帶地方裸體的風氣盛行。（例如 Lutukas, Djurs, Dinkas, Zambezi 河的 Bawe, Darfur 的土人及其他）Balonda 的王后召見探險家 Levingstone 的時候，完全裸體。Kissama 的婦女在赴大典禮的時候也是一絲不掛。美洲印第安人有許多部落是裸體的，巴西土人，Old Caribs, Patachos-Botokuden, Lesser Antilles 土人也都是裸體。西班牙人發見 Bahama 島土人與威內綏拉與幾安拿的許多部落都不穿衣服。Waitz 說：『Orinoco 的印第安人以穿衣服爲可羞，所以不肯穿衣。但是若是身上不畫花紋遇見客人就以爲羞。」

有些文明民族雖然已經出了自然狀態，發達了頗高的文化，有沿襲的教規幷且拘泥禮節儀式，但是仍然是裸體的。例如印度古廟中的偶像都是些裸體的。據Ferguson說：印度在摩哈點德征服之先不以裸體爲不合禮。

古代埃及的圖畫彫刻也是一樣的。埃及王召見人民的時候，除了頭上的美麗的裝飾以外，只有一條腰布。貴族的女子用透明的紗遮體，他的用處是在裝飾，幷不是要蔽體。女僕與舞女除了加飾的腰圍以外，全體都是赤裸裸的。古代埃及的神亦都是裸體的。如Ammon-Ra神的偶像連生殖器都淸楚的刻出，就是一個顯明的例。至今日本有些地方還有兩性在一處沐浴的風俗。

原始的衣服

我們要想明白原始的衣服，必須先注意身體的裝飾。人類不肯裸體而穿衣服有三種原因：一，有保護身體的需要；二，好修飾的欲望；三，在以後有羞恥的感情。原始的民族完全沒有因裸體而羞恥的觀念。這個觀念以後才發生的，他不是穿衣服的原因，他是有了穿衣服習慣的結果。

至於保護身體也不是穿衣服的最初的原因。最初的原因是自己好裝飾的虛榮心。所以低級文化中裝飾比衣服更爲重要。自然民族自負的虛榮心以爲身體的裝飾有重要的價值，所以常受極大的苦痛困難去達到他們的目的。他們用可以得到的材料修飾他們赤裸裸的身體。畫身與文身的風氣很普通的，文身常需受數月或數年的苦痛，始能完事。完全裸體的民族常特別注意修飾頭髮以爲有大價值。例如黑人中常有用脂肪赭石與牛糞相混合，搽在頭髮上成堅硬的一團，然後再分成奇怪的形式，好似凡爾塞宮園修樹的形式。修飾頭髮是極困難的，又常須保持數月之久，所以一個人因爲要使已經修好的頭髮不改形像，常肯受許多的苦痛，費事夜間將頭放在低的木几上，(卽所謂頭架)，仰身而臥，終夜不敢動轉。

原始人民的虛榮心甚强，有時爲美觀起見，寧可毀傷身體。將牙齒敲落或將牙齒銼尖如鯊魚之牙，或染成黑色。將頭壓扁，將耳與舌穿洞，洞內插上厚木釘使耳舌長大，這木釘漸漸加厚，使耳舌擴大。鼻的隔膜穿洞，插上鼻針或鼻環。這種野蠻的毀傷肢體的事女子仍沿襲舊習，如中國女子之纏足，特別是歐洲女子之束腰使腰部以下至尻骨盤成極不自然的形狀。束腰是毀傷身體中最有害身體的健康的。

自然人身體上所用的裝飾品，都是自然產品的有光澤或閃光的。用羽毛飾頭上裝飾品，將石子，貝殼，牙齒穿成一串爲頸鎖。蔽私處的條帶裝飾得極亮。唇環，耳環，鼻環，臂圈，腿圈，脚圈，戴了無數。（研究環的歷史可以知道他的發展的方向。自然人的身體處處皆可戴圈環。鼻，舌，頸，臂，腿，手指，足指都有圈環。到了現在我們只剩了耳環，手鐲與指環三種。近來男子與高尙的女子已完全不戴耳環，他們以爲耳環正與以先的鼻環一樣的野蠻。手鐲現在只有女子戴爲裝飾。戴指環的仍然很多，但男子戴指環的已經漸少了。）Hottentot女子在股旁戴着羊皮條帶常數百條，笨重幾不能行。Herero 的女子在手上腿上戴着許多鐵圈，頭上戴着皮冠重約二十磅。

熱帶地方的原始民族只用衣服爲裝飾品，有許多事實可證明此事。例如古Carib 人雖然有衣服，但是平常仍然裸體，只有到有典禮的時候才穿上。旅行家將衣服送給野蠻人的時候，也可證明此理。如 Botany Bay 的土人得到紅毯子的時候就做爲頭上裝飾品。

Cook將襯衫送給土人，土人都用他做纏頭布。

最低級的民族也有不用衣服做裝飾品，却用來保護身體，抵抗氣候的，例如愛斯基摩人，與北極圈附近土人都是如此。但是在熱帶地方，就是人類最初發生的地方，人類求裝飾的欲望比較保護身體的欲望當然在以先發生。

等到衣服不是專爲裝飾的時候，衣服最初所用的材料，都是直接的從自然界得到的，最先不過就是簡單的將皮覆在肩膀上或圍在臀部。以後用草，葉，樹皮編成織物。與此類原始衣服在同等文明程度上的還有用脂肪塗身體。

脂肪塗身我們雖然覺得可厭惡，但是發端極古。Ehrenberg說：『塗身先於衣服。』塗身的手續極簡單，所塗的脂肪既可禦寒禦溫，又可以防止蚤虱，使皮膚柔軟而又不妨害動作。自然民族愛畫身體的藉着脂肪塗身於畫身體極便利。因爲赭土，煤煙，及其他顏料都可以與脂肪混合。因爲塗脂肪有這個大功用，所以在地球上各自然民族間塗脂肪塗油都是極普遍的。在南美通用松香油。高等的希臘人用沐浴與塗橄欖油爲待客之禮。據我們看來塗脂肪是極齷齪的。如Galla人常用羊油抹身，膻腥之氣味逼人。據Livingston說：

Mahololo女子洗浴時用水很少，但是用熔化的牛奶油代水拭身。塗油誠然可以驅逐寄生動物，但是使衣服的氣味臭不可聞。Hottentots 用煤煙或赭土與軟膏混合塗身。Bushmen 也用同樣的塗料，他們有一句俗語說：『髒了才暖熱』。他們的皮膚常起一厚層。

第二期　以人造的材料做衣服

衣服史上第二期的開始當在人造質料發明以後。最初是用皮革。北美洲印第安人用皮革做衣服遮蔽全身體。以後所用的材料是將樹皮浸滲再加以適當的捶擊。大洋洲人的 Tapa，黑人的 Mbugu，都是這樣的用桑樹皮捶成的。歐洲阿利安人最古的衣服 lint-wat（現在英文蔴布 linen 一字就是從這個字蛻化來的）就是用白樺樹的內皮造出的。

第二期的特色就是能夠用植物（如棉，蔴之類）的纖維在織機上織成布疋。較進步的原始民族都能織布，如大洋洲人能從樹皮抽成細條，所以不必紡績即能織布。非洲部落也有能這樣織布的。但是紡機的影響是一直在人類達到古代文明的階級的時候才發現的。古代文明民族都已經知道織布做衣服。阿蘇利亞人的長袍，印度人與埃及人的圍衫，波斯人與Medes的褲子，希臘人與羅馬人的披衣，是大家所熟知的，不必詳細敍述。

這些古代文明時代的衣服的特色如與第三期的衣服相比較便可知道清楚。

第三期　時髦

第三期與第二期在時代上，在種類上不能爲嚴密的區別。從古代衣服變到現代衣服是很緩慢的。如果比較羅馬第一帝國時代人的衣服與現代歐洲人的時裝衣服的兩種差別，就可以看出這兩極端中間的變化一定是很緩慢的。

現代衣服與古代衣服最主要的不同之點有四：

一．複雜。

二．更爲狹窄；因爲現在衣服匠將衣服做的適合穿衣服的人的身體。

三．樣式常不斷的變化，成爲時髦，人的衣服都趨於時髦，這是古人所無的。

四．普遍；所有的文明民族都趨於一致。

一．我們先研究現代衣服如何變爲複雜的。古代衣服只有一件(Chiton, Tunica)，兼衣服與襯衫兩種之用；外出時加上一件外衣(Himation, Toga)，這件外衣是披着不是穿上。

脚上穿草鞋一雙。古人的衣服只有這三種，現在的褲子，襪子，襯衫，帽子等等我們健全的祖先不是不知道，就是以爲無用的多餘的。

此後時代變遷，新的衣服種類逐漸加增。最初出現的就是褲子。平常人以爲褲子是日耳曼人首創以後傳給羅馬人的，其實事實上是正相反。羅馬人曾發見高盧人，Dacians，Pannonians，Sarmatians 等人民都有褲子。日耳曼人的褲子實在是有兩個來源的，一方面因爲日耳曼人隸屬羅馬人軍隊爲兵士看見褲子於他們北方寒冷的本土最爲有用，所以從羅馬人學到這件衣服，一方面又因爲高盧人是有大影響於傳播羅馬文明的所以又從高盧人學到。最初的褲子是兩腿分爲兩件不相連接的，鞋帶就繫在褲上。查爾斯大帝就穿這樣的褲。褲子發明以後，就是襯衫。但是襯衫只有富家才有。在十三世紀的時候，如果人有兩件襯衫做裏衣就算是極富足了，在中世紀內普通的人大概都是沒有襯衫。當紀元第一世紀時頭上的裝飾，有頭圈頭箍，冠冕之類，但是戴的時候很少。等到十二世紀與十三世紀的時候，帽子才成爲普通的頭飾。

褲子，襯衣，帽子三種是創造新衣服的要素。以後衣服的種類增加許多，這種增加不外重複與分析。本來一件衣服就可以遮蔽全身的，却添了許多襯衣，上衣，這就是重複。褲子與襪子本來是相連的，以後分開，這就是分析。所以現在一個人的衣服竟有好幾磅重。Tacitus 以先曾以古代盎格魯人衣服之簡樸與羅馬人衣飾之浮靡相比較。倘 Tacitus 見今日衣服的複雜一定要大驚駭的。（Xenophon 以爲波斯帝國之衰亡是因爲他們衣飾的侈靡，冬天的時候他們只將頭身體與足蓋上衣服，還以爲不足，連兩臂與兩手也須戴上皮的手套。古代人對於現代的衣服作何感想，從此語可推知。）

二、近代適體的衣服。原始的衣服只於披在身上或鬆鬆的繞在身上。如美洲土人的 poncho 歐洲古代的 tunic 與 toga 大概是古代文明最高的衣服，此上沒有再進步適體的衣服是近來的發明，是慢慢的通行的。

甲．第十一世紀以後才見有將衣服縮小顯示身體形式的傾向。這個風氣開端於上等社會的女子，因爲他們的衣服都與胸部與臀部相適合的。

乙．在十二十三世紀時，衣服已經在兩臂以下裁開，再用線縫好。因此女子的胸部貼身極緊。據說當時的女子形似黃蜂。

丙．最末次緊緊貼身的衣服是在第十四世紀造成的。從此以後衣服就不是散披着或搭在肩上是在前面開縫然後用紐扣住。此後適體的衣服遂大流行，可以使衣服適體的是紐釦。

三．時髦的樣式。第三期最大的特色就是樣式不斷的改變。這樣的改變樣式也是自然民族與古代希臘人與羅馬人所不知道的。以先各民族的衣服都是爲那地方的氣候，物產與人民的風俗所制限，向來常是數百年不變化的。

各國都各有特殊的衣服的時候可稱爲國民衣服時期。現在中國仍然保守國民的衣服，歐洲在羅馬帝國滅亡之先也是各國各有國民的衣服。自此以後時髦的裝束大興，人都按着時髦裝束。這個時髦的變化，以先還是很緩慢的，不過每百年間發生變化。自十四世紀以後，時髦的變化加快，一直到了現在不只每年都有變化，在有些社會裏每月裏都有變化。現在的時髦服裝不是爲美觀，也不是爲有用，也不計人的差異或氣候的差異，但是强迫全世界的人都有一樣的裝束。

這個現象的主要的原因，是因爲現代社會的性質是富豪階級做領袖的。上等社會不願下等社會模倣他們富豪不願一般人同他們一樣，所以要想出奇立異只有兩個方法。一個方法就是他們穿戴貧窮階級所不能得到的材料物品，如金銀珠寶與貴重的衣料。但是這些貴重的材料物品只有在有大宴會或大典禮的時候才能穿戴，因爲如果每天穿戴反爲人笑爲俗氣。再一個更巧妙的方法就是改變式樣非常之快，他人才模倣他們，而他們又改成新的式樣了。那財富不多的人一定須將已做好的衣服穿破再做新的式樣的衣服，所以他們一定追趕不上，要落後的。時裝的競爭以在婦女中爲最烈，就是在男子中也用他炫耀財富。這種競爭既不是爲美觀又不是爲滿足個人的審美的趣味，乃專爲驚奇，求新，費金錢。

四．這個時代的第四個特徵就是國民服裝的消滅。就是在十二世紀十三世紀的時候差不多在全基督教的世界內已經服裝劃一。現在日本人，英國人，挪威人，意大利人都不得不用同樣的時新的裝束。這個服裝的劃一所表現的事實就是這些國民已經到了同樣的文明階級，因爲思想的接觸與物品的交換，他們的文化已經劃一了。

結論

就是從服裝這個微小的事，也可以看出深遠的意味來。有些人穿上衣服雖然可以裝成人，但是衣服不能造出人來。反過來衣服是人所造的。人在他所崇拜的神靈上顯出他的最好的與最壞之點，他在他的衣服上也顯出他的最好的與最壞之點。如果我們按着這個觀念的立足考察衣服變遷之跡，就可以看出這個真理是無可疑的。

第一期的自然裝束（也可稱爲熱帶裝束）顯出人是與自然狀況相近。他的完全的裸體附以野蠻的裝飾。他的最强的虛榮心仍然是極粗野的，缺乏美的趣味。

第二期可稱爲國民服裝時代，文明由熱帶傳布於溫帶，在東方發展到極高度。古代簡單的衣服一方面與自然的服裝很相近，一方面又淘汰了野蠻的裝飾的炫耀，所以表現自然與文化的混合。

第三期時髦的服裝的時期，北方的影響漸漸顯明。東羅馬（Byzantine）式的衣服（如今日羅馬加特力教僧侶的法衣）的特色就是完全將身體遮蔽，不許將身體露出，因爲要防止肉體的慾望所以必須將身體隱藏，所以不許將身體露出。一般所通稱的東羅馬帝國的豐富的偉大的知識，都包藏在那文繡的龜甲般的衣服內。十三世紀與十四世紀詩人吟詠的時代，人初發見戀愛的迷戀，（或者也可說他們初發見女子，崇拜女子爲最高的理想）於是有武士出現。武士是顯然的女性的，光潤的面龐，長衣，蓄髮。十四世紀十五世紀是改革最激的過渡時期，文雅的趣味由諸侯的城堡傳到都市。

在這樣倏然的變化裏，當然發生擾亂與腐敗的現象。況且此時於兇狠的私人鬥爭之外，更加以大疫疾的流行。所有這些現象都表現於當時怪僻的服裝。

宗教革命之後，有表現威嚴與沈重的衣服出現。以後三十年戰爭的莽裂冒險的軍士又加上他們的特色。在第十七十八兩世紀時，法國的服裝盛行於一時。當時倡時髦裝束的是一個無用的頹敗的貴族階級，所以他們的衣服也與他們自己一樣的淺陋虛榮，等到大革命的風潮將這些貴族的虛誇的服裝一掃而空以後，衣服的式樣就爲現在的服裝所代替。這就是烱筒式的高帽，禮服與褲子，這是從美洲創出的。我們現在的衣服不美觀，無特色，又不斷的改變時髦的樣式，都足以表現富豪專政時代的市儈的精神。在這個富豪執政時代，一個人的價値是按着他的所有物評計，而評計財產的標準又是用他的衣服表現。這個弊害至於極端，所以使現在美的觀念，有用，舒適，個性，差不多都喪失了。

人每有一個新的人生觀就發展一種新式的服裝。因爲這個重要的事實所以研究衣服的變遷實在是文明學的一個重要分支。我們的祖先，例如 Cimbri 人，將他們强有力的赤裸裸的身體稱在大的盾上沿阿爾普同山坡溜着冰雪而下歡呼高叫的入到今日意大利的疆土。我們試想這些裸體的野蠻人再想到我們現在的體面的複雜的服裝，我們可以看出這兩種人的思想與希望不同，也正如同我們的服裝與他們沒有服裝的不同一樣。我們看了人的善變與他的長於適應，我們或者可以希望人類將來可以享用一種比現在二十世紀衣服更高尙更合理的裝束。所謂合理的服裝第一須是個人的。但是要使各人有個人的服裝，必須先有一個新的社會，在這個社會裏許多自由的個人敢穿戴於自己特別的裝束不受階級或羣衆的限制。除非到了那個時候，現在的對於衣服的批評與改革不過是空費精神不發生效果的。

總括以上所說的，衣服的進化可分爲三大變遷：

一．自然裝束 他的特點有裸體，塗身，文身，裝飾，毁形等等。以後利用自然的材料如獸皮，樹葉，草，脂肪之類做衣服。最低的自然民族都屬於一個變遷級。

二．民族裝束　他的特點乃在利用人工織成的材料做衣服，衣服的式樣簡單並且耐久。高級的自然民族與古代極文明的民族都於這個變遷級。由這個變象進到。

三．時式裝束　他的特點在乎衣服種類複雜，式樣適體，式樣常不斷的變化，與普遍。現在文明民族都屬於這個變遷級。

第四章　住居進化史

一．原始的露天住居

有許多民族的住居狀態是很幼稚的。正如有裸體的民族所以也有沒有房屋露天而居的民族。例如山居的 Veddas 沒有房屋，他們常在樹底下，或樹內過夜，以避危險；在落雨的季節就在穴內生活。布須人也不修造房屋，在曠野露宿，間或用樹枝搭起屏壁抵禦風，他的用處是爲衞護燃火，不是爲衞護他們自己。他們偶而插木椿於地下，木椿上蓋以青苔與樹枝。但這是很稀有的。

二．茅屋

最先建造的房屋是地穴與茅屋，茅屋大概是從屏風脫胎出來的。例如火國人的茅屋不過是較爲完備的屏風，他的形狀好似空洞的墳門口向着火。

在土壤肥沃地方的澳洲人的茅屋極小而低，只有兩三人蜷伏如刺蝟一般，或相抱持取暖才可容身睡臥。其他澳洲人用樹枝造成窖或編成茅屋，然後用草與土覆蓋其上。有些澳洲人如 Darling 河畔的居民居然能建造大的草屋，可以容二三十人。

牧畜民族的住房是帳幕，用木做架上覆以皮革氈之類。帳幕的好處就是易於拆運，運到他處再行建設。蒙古人與奇爾吉斯人（在西比利亞）的帳幕常可以容二三十人。

低級耕種民族的茅屋較爲耐久。但是就是他們的建築也是受舊的牧畜的影響很深。所以如許多的紅印第安人與黑人的茅屋至多只可住二三年以後就頹毀了。固定耐久的住居在都市時代才成立的。

北美印第安人的茅屋大部分是很簡單的。他們有名的帳幕 (Wigwam) 不過是將許多木桿植立地上，成圓周形，桿之上端向中心聚於一點。幕上蓋以樹皮（如 Algonquians 與其他民族）或水牛皮（如 Sionx）。

黑人的茅屋大部分是蜂屋形的，上有尖頂。茅屋的牆係用兩行木相排，內實以泥土而成。有些部落（例如 Mandingoes）有石牆屋頂用乾草蘆葦竹與樹葉覆蓋茅屋不設窗或透氣之孔，所有煙氣都須從小門透出。

三．房屋

文明進步，茅屋也就進化爲房屋。其實卽在低級文化階級也有住木房的。例如北美的土人用大樹幹造出大的木房，內有許多家居住。Iroquois 的房屋用木材建築上覆以樹皮長約五百餘尺。最初出現的大房屋可以說是原始民族有團結共產的精神的表現。大洋洲人用木材建造小的房子，內隔以精製的木版與草編的蓆常成多少小房間，這種建築差不多可以稱爲房屋了。

木房是古代阿利安人的建築的特色。據 Weinhold 的研究，德國人只能造木房，所以德語上『建築』(Banen)與樹木 (Baum) 是相連的。他們用樹的幹造成極粗陋的房子，一點亦不合式，不精緻。冬天他們歡喜在地窖裏居住，地窖上面覆以糞土。女子常住在地窖裏，他們的目的是爲保護他們，不是爲圖舒服。他們織布都是在地窖中。世建築的技術發達了以後，仍然有木頭的房屋，就是在都市裏都有木製的房屋。Von Eicken 說：『中世君主貴族的城堡是黑暗的，曲折的，裝設極簡陋的，就是在最大的最富足的都市裏市民的房子也都是用木材做的，但是當時居然設立了諾曼式與哥太式 (Gothic) 的大教會。……

……在中世都市裏一般人的房屋在聳立的大教堂之周圍好似脆弱的小玩具一般』據統計的計算，卽在一八一六年在普魯士的所有的建築有十分之一有堅固的圓形的圍牆，有三分之二仍然是用乾草或蘆葦做房頂。因爲房屋大半都是木造的，所以中世常有火災，此外更加以接連不斷的械鬥，流行的疾病，食物與飲水的缺乏，所以當時的人是非常的困苦。例如在 Silesia 省當一四四〇年與一五二六年之間，有些都市平均每二年大火一次，全部或一部分變爲灰燼，差不多每一個都市在每百年內有數次的火災。（見 Heune am Rhyn 的日耳曼民族文明史三一六頁）。

石屋。真正的建築術在用石造屋時才開始。石屋之先本有圜形的 Cromlech 桌形的 Dolmen 排凳形的 Menhir 與其他新石器時代的石的大工作，是石屋的濫觴。在產石較少的地方，都用磚來代石。最初的磚是日光晒的，以後是用火燒的。阿蘇利亞巴比倫尼亞的大城都是用磚造的。在山嶽的地方，用原形的石塊不加修鑿造出偉大的牆垣，以後才用砌鑿的石塊使相適合。在石屋成立的初期，除了住室以外即發展了廟宇，墓碑，石橋，戲院，壁壘，塔堤等等。

最初用石塊造成垂直的壁，特別是用石塊造成屋頂，是極困難的，因此先有尖形的建築如金字塔是。爲免去蓋石頂的困難起見古代的建築者斜着安置石塊，每個石塊都比底下一塊傾斜向裏，這名爲假的圓穹頂，古代墨西哥人即如此造法。又如埃及人因爲手下有適用的材料，所以用大而平的石板作屋頂，有時竟用木材的舊法。爲解决這個問題必須發明圓穹頂。以先阿蘇利亞人，埃及人，秘魯人，愛斯基摩人都知道圓穹的造法。但是後來這個圓穹式是 Etruscans 先學到了，以後羅馬人才把這個造法傳播。此後建築上才開始一個新紀元。

此後造屋的技術，種類，建築的樣式等等都屬於建築史，本書不能討論。我們現在只須注意近代中一個重要的變化於社會有大影響的，這就是從小的私人的住房變爲多少層的大建築。這個事實的重要以後再討論。現在只討論社會的住居，就中最重要的就是村落與都會。

村落與都會。在低級文化的民族有房屋有茅屋，但是都會只於在達到了文明的限域之後才發展的。

原始民族的住居卽用爲防禦保護的地方。住居的周圍繞以木柵，土垣，濠溝以禦外侮。有時他們的房屋建在山頂上，或在水上，搭在木架上，有時竟建在樹上。夏威夷人在山上築壁壘，周圍繞以十八尺至二十尺厚的熔岩的牆壁，在有戰爭危險的時候人民逃入避難。

文明的程度越高，分立的村落也越加增。黑人的國家中已有市鎭。例如 Uganda 王 Mtesa 有兩個都城，他在兩城輪流駐居。非洲中部 Bornu 的都城 Kukana 牆垣厚十四英尺，有塔六，容居民六萬人。此外 Bornu 的都市都可住居民一萬至三萬人。Benin 城圍以深的濠溝，寬二十英尺，有居民八萬人。Timbuctoo 的居民有四萬人，就中有寄居的外人一萬人。以上數目都是揣測的，並不是精確的統計。所有的黑人的城會都是商業的中心。

古代文明階級的民族如墨西哥人，秘魯人，中國人，日本人，及其他古代民族，情形又不同。他們的大都會不只是商業的中心，但是於傳播知識上占主要的位置。

市鎮與村落的不同在乎人口的數目，必然是分工達到一定程度的時候，才可以有衆多的人口集居在市鎮。耕種與牧畜不能有衆多的人口集聚一處，因爲假使他們聚居一處，他們與他們工作的地方距離就太遠了。都市的性質無論爲要塞，爲住宅，爲商場，爲遊戲場，要爲他的位置與環境所限定。一個都會可以爲軍隊的中心，就成爲要塞，如果有外侮來攻的時候，這個都會就要保護全國。都市如果有大廟宇，或公衆崇拜的地方，即可變爲僧侶與學者的中心。都會也可以是治者與政府的集聚的地方，因此這地方就變爲政治的中心。都市是分工的結果，都市與分工是相並的進化的。分工的範圍越高，都市也就越多，越擴大。

都會是分工的結果，分工的表現，但是都會同時也促進分工，既如上述。都會與鄉村的區別是極清楚的。都市與鄉村的職能不同，各有不同的職能。所有的進步所有的發明，無論是技術，科學，藝術，文學，乃至農藝，（服裝的樣式更不待言）都是從都市發生的。

鄉村永遠是保守性的，怕有忽然的急遽的變化，就是在現在二十世紀之中，偏僻的地方的農人有許多與原始的耕種民族的情形相若的。

因爲鄉村是不易變化的，所以他們可以保證發展不可太快，或過於猛烈，但是須按步的進行。因爲真的進步必須緩慢的。文明是脆弱的。假使催促太速，反倒退後或完全破壞。

以上所述大略指出住居進化史上的變遷。

一．原始的露天住居。在野外，樹下，石窟地穴，屏風之下或茅草編成的小亭，爲藏身之所。

二．茅屋

茅屋；帳幕，大木屋，村落。

三．房屋。都市。

甲．木屋。乙．石屋。

一．獨住之屋，（一家居住。）

二．合住之屋，（供許多家庭居住之大建築。）

第三卷　工作演化史

緒論

古人說：『世上有許多有力的，但是沒有比人更爲有力的。』現代科學的看法沒有這樣自負。人比較一般動物有勢力高出自然界不單是因爲他的個人的能力，但是更重要的，還是因爲與他的同類有有組織的聯合。因爲許多人有了調和的聯合，多少簡單的形式結合成爲高等形式的有機體，結果使全世界成爲多少合作的勢力的大團體。我在上文（第一卷第二章）已經說過這個觀念是社會學的根本眞理。現在我們研究勞働史更可以證明這個眞理是對的。人類勞動的勢力之偉大是因爲個人間的合作，所以我們可以說勞働的歷史就是合作的歷史，合作在範圍方面，在程度方面都有增加。

個人本來絕對不能做出的事，因爲合作就可以做出。如果一種工作對於個人太費力，或者是太複雜，我們有兩種的合作。

一．如果工作太費力的時候，許多人聚合在一處做一樣的或相似的活動，例如假使一顆樹太重一個人不能滾轉，可以由許多人按簡單的合作共同滾轉。

二、如果這個工作太複雜，就須分工，卽各人做一種專門的工作。分工就是分作各人各專致力於各種不同的工作，因此各人對於各人的工作養成熟練。例如造船造鞋，彈琴等等。

複雜的分工（或稱分作，）乍一見以爲是不用聯合努力的特別的原則。鞋匠與船匠各做各人的事，他們的工作是各不相關。但是這些分作的工人這樣互不相干的情形不過是表面上的現象，因爲鞋匠坐板凳上做鞋的時候，有些人正爲他種麥，爲他磨穀，爲他烤麵包，爲他造工具，爲他剝獸皮鞣皮，爲他預備工作的原料。總之所有這些種工作都是間接的與他合作，結果這個工作是比他一個獨自工作更爲有效更爲有力。

合作與分作是絕對的重要的原則，一直到了現在人還沒有想出新的觀念來代替這兩個原則或將這兩個原則改良。各人聯合用他們專門的活動互相幫助的時候（例如木匠，瓦匠，泥水匠等聯合造房的時候）他們的工作是合作與分作的聯合。

第一章　工作組織的構造

一羣的人單獨的或複雜的合作的工作，或者簡單的與複雜的合作相合併，可以說是有勞働的組織有組織的工作與孤立的個人的工作不相同。這團體按着人數的多寡與聯合的性質有不同的組織。現在我們分別討論。

有組織的工作現在變化甚多，所以常發生新的形式，新的變遷發生，舊的形式就必須適應於那個新的變遷。我們現在從最低級的有組織的工作（如散漫的羣人，完全倚賴自然的狀況）一步一步的追溯他的發展到現在的國際貿易，我們在現在這個階級學到支配世界。我們爲解說清楚起見，先不去討論這個發展的原因，專注意到敍述這些形式的自身。等到將進步的變態說明了以後，再專論根本的原因。

一．古代親族的變象

自足的族中工作的組織

我們所知道的在最低級文化的民族與小族的團體（horde or clan）裏，各分子的團結是因爲有共同祖先與血統的關係。這種團體承認範圍以內的爲同胞，凡是範圍以外的就是外人或仇敵。他們爲團體中一個分子受了侮辱或傷害的報復是共同的義務。他們與鄰近的部落不斷的衝突總之他們是有團結的生存競爭。

但是原始部落的團結不只限於對外的關係如戰爭，（戰爭可以培養急公好義的精神，）還擴充到平和的活動。因此有經濟的聯合與工作的組織。以先於個人太困難或太不利益的工作，現在因爲經濟的聯合與工作的組織都可以做了。他們遊獵的時候，派出偵察的人尋覓動物的蹤跡，專注意一個小區域，他們聯合起來襲取大動物，捕魚，斫樹，造陷阱，造火，製網，造船，造屋等等工作他們都是合力去做。

有族的組織的部落不特是有合力的工作，並且財產也是共有的，就是食物是共有的。這些野蠻人裏有普遍的待客殷懃的風氣。無論何人到了鄰人家中就可以坐下棹來吃，遇到饑荒的時候將全族所有的爲大家所均分。現在還生存的遊獵與捕魚的民族遇有捕獲之品卽屬於全社會。有些民族如澳洲土人與愛斯基摩人須按極嚴的法律分配所捕獲的禽獸。野蠻人所尊貴的美德，除了勇敢以外就是大量，自己有餘而不肯分給同人的差不多與盜竊的行爲視爲一樣。

自然民族待客的寬厚常爲文明的旅行家所驚奇。就是自己貧乏的人也常有優待客人的。例 Easter Island 人雖然饑餓萬狀仍然請 Cook 同船的人一同享用那稀少的食物，毫無吝惜。據達爾文說，如果給火國人一塊布，他們就把那一塊布扯碎分開，因爲他們不願意有貧富不均的事。印度人待客之風趨於極端，所以懶惰的常爲勤勉的客人，因此勤勞神者常被犧牲，而怠惰者反受獎勵。非洲普通的風俗凡是來的人都可以分享。意大利的鄉下與德意志許多的地方現在還有這樣的風俗。

原始民族所住居的土地地方也認爲共有的財產，這是一種共產制度。但是他們並不是沒有私有制度的。軍器，工具，家用器具，裝飾品等等凡是由個人的勞働造成的（在這個文化階級的時候，個人生產的機會很大）都認爲個人的財產，這種財產純粹爲個人的，不能遺傳給後代，必須與主人合葬。原始民族的團體卽在最低級的文化程度上也是一種有力的組織，無論在戰爭或在平和的時候都是休戚相關共同的努力的。

但是就是在最低級文化程度上的民族於團體的工作的組織之外另有一種組織，卽是家庭。這個家庭的組織是連繫男子，妻子與他們的子女的。家庭不特是一個社會的組織並且是一個經濟的組織，因爲他的基礎是按着性別將工作分作，成爲夫婦間的分工。丈夫是戰士遊獵者，並且製造這些種職業所需要的軍器，工具等等。妻建造茅屋，照顧火，預備食物，看護兒童，差不多所有困難的費事的工作都須她自己去做。所以兩性間分爲特別專門的工作（詳見本卷第三章）。因爲所有的分工必須各專門的人諧和的工作才可以有分工的進行，所以男女之間也一定須互相補充，互相扶持的。原始的婚姻不過這種經濟的聯合的一種表現。

家庭是族的一部分，凡族中所需要的，族中皆能自己供給，所以世上有自給的族，不能說有自給的家庭。因爲自給的家庭是社會演化以後的現象。

綜上所述，在文化的低級有兩種工作的組織：（一）全部落或全族的聯合工作，食物，土地都是共有的；（二）家庭的聯合，兩性間的分工。

在這兩種組織中，那一種是最先發現的，我們不敢的確斷定。大概在最早的時候，是只先有族的組織，至於家庭代表分作的最早的一種是以後才發生的。但是無論如何，代表這個最古的組織的人民現在已經滅絕，我們不能知道了。

二．第二變象或高等親族級

族的組織兼對外貿易

如上所述親族團體與家庭是最古的工作組織，也就是社會學上最古的社會單位。親族團體所生產的物品即可供給本團體的需要，親族自身是自給的。

等到相鄰近的部落互相接觸互相交換他們土地上的生產的時候那自足自給的親族團體就變爲互相倚賴的民族了，個人的生產就變爲世界的生產了。於是在家庭與族兩種組織的形式以外，又加增了第三種更擴大的工作的組織就是相鄰近的部落間的分工與交易這個我們可以簡稱爲對外貿易。我們從比較人種學上可以證明這種擴大的分工（擴大的分作）比部落內職業的分作（有制限的分作）時代爲早。差不多所有的民族雖然還不知道分功，例如許多的遊獵民族或牧畜民族，低級之農業民族（印第安，Papuans（等等）却已經發展了部落間的交易。至於連部落間的交易都沒有的民族現在只有第一種變象的代表，即澳洲的幾個部落，波羅洲內部人民與火國人。Cook在一七七〇遊歷澳洲的時候，說『我們不能與他們交易。我們給他們的物品，他們都受下，但是他們不知道我們希望要換回些物品。』Dampier說：澳洲人『沒有貿易的觀念。我們對於他們做各種手勢都沒有効果。他們死呆呆的立着做露齒笑若猢猻，相顧愕然。』據 Bock 說：『波羅洲內地人民也是如此。他們慣於用力有時竟至用殺害人的行爲得到他們所希望的物品。』

原始交易的形式

自然民族的交易中最古的形式就是

（甲）無言的物品交易　這種交易的形式以先希臘歷史家 Herodotus 曾叙述過。Herodotus 說：『以先卡塞吉人到非洲西岸的時候，將物品卸下，陳列岸上，然後他們再登船上，舉起烽火，非洲西岸的人民看見了烽火，就來到海岸將換取物品的金子放在物品之旁，也退出距物品的稍遠地方。這個時候卡塞吉人又上岸看金子有多少。假使這個金子可以抵物品的價值，他們就將金子運到船上，拔錨啓行。假使金子之量不足，他們又上船，再等候着。土人於是又來添多少金子，等到他們的滿意爲止。兩方面各不相欺。因爲卡塞吉人必然看見金子與物品的價值相抵，才去動那金子，土人必須等他們取了金子才去動那貨物。』

這種無言的交易現在世界各處都有實行的，非洲西部 Niger 河流域仍然守此制度。這個交易都是距離甚遠，一句話也不說。這個形式足顯出相敵愾的部落互相仇視互相猜疑的情形。貿易於文明的進步有大價值，因爲貿易可以使人類有平和的相接觸的機會。第二種交易的形式是較爲和平的。

（乙）用餽贈式的物品交易　這個交易的方法 K. Von den Steinen 的有名著作中『巴西中部的自然民族』一書中敍述的最爲詳細。Steinen 說：因爲在巴西中部有些種材料（例如爲造斧用的石頭）只在於一定的地方產出，所以他們必須有一定的交易方法。因此在各種部落之間有一定的特殊的物品爲交易之用，例如 Bakairi 的特產有白蛤殼的項練棉紗與吊床，Nahuqua 的特產有南瓜，紅蛤殼項練與裝飾用之珠。Mehinaku 與其相近的部落的特產有棉紗與陶器，Trumai 與 Suya 有石斧與煙草。這些種物產都是各部落間互相交換的。他們的交換是用餽贈的方法。『旅客帶着各種貨物，假使他受極客氣的招待，他就將有些貨物送給主人，並且說明他所願意交換的東西。他初到的時候先得到所願意得到的交換品的一小部分，其餘的在臨行的時候再得到。我們在 Maiger

辭別我們主人的時候，曾有過這種交易方法的例。他們讓我們坐下並且給我們一筐飯。因爲這個緣故所以 Bakaïre 翻譯葡萄牙語『買』(comprar) 爲『坐下。』所以交易完全是禮物的交換。這種餽贈並不是表示自然人的大量的慷慨的氣質，但是從古代文明的初級變化來的。美洲的印第安人並不是好待客的，有客人來吃他的餅子喝他的酒，他並不覺得特別榮譽。他需要的是交換物。假使客人以爲這樣的住居狠便宜，要永久的住在那裏，他的主人立刻就覺得不耐煩，就爽快的請他去了。……他們評論某個部落是好的部落，就是說是大量的部落，這足見真的待客大量是他們的最少的缺點。我們直接的物品交換的方法，實際的辦法最先於他們完全是新的觀念。但是他們最初學習這個物品交易的時候，他們做了許多可笑的故事。有一個人拾起一把碎石子，竟要求要換一把大刀。又有一個人爲人束一個受傷的手，就要求要交換些珠子。』

這種客人的餽贈分析出來並不是餽贈，不過是一種幼稚的粗糙的交易的形式。以後進到高級的貿易形式的時候，仍然還有餽贈，這種餽贈已經失了固有的意義，只剩了待客的禮節了。

（丙）更進步的交易的形式就是設立市場　有許多自然民族的風俗爲免去紛爭起見，在他們的邊疆無人佔領的地方留一塊空的地方。這種中立的地界，常是在森林之中，定時設立集合市場，交換鄰近部落的物品。例如北美的印第安人在米西西比河邊就有一個大市場，各部落都是爲交易起見聚集在此處，各族間的衝突戰爭在此處都停止。這種市場在美洲，多島洲，非洲，及歐洲古代的高級的自然民族都有這類的市場，以後文化漸進這類的市場就變爲市鎮。

以上所說的原始的物品貿易，不過就是各種物品相接的交換。這種交換的時候，沒有金錢，沒有交換的媒介物，購物者也就是售物者。所以德文買（kaufen）與賣（verkaufen）兩個字是相連的，貿易與欺騙也是相連的。所以德文交換（täuschen）與欺詐（täuschen）兩個字也是相連的。當時貿易並沒有專門以貿易爲職業的，做買賣的也就是屠獸的，也就是裁縫的，也就是理髮的，也就是造武器的。

在這個階級上的家與族

如上所述的對外貿易在原始的經濟生活上佔很小的部分。對外貿易不過是偶然間舉行的，不是生產的主要部分。在高級遊獵民族，牧畜民族與低級農業民族裏，家庭與族的組織都是勞働組織的最重要的形式。族制在低級耕種級是最重要的，如印度人，馬來人。以先各處的農業都是共同的做的。土地由聯合的工作去耕種，那生產的結果就按着各人的需要分配。耕種土地必須有聯合的努力，部落改變了遊牧的生活，定居在一個地方，以後就發展有親密的團結，因爲他們於血統的聯結之外更加上聯合的耕種的工作的聯結。有的時候因爲族的團結過甚，反致減弱家庭的團結。但是家庭於族制之外仍然是最重要的工作。

工作的組織在高級族的變象有以下三種形式：

1．族制。族制在低級農業級時達於極點。

2．家庭中各員間的分工。

3．對外貿易，鄰近各部落間的分工與物品交易。

三．第三變象初期產業級

半文明民族對於農田與鄉村的管理

在以上所研究的各民族裏所有的人在社會上，在經濟上都是平等的。沒有主人與奴隸，貧人與富人的分別也沒有特別職業的分歧除了男女間的分工以外，沒有分工。在這些遊獵民族，牧畜民族，遊獵兼耙耕的民族以上，大洋洲與非洲的農業民族的情形就大改變情形。他們已經有社會的不平等，因社會的不平等也就發現經濟的不平等，人各有專門的職業。

例如因爲農業使人得安居一個地方，若將在戰爭時所得到的俘虜，降爲奴隸使他爲主人服務，比較將俘虜處死，或用爲食料，當然是更有利益。因此主人就專從事於容易的有趣的事業，困難的苦痛的事業全讓給奴隸去做。從此就發生社會上的差別，不久也就發生經濟上的差別。我們現在取多島洲與非洲的兩種例研究這樣分作的程序所產出的新的工作的組織。

甲．多島洲的工作的組織

家長掌權的大家庭

多島洲各島嶼的社會分爲三個階級，卽（一）貴族，卽治者階級（二）自由民（三）奴隸，即戰時俘虜三種。貴族有大的田產，由奴隸耕種。這個奴隸階級間（也可稱爲最早的產業階級）分工極細，所有大家庭的需要都是由他們這個階級供給。就是自由人也加入工作，要依賴那有田產的貴族。貴族的田地裏有耕地的人，捕魚人，造船匠，木匠，泥水匠，造網匠，彫刻匠，僕役，廚夫，紡織的女工，縫衣女工，樂工與舞女之類。

在這樣的大家庭裏除了以先的性別的分工以外，男子間更有分作，每人專做一種工作，供給大家庭的一種需要。這個自給的大家庭與以上所說的自給自足的家庭相同，不過加入了强迫的分作的工作，因此成爲一種新的工作組織，在歷史上是狠重要的。這個形式，更進步的在羅馬有大牧畜的產業（Lati fundia）在中世有諸侯采地制度（Manorial system）。

自由的手工業

多島洲的工業除了大家庭的奴隸的分作以外，還有自由的工人。他們大概是從奴隸改爲自由的。他們的工作與奴隸所做的一樣，但是他們是被人雇用受工錢的，也不是一個主人所專有的。

多島洲有兩種的組織形式:

1. 家長掌權的大家庭，大的貴族的家庭加以分作的奴隸工作。
2. 自由的手工業。

這兩個要素加在以上所說的要素之上，卽成爲第三種工作組織的變遷形式。但是此時族，家庭與對外貿易的情形仍然是有變化，已經不是早先的情形了。

族與村落社會

在這個階級的人民的族制已漸衰微。社會的組織不是按血統的原則，但是由一個有勢力的族長或酋長統率。許多的族聯絡成爲村落社會。許多的村落相聯絡成爲部落受酋長或王的統制。這個村落社會或部落的聯合就是以後國家的濫觴，取了族的重要的職能而代之。但是村落之中還不免存留許多舊的公共的族的精神。古代希臘極普遍的共食的形式（例如 Crete 島人的 andreia 與斯巴達人的 syssitia）就仍是族的精神的表現。等到以後有了貨幣以後，這些古代的風俗才消滅的。

家庭

族制在低級農業階級（卽第二變象）發達到最高程度，常侵越家庭的權利。族的極端的發達以後就是家庭的極端的發達。新成立的國家最初勢力微弱還不能握經濟的權力，所以族的經濟的職能就爲家庭所握有。因此家庭不特保存他固有的位置，擴充高等文化的要求並且須擔任去處置經濟的産業。自此以後，在長久期間以內，家庭遂成爲最重要的組織。這個時期內的有力的采邑（manor）不過就是擴大的家庭，這些采邑也與家庭一樣是差不多自給的。他們的生活靠着農業牧畜與捕魚。簡單的房屋，家庭用具，烹飪用具弓箭長鎗，氈毯，提籃等等都是他們自己造的。只有幾種特別專門的工業例如文身，剃鬚裝備船隻治療疾病等等必須家庭以外的人去做，他們雇用自由的工匠或有專門技藝的奴隸。

此外不常有的，奢侈的需要由對外貿易去供給。從他們按期舉行的市場看來，他們的海外貿易不可輕視的。但是因爲他們還是直接的交換物品交換所以對外貿易還不能變爲極重要的。所以這個階級仍然是自足的。爲輸出的生産是例外的，最重要的組織的形式是家庭。

統括以上所說的，這個初期的產業的變象可以稱爲農莊與鄉村的管理，有以下的事實。

1．族制衰落，代替族的一方面爲村落社會與部落的聯合，一方面爲家庭。

2．家庭是這個階級的最主要的形式。

3．對外貿易比較上還是不重要的。

4．在家長掌權的大家庭與，

5．自由手工業中男子間初有工作的專門分類。

乙：非洲工作的組織

非洲與多島洲的要素相同，但分量不是一致的。

（一）族與村落社會

非洲的農業社會分爲貴族，自由人與奴隸三個階級。族制已漸衰滅。族相合而爲村落社會，村落社會相合而爲部落，部落由酋長或王統制，由族中的長者組織成爲會議。族中的政治的職能就爲這個新的政治團體所操有，而經濟的職能的大部分則爲家庭所操有。

（二）家庭

非洲的家庭也是最重要的組織的形式，與在多島洲一樣。耕田，磨穀，烤麵包，織布，縫衣，油漆，造酒，製陶器，都是各家庭自己去做，所以家庭中大部分的需要是自己去供給的。這些工作大部分是須女子去做。

（三）對外貿易或外界的工作組織

因爲非洲全村或全部落都做專門的工作，或從事地方特殊的產業，所以他們的對外貿易有特別的特殊的發展，漸漸變爲部落間的貿易。例如 Marotse 族中一個部落做船與槳，一個部落做長矛，又一個部落從事捕魚。各部落成爲『行』（基爾德）職業的名稱如『鐵匠』，『漁夫』等等卽漸漸變爲部落的名稱。所以全部落都從事於一種工業，如 Jolofs 就是冶鐵匠，他們的村落產鐵極豐。此外村落各有專業，如造鹽的，製陶器的，專製軍器的，造船的，製皮的，造酒的，製革的，製繡衣的，遊獵的與捕魚的等等。其中也間有流民，專以做巫，醫，卜，唱歌，修補陶器等等爲生活。各種族間的交際是靠着各市場的。

（四）家長掌權的大家庭

這個家長掌權的大家庭並不是非洲工作組織中重要的要素。在黑人貴族的田產中，養育最有技巧的工匠，如冶金匠，金匠，銀匠，製酒匠，廚師與音樂師。Dahomey 王宮內以製造陶器，衣服，蓆子等爲專有的營業。

但是這些都是例外。據 Schurtz 在非洲詳細的調查，以爲奴隸於工業的發展關係很少。所有做工爲職業的太概都是自由民，奴隸大半都是從事耕種與製造原料，因此中等社會可以自由的從事一種職業，而有資財的就毫不工作，無所事事。

（五）自由的產業

自由的職業在非洲比在多島洲爲更重要。非洲黑人對於手工的工作並不輕視，他願意用他的勤勞增加他的收入。自由的工人所操之業有許多種，就中最普遍的是鐵匠，常是外來的人爲人所輕視，爲人所畏懼的人來充鐵匠。此外更有木匠，鋸木匠，彫刻象牙匠，造船匠，製革匠，造革貨之匠，鞋匠，屠夫，理髮匠（這是由回教侵入後輸入的）唱歌者，跳舞者，製籃匠等等。裁縫與織工者，染工，造屋工比較不常見，因爲這些種工作都是各家的人自己去做，並沒有成爲專業。這些種技藝都是家中父子相傳，這世襲相傳的職業就是以後喀斯德(caste)制度的濫觴。

以上大部分都是根據 Schurtz 有名的研究，(Schurtz: Das Afrikanische Gewerbe)，簡單的敍述非洲工作的組織。我們可以將工作組織分析如下五種。

1. 族制衰滅由部落與村落社會代之。村落社會更爲重要，因爲每個村落內有許多種工業可以共同的從事。

2. 家庭是最重要的組織，家庭的生產供給家人的各種需要。

3. 對外貿易也是頗重要的，於非洲部落間貿易發展的特色更爲顯出。

4. 家長掌權的大家庭不是重要的組織。

5. 自由的手藝人是非洲工作組織中的重要分子。

以上所說早期的產業變象有兩種，一種是多島洲式，可稱爲農場經濟式，一種是非洲式，可稱爲村落經濟式。從此可見工作的專門與經濟的分作是從三種根源發出的：

1. 由於奴隸。

2. 由於自由的手藝人。

3. 由於部落間的貿易。

不自由的工作盛行於多島洲而自由的手藝人則盛行於非洲。兩種形式之中將來是那一種最爲盛行的呢？古代的經濟乃是多島洲式的，歐洲中世以後則趨於自由一方面。歐洲最初的工作組織的一方面大體上是與多島洲式相同的。

四・第四變象高級產業級

文明民族所發展的產業組織都市經濟

我們現在研究希臘人與羅馬人的工作組織的發展。從經濟方面看來，這兩個種族的發展可以分爲兩個變象：

甲・初期（即第四）變象，即直接的繼續多島洲式的組織，但是兩種組織不相同之點，就是希臘人與羅馬人比較多島洲的發展更爲盡量發揮。

乙・晚期（即第五）變象，已加入資本制度的成分。

據希臘與羅馬的古史所載當時工作組織的形式，正如第三變象，並沒有新的成分加入。但是他們的發展漸漸成熟組織的各種形式可以另立一級。

(一)國家與都市

希臘與羅馬的古代社會與半文明的民族相同，也分爲貴族，公民與奴隸三種，此外更加外國人一個階級爲半公民。族制的痕跡雖然可見，但是已經廢而不用。代替族的組織的有酋長的統治，酋長權力不只限於村落社會與部落，並且更擴充到許多部落的聯合成爲國家的大社會。所以一方面由部落變爲國家，一方面就是由村落社會變爲都市社會。都市之成立本來是因爲他是專門工藝的中心。這個階級的特色是都市的，所以這個階級的經濟可以稱爲都市經濟。繼族的組織而起的在政治方面爲國家與都市，在經濟方面爲家庭。

(二)家庭

文明雖然有了大進步，而家庭生活仍然是工作組織上最重要的成分。因爲在第四變象與在第三變象一樣，許多日用的物品仍然是由家中工作供給的。當是女子完全在家中工作以供給家中的需要。因爲新加入奴隸所以普通公民的家庭經濟的勢力更穩固，更發達。至於家中使用奴隸的數目有多少，因爲各種統計不同，所以不能有確實的觀念。

（三）家長執權的大家庭

貴族用了許多的奴隸做耕地，畜牧，捕魚，製麵包，屠宰種種事務，因此所有一家庭裏的需要都可以用他們自己的工作供給。這個自給的家庭制度（古希臘語稱自給的家庭爲 Oikos 現代歐洲語經濟這個字的一部分就是從這個字根蛻變的）以後在羅馬貴族的大牧地的田產上更有充分的發展。羅馬貴族的大牧場（Latijnudia）擴充發展成了王國，貴族的宮室園林成爲都市，各個自給的家庭直變爲國家內之小國家。家庭之中包有數千的奴隸，所以那些奴隸都分爲多少團體由多少人分開指揮管理。奴隸之中執行各種職業，如耕地，牧畜，織布，縫衣，冶鐵，僕役，管家，記帳等事，即如繪畫師，醫生，教習，管理圖書員，演說者，哲學家等等也都由奴隸充當。但是這個過度的發展都是以後才有的。

（四）部落間的物品交易（對外貿易）

部落間的貿易在第四變象上因爲添了金錢，所以更發展爲國際間的商業。以後地中海沿岸航路大通，這個國際間的貿易影響於工作組織的甚大。從此個人可以聚集財富，於以後全世界的產業的發展有重要的關係。

（五）自由的手藝人

除開不自由的分工以外還有自由的手藝人。（希臘人稱此種人為 demiurgos）。他們與奴隸不同的就是奴隸是為私人做工，自由的手藝人是為一般人做工。在荷馬時代，各村落中都有手藝人特別是金屬工人。此外仍有木匠，製革匠，漁人，陶工，音樂師，跳舞者，變戲法者，豫言者，醫生，水手，商人等等。古代對於工作與博得金錢的收入非常卑視，以為自由人不屑做此，所以只有因為受了貧窮的壓迫才肯去做手藝。這些自由的手藝大概不外以下三種人：

1. 低級的無產階級，他們沒有田產，所以不得不藉自己的手工去維持生活。

2. 身體有殘疾的不能在田裏做工的。例如盲目的荷馬就去做詩人，跛而健的 Hephæstus 就去做鐵匠。

3. 外國人（Metoken），他們雖然沒有公民權，但是自由，不倚賴他人的。並且支配各都市中產業活動的大部分。希臘人雖然藐視工藝，但是雅典的手藝占極重要的位置，這都是奴隸與外國人的成績。在第一百十七奧林皮亞得（Olympiade 每四年爲一奧林皮亞得）所調查雅典公民二萬一千人中有一萬人是外國人。

羅馬的情形也與此同，除了多數的奴隸以外，有許多自由的手藝人，這個情形在帝國時代更顯。羅馬的手藝人差不多沒有市民的權利，但是他常是外國人或外省人，常是自由人。有許多的奴隸受了解放爲求他們的生活起見，自然要做他們爲奴隸時所學到的手工。警察與許多下級的官吏都是從自由人間選出的。

五．第五變象早期資本制度級

古代資本企業的發端

在前數節所分析古代經濟的變象中與在高級的半文明的民族中有同樣的工作組織，但是工作組織最初爲柔弱的沒有發達的，等到第四變象（卽文明階級）才大發展。部落膨脹成了國家，村落發展成了都市，都市占社會的重要地位。家庭到了極盛的地位，家長掌權的大家庭有時異常龐大，對外貿易已進到國際的商業，而奴隸客民，自由民的專門職業都進到極高級的發展。

公民雖然不願意工作。但是願意放出他的金錢獲利。因此就發生資本的企業。

資本的企業

甲・商業的企業

商業企業的新發展是由於與外國人接觸才促進的。Herodotus 曾說古代人民環繞地中海居住正如羣蛙繞池而居一般。地中海沿岸的位置對於貿易與交通異常適宜，因爲各種民族在海上交通很便，所以對於國外的物品的要求也是極大。他們最先看不起貿易。貿易也很少。荷馬時代的希臘人用種種侮蔑的辭句譏笑腓尼西亞的商人，Odysseus 因爲人家認他商人覺得是大恥辱。據荷馬詩上所形容的，當時希臘與腓尼西亞間的貿易好像現代歐洲商人與半野蠻人間的貿易一樣。腓尼西亞的商船載運許多的貨品，抵希臘海岸卽開始交易物品，有時常須一年的光陰才將貨品交換完事。船初到岸時先須用些貴重的禮物送給王或酋長，得到他的恩惠然後才將貨品陳列岸上，或陳列在帳幕內出售。腓尼西亞人帶來的物品有琥珀的項練。精織的布料，寶石各樣金工，紫顏料及其他工業品，都是充婦女消耗的。希臘人只可以用他們所產的原料如麥，酒，木，皮，礦石，奴隸等換取腓尼西亞的貨品。

以後腓尼西亞人的商業漸漸的移轉到希臘人手裏，希臘的富人，特別是貴族立刻學到借錢給商人卽可生財的這個不費力而獲利的方法。雅典的最盛時代，那最富庶的公民都從事海外貿易最有錢的將資本貸出，取高利，錢少的公民就自己從事商業。Thales 與 Hippocrates 一定是經營商業的，柏拉圖自己曾賣油以充旅費。在羅馬帝國遂發生一種資本的貴族，當時貴族做銀行與商務，常是極腐敗的，大部分都是藉着奴隸與自由民的血汗獲利。

乙．工業的企業

資本的企業從商業卽擴充到工業。例如奴隸的工作不特可以供給家中的需要，並且還可以製造物品以供給市場。雅典富庶的手藝人都有兩三個奴隸的工作者。有時資本家使奴隸做生意，或在街上設肆爲主人售賣物品以獲利。有資本的主人更設工場，用許多的奴隸，製大宗的市場用品。據 Demosthenes 自述，他的父親就有兩個工場一個鐵器工場有工人三十三名，一個木器工場有工人二十名。因此他獲利甚多，死後遺產約有四十塔侖脫（每塔侖脫 talent 約合五百八十餘元）Clio 有一製革場，Hyperbolos 有一製燈場，雄辯家 Isocrates 之父有一製笛廠，Cleon 有一製琴場。資本家只須預備地方，奴隸與原料，其餘工作都讓工頭去管理。當時的富人看見賺錢有這樣容易，所以都願意投資經營實業。結果差不多所有希臘的工業，如磨麵粉，製革製陶器，製麵包，織布等等都在這樣的工場裏做。金屬器具，皮件，盾牌，外套，木器，藥品，油膏油等等都是在工場做的。在製鞋工場內，鞋的各部分，分工極細，縫衣匠也有分工，所以有專做外套的。因此有幾個都市竟成了大工業市，例如 Corinth 所雇用的奴隸有四十六萬人，Aegina 島上有奴隸四十七萬人。在羅馬帝國時代有許多是辦工業發大財的。當時在農業上，商業上，與工業上各種的企業家就是現代的富豪。Firmus 一個紙廠出產豐富，所以他們自誇可以供給全軍隊的人所用的紙張與膠水。

古代晚期有新的資本的企業出現。古代經濟大發展的時代有以下的形式：

1. 家庭，這是這個變象中成分的最古的最重要的。

2. 對外貿易在羅馬帝國的平和時代，對外貿易聯合古代世界各國。

3. 家長掌權的大家庭，已大失去他的本質。

4. 自由手藝人這都是無田產的無財產的客民等人，常雇用奴隸一同做工。

5. 資本的企業大部分是海外貿易與大計畫的生產。

六. 第六變象的初級

古代文明各國衰滅以後，文明在長時間沒有進步反倒退步。新的半開化民族，特別是日耳曼民族，登了世界舞台，但是因爲他們文化幼稚，所以不得不努力追到希臘羅馬的文明的境界。過了五百多年的工夫，文化才繼續前進，演出古代所未有的再高的形式。至於經濟的發展，乃在十八世紀以後。

我們要追溯上節所述演化的綫索，我們簡直可以將羅馬帝國滅亡以後至十八世紀一段越過，作爲演化的一旁支。但是這個旁支因爲下列諸種原因也不能完全置之不顧。

以上所述的發展都是新的成分加築在舊的成分之上。他的次序永遠是一樣的：

1. 族的團體。
2. 家庭。
3. 對外貿易與物品交易。
4. 家長掌權的大家庭。
5. 自由的手工藝。
6. 資本的企業：

(甲) 大計畫的商業　(乙) 大計畫的工業

我們可以追溯日耳曼文化自古代(如凱撒與 Tacitus 所叙述)至今日二千餘年的變遷。我們從歷史上可以得到很清楚的很精確的發展的程序，我們藉此可以得到非常有價值的機會攷驗我們的理論。

因此我們現在討論第六期的發展的大略，可以證明這兩個程序雖然在細則上不同，但是在大體上是一樣的。

在大遷徙以前的日耳曼人

一・親族團體　日耳曼各部落在大遷徙（Völkerwanderung）以前正如古代希臘人與羅馬人一樣，也是族制的。親族間的共產制在日耳曼族中基礎極深。他們的土地沒有私人所有的，每年抽籤重行分配一次，住房隨着土地也一樣的更換。據Sueni部落的酋長告凱撒說，這個分配土地的目的是爲得親族間經濟的平等。

二・家庭　家庭中有性別的分工，自己滿足自己的需要。男子可以做的有價值的事業只有戰爭，遊獵，牧畜，造房屋幾種。據Tacitus說耕田是女子，老年人與幼弱者的職務。

三・對外貿易　對外貿易當時還不發達。當時用牲畜做交換的媒介，只有與羅馬人交易時才用錢幣。

當時還沒有專門的職業，社會上的差別只有自由人與奴隸兩種。最初奴隸極少，在羅馬統治及大遷徙之後，才輸入奴隸制。有小田產的人藉着妻子與子女的幫助經營田地。有資財的就雇用男女的僕役，只有王與貴族的大田莊裏才維持大隊的僕役。

在大遷徙前的日耳曼人的工作組織有三個形式，就是族制，家庭，與對外貿易三種。但是他的趨勢是要發展家長掌權的大家庭。從此看來日耳曼族在最初有史時代就是

從第二變象（高等族制）跨進到第三變象，（卽早期產業變象）

中世紀初期的日耳曼人

采邑制度（Manorial System）

日耳曼族在大遷徙以後，族制大衰，威權政府代之而興。社會上遂分爲戰士與農夫諸階級。戰士本來是由奴隸中拔出的，後來竟變成貴族，獲得自由，而本來自由的反倒沉淪變爲不自由的，爲世襲的依賴者。這個過渡的情形，是在佛蘭克時代。

因爲不自由的完全依賴主人，於是產出采邑制度。采邑是一種權威的改府，附隸於家中的不是奴隸是與土地共轉移的農奴（Serf）。當時貴族分爲俗教兩種，（宗教貴族卽大僧正等）都各有一處或幾處采地。每個采邑的面積大小若一村落，有田主的住房一所，應用的房屋與四圍的田地。所有的工作都由農奴去做。農的工作分爲牧羊人，牧猪人，農夫，鐵匠，獵夫等等職務。女子也有專門的工作，他們做衣服，釀啤酒，磨麥粉。農奴除爲主人奉公的職務以外仍須貢獻各種物品如麵包，蔴布，啤酒，桶，鍋，刀，鞋，飲酒用的角之類。分作在大采邑裏更爲徽細。查爾斯大帝訓管理采邑的諭旨上說：『在管家之下須有好的工人，如鐵匠，金銀匠，鞋匠，木匠，旋盤匠，製盾甲匠，捕魚人，捉鳥人，製胰皂人，釀酒工人，麵包工人，製網工人』。職業的分作從此可見一般。大寺院爲代表全國家的小模型，寺院之中各僕隸的分作已甚發達。例如 Korvei 教會寺院中在第九世紀初期已有種種的專門的工人，如麵包工人，釀酒人，鞋匠，製革匠，漿布匠，冶鐵匠，盾甲匠，製羊皮紙匠，鑄劍匠，木匠，泥水匠，石匠，鑄鐵匠，醫生之類。當時做醫生的大部分是猶太人或奴隸。

在經濟演化上最初分作的就是不自由的人或農奴。他們在主人威權之下不得不分工。在 Merovingian 時代也有不依賴莊園的工人，他們有完全的自由，做金銀匠，軍器匠，工程師，畫盾師的職業爲生。但是分作的工作大部分仍然是在不自由的人民中。據 Manrer 說在佛蘭克時代，采邑非常普遍各處，在古文書上很少提到鄉村。

從此看來中世紀初期的工作組織最主要的經濟形式與多島洲的半文明民族及古代希臘古代羅馬的情形大體上是相同的。他的情形正當第三變象。

中世紀的都市經濟

手工業的組織

以上所說正是日耳曼民族由野蠻進到文明的過渡時代。族權已衰，國家代之而興，文明與都市相並進步。

最先因爲時代不安寧，都市只在戰爭時充壁壘之用，有外敵來攻的時候，鄉村的人都退到都市中躲避。中世的都市雖然設有雄大的牆垣與壁壘。比較古代的都市向來是更自由的。羅馬的貴族住在都市裏，夏天才到他鄉村的別莊。日耳曼的貴族與此相反，他們不喜歡都市生活，住在田野的采邑或城堡裏。因爲上等社會不在都市內居住，所以都市中產出自由市民的階級，以後慢慢的得到很大的權力，將貴族的統治推倒，設立自由與平和的統治以代專制的壓迫的政治。人民脫離壓迫的越多，那都市也就越加多。

在十一世紀，十二世紀，十三世紀（特別是第十二世紀）許多都市成立。各都市中發展了高等文明，戰爭也就減少，都市變爲貿易與分作的手工業的中心。

沒有田產的階級都蜂擁到自由的都市，用他們的手藝謀生活，就中有許多工人都是以先爲采邑主人做各種專門的工作的。當時的俗語說：『都市中有自由的空氣。』自由的工人不久就成爲都市中人口最重要的部分。等到十三世紀，各種同職業的『行會』

(guilds)成立，這些『行會』最初專爲保護職業的利益，以後到發達到極頂的時代他們獲到政權，支配市政府。在中世紀的中葉及末葉手工藝變爲產業的主要的型式，這個時代在經濟方面直可稱爲手工業時代。

資本制度的早期發展

都市中除了手工業之外又有新的工作組織的形式成立。這個新形式的發展也是從舊的老的形式發生的。這個新形式就是：

資本的企業

中世紀的資本企業也同古代一樣，因爲與東方交通，有了國際間的商業才發生的。意大利各都市的商業在十四世紀已經帶有資本制度的性質，到了十五世紀，大計畫的資本式的貿易已經在南德意志諸都市立了穩固的基礎。

到了十五世紀與十六世紀，新發生的資本企業不只限於商業的企業更侵入了歐洲各國的工業範圍內。資本家最初伸張勢力於礦業，支配鑄銅，鍛鐵等產業。不久就發達了大計畫的製造所與工廠。以後印刷所，造紙廠，玻璃廠，鏡廠與絲廠都逐漸成立。一五一五年在 Uen 設立大絲廠，一六七六年在 Dresden 設立毛布廠，一六八六年在 Halle 設立織布廠。

但是製造工業一時還不是重要的，資本又趨於新的發展的一途。資本制度先侵入家庭工業，家庭工業變爲資本制度的時候就是資本家雇用許多的人在家裏做工。所謂家庭工業就是將各家中所生產的物品搜集了爲大宗的處置銷售。到了十六世紀十七世紀的時候，工人們聯合起來，將所造的物品運送到遠方去銷售。他們藉着這種辦法維持他們的自由，但是這個自由以後還是失去，自從十八世紀以後。家庭工業就成了現在的情形。（德國在十九世紀之末從事於家庭工業的仍有五十餘萬人）

我們試綜括以上所述工作組織的演化及歐羅巴各種族二千年以來自族制至資本制度之國家所經過的情形，可見工作組織都是從同樣的初級的形式發生的。歐洲各種族所經過的工作組織的形式與以前的研究亦皆符合。他的次序卽是：

一．族制　二．家庭　三．對外貿易　四．家長掌權的大家庭　五．自由的手工藝　六．資本的企業：（甲）大計畫的商業　（乙）大計畫的工業歐洲中世紀的變遷情形也是依着這個次序。新的形式從舊的形式演出，與舊的形式相融合，將工作組織更統一，就發現一個新的變象。日耳曼民族的變象可以分爲四種：

一．親族的組織，自最古歷史時代起迄於民族大遷徙時代止。就是在凱撒的時候，此項組織已漸有過渡到第二種變象的趨勢。

二．早期工業的組織（堡邸經濟）。自中世紀初期起，歐洲民族從半開化進入文明。

三．手工業的組織（都市經濟）中世紀的中期與晚期。

四．資本制度早期的變象。自近代開始至十八世紀末爲止。

自第三變象過渡到第四變象是極緩漸的，因爲早期的資本制度發生極遲緩，差不多與都市經濟正在同時。

以上所述四種變象與以前所討論的第二，第三，第四，第五，四個變象相符合。兩者雖然在大體上是符合的但是他們的大差別也不可忽略。這個差別第一就是中世紀的發展比較古代的發展更爲自由的。中世紀的采邑於奴隸之外（或竟廢去奴隸）所用的農奴雖然是與土地相連，負服役與納貢之義務，但是仍有自由的第二，中世紀都市的手工藝比較古代更爲發達。羅馬帝國衰亡的時候，被釋放的奴隸極多，並且授以世襲的租地權。以後歐洲的發展也有同樣的情形。古代的例大概以後中世紀用爲模型。總之自由工作比較奴隸工作的長處早晚必然發現的。

第六變象資本制度高級的變象

（這個變象在英國爲十八世紀之末，在德國爲十九世紀中葉。）

資本制度的開始經過極緩慢極長久的時間。資本制度最早在十字軍東征時代已見萌芽。但是大計畫的貿易在中世紀並不是重要的，就是在中世紀的末期大宗的商業也只限於（一）有限植物與南方菓物（二）乾魚鹹魚，（三）皮革（四）細布（五）酒（輸入德國北部諸國）與鹽（輸入德國各處）五種。就中鹽常是由國家直接從生產處所輸入運銷各地。即在一八二五年 Bremen 所有商船的總噸數尚不及今日一船之噸數。從此可見當時資本制度發展的幼稚。以後資本制度侵入礦業，設立工廠與製造廠，但是直迄於十八世紀十九世紀資本的企業仍然是不發達的。此後家庭工業發現，家庭工業在企業的工作中是最重要的形式，但是就是家庭工業比較小手工業與在家庭工作供給自己的需要的，爲數還是極微。

資本的組織已經存在了一千五百餘年，但是一向是微弱的，直到有新發明的時期以後，才有活躍的長足的進步。自從省力的機械的發明以後，向來先用人與動物的筋力，風力，水力，或自然的勢力的都用蒸汽代之。資本的企業從此猛進，遂成了高級資本制度的新的經濟時代。

在這個新時代裏，手工業中如製紙，製肥皂，印刷，煙草，製瓷器，製朱古力之類，最初有巨大的發展。其次發展的爲前世紀新成立的工業，如製橡皮物品，製糖，製化學藥品，及製造機器。最末，向來爲手工工作的事業如紡紗，織布，鞣革，磨麵粉，製帽，訂書，製手套，造磚，製陶器等也爲機器所征服，完全變爲機器的工業。這個機器發展的程序排擠出許多工人，使棄去原來的職業。新發明繼續不斷的發現，所以勞動與新發明的狀況永遠不能相協調。當時的情形至可驚駭，新發明幾個汽機，即可使幾千的男女工人失業，饑餓而死。不久凡可出產大宗出產的工業都變爲資本制度的商業，航業，鐵路，郵政，鐵礦，煤礦，石油礦也都變爲資本的企業。資本制度的影響使貨物的市場集中於幾個大商店與其支店，將許多向來自由的工人隸屬於一個管理之下。資本制度的影響使無數的工人在一個極巨大的企業之下分工而作。在資本制度之上，所有的機械力是空前的偉大。這樣的驚天動地的大變革不過祗費了二三十年，真是可驚。據 Pohle 的調查，普魯士工業上所用的汽機在一八三七年爲七千四馬力，一八五五年爲六萬二千四馬力，一八七五年約有六十萬四馬力。德意志全國機械工作能力在一八七九年已有四百五十一萬〇六百三十七四馬力（一馬力是按三四馬或二十個人的機械力計算）按 Sombart 的計算，在過去一百年間社會的生產力已增加五倍。德意志全國民的生產力自一八四〇年至一八九五年增加三倍。

在高級的資本制度以前，工作組織的發展好似植物的出葉吐芽，生長是緩慢的，循序的。及至資本制度大盛以後，情形完全改變。舊的形式與新的形式間有激烈的衝突，永遠是新的戰勝。我們考查那些舊的形式的運命，可以對於新的情形有一個清楚的觀念。

一．親族制度消滅無遺，代之者先有封建制度，後有專制國家。到了高級資本級出現的時候，才有君主立憲與民主兩種制度。但是族制雖然今日仍然有他的重要的職能。

如遺產與析產在現代法律上都還是按着親族的關係規定的。

二．家庭生產家中所需要的物品在產業與文明的初期是工作組織中最重要的組織。以後分工漸盛，於是家庭中有許多職能都漸失去。但是在中世紀的時候，工人在都市裏居住還可以有小塊地方種菜蔬，養豬雞，有許多副產物可以幫助生活。

資本制度致自給的家庭之死命。資本的企業的一方面係有組織的工人與機械的協作，微小的家庭遇見了這樣資本的組織簡直不能生存。於是遂開始家庭經濟的新紀元。這個新紀元與個人生產相反對，此時的生產並不是爲供給個人的需要，乃是爲長於製造，爲巧妙的分工；所造的物品大部分只爲交換之用，不是爲自家的需要。數百年來家庭在工作組織上的位置現在完全失去。個人生產完全爲商業的生產所代。紡紗，織布，裁縫，製麪包，屠牲畜，造胰，造臘燭，釀酒等生產先後都脫離了家庭工業而變爲合作的生產了。

家庭中的工作向來大部分是女子做的，女子因資本制度的發展就失去了以先的職業。近代女權運動的主要原因不得不說是由於資本的組織的結果。因爲現在的婦女因分作的結果不得不脫離家庭，投入工商業界去做事。

三．封建式或采邑式的生活早已衰微因爲都市的發展消滅更速。以先依賴封建主的奴僕，脫離嚴酷的主人逃入都市獲得自由因此各大田主知道要維持他們的奴僕必須改良他們的生活，奴僕的生活情形於是大進步。等到農奴制廢止以後（廢止農奴制的時期奧國爲一七八一年，法國爲一七八九年巴顛爲一七八三年，普魯士爲一八〇七—一二年，）封建制度遂完全消滅。現在封建制所存的殘跡只有限嗣相續財產與長子相續權兩種。這些大宗財產不是專爲供給自己的需要，也與世界一般一樣，是爲商業之用，供給世界市場的。

四．有許多經濟學者，以爲資本組織的急速的進步，實與自由手工業一大打擊。毫無資本的小工業一遇見資本雄厚的大企業，勢不得不屈服。鞋匠用錐鎚忙迫的工作，而近代的靴鞋工廠所用的機械不下三四十種。鎗械廠所用的機械在六百種以上，火柴廠所用的機械也有十六種。一架紡紗機的工作能力可以抵一百個紡織工人。因爲機械有這樣的影響所以許多種職業都消滅，例如紡紗，織布的手工業已完全滅絕，而鞣革與製皮的手工業也快失傳。有些種工業，雖然是工人自己在家中工作，將工作的成績銷售，但是他的工作上最重要的部分還須靠着大計畫的製造廠。例如造鐘表，造鎖鑰，造靴鞋，都是如此。有些種工業如鐵匠，造車匠，竟退出都市，在鄉間工作。以先行業的規則不許工人在鄉下工作，只許在都市工作，但是現在德意志在鄉間的工人竟有六十七萬五千人，就中百分之五十都是獨立的工匠。從此可見在十九世紀的初期有許多工業雖然被淘汰，但是工人的數目並不見減少。

工人也有在都市裏變為小資本家，做零賣或批發的大工業的。也有變為工廠的助手的，但是大部分都降為無產階級，他們靠着零碎的工作，或可以辦到的副工業，勉强維持餬口。

因為新的發明不斷的發現，這樣的變化的程序永遠不絕。從此看來五百餘年以來在人類歷史占重要位置的手工業的前途甚為黯淡。

五．以前所述的各種工作形式都為資本制度所降伏，現在資本制度日進不已，所以一切福利都為資本制度所左右。但是國際貿易（輸出與輸入）與國際的工作組織的情形與此正相反，他們在資本制度發達的期間發達最速成功最大。

一百年前輸出入的物品大部分都是些奢侈品現在因爲工商業的發展，這些奢侈品都變爲必要品了。現在各國輸出或輸入咖啡，茶，蔬菜，可可，煙草，棉花，羊毛、絲綢，石油等物品都視爲當然所以農業上與工業上的分工更廣大文明最高的國家必須依賴國外所產食物之供給。

現在全球的人民藉着日常的交易聯合成爲一個大的工作組織。各國按着地理的位置，氣候或文明生產最適宜生產的物品用爲交換。這樣的現在我們因爲國際貿易的重要已漸成了世界經濟的情形。

七. 第七變象晚期資本制度（一八八一年以後）

康德曾說：『進步越快，那變象所需的時間亦越短。』用工作史可以證明這話是不錯的。親族組織大概經有數千年的長久，都市經濟至少也有五百年。德意志高級資本制度的變象，按德國關稅同盟的成立計算，也不過是在一八三三年才開始。但是新的變象日漸迫近，現在已經到了晚期的資本制度變象了。

每個新的變象出現必須有一種新的組織形式發生。資本制度晚期的變象大概用社會化的營業革新工作組織的全體，改變他的形式，正如同他已經改變了資本企業一樣。

社會化的工業

社會化的營業有兩種形式，卽國家的與合作的兩種。

(甲)國家營業　所謂國家包括省，縣，市，鄉各種政治團體而言。國家營業也是資本的企業，但是與資本的企業的不同的，就是國家營業是以社會的福利爲主，不是謀個人的福利，因此可以稱爲社會化的營業。國家營業廢止個人間的競爭，而代以官吏式的管理。第二不同之點就是官吏在做事上有利益，並且可以得到養老年金，這些都是資本企業所沒有的。

以先希臘與羅馬就是在經濟最高發展的時候，也沒有國家營業。由國家的奴隸所服役的鹽場與礦山，乃至徵收各種租稅，雖然爲王家的特有的利益，但是也都委託人去包辦。市政事業差不多都是由市政府租給中間人去承辦。古代沒有國立的學校。羅馬許軍人去做公家的事務，在新占領的國家裏軍人受命去修路、造橋，建築壘塞，燒磚，砌石，開墾種種事業，以防止他們懶惰或變爲不服從的。在中世紀的時候國家的勢力微弱還不能解決經濟問題。

等到政治生活的勢力，秩序與範圍擴充了發展了以後，這個情形完全改變。近代國家支配貨幣租稅森林各項事業並且强迫兒童受教育。國家更組織大計畫的保險事業，如德意志在一八八三年成立衛生保險，一八八四年成立災患保險，一八九〇年成立殘廢與老年保險。在十九世紀之末保險事業發展極盛。此後國家更設立儲蓄銀行，火災保險事業，孤兒院及其他慈善事業。國家爲婦女與兒童設立工廠法規，保護他們的健康，爲工人設立法規防止工業上的災患。修街道，掘運河，築橋梁，設育嬰堂，瘋人院，博物館，圖書館，等事業，又如設備路燈，清理街道，市街鐵道，煤氣，電氣，自來水，溝渠諸種事業現在都歸國家或都市經營的。近代國家有對於製造煙草，銷售酒精爲專有的事業的，也有將礦山鹽場收歸國有的。

有些極重要的事業如交通事業，鐵路，郵政，電報，電話現在都歸國家經營。管理這些事業須有無數的官吏，現在官吏的數目日益加增，其數直可使中世紀喫驚。按德意志帝國的統計，一八八二——一八九五年間，新職業發生四千一百一十九種，就中有强半（卽二千〇七十九種）爲屬於政府的職業。一八九四年只就服務於郵政的職員計算已有十七萬四千三百九十八人。

國家的經濟活動有如此的大擴張，是很容易了解的。國家在人類的各種組織中是最强大的，因爲他是最大的資本家，所以更是自覺他的勢力。將來再新發生的、更大的問題大概只有偉大的國家可以解決。以先所有大的企業都是私人資本家創出的。但是因爲這些大的企業加大，資本更加雄厚，那服役於大企業的職員都更願意服役於大的公家營業機關或合作的團體，不顧服役於小的私人的會社。國家的企業（包括省，縣，市鎭諸種營業在內）漸起與資本的企業相競爭，以後逕取資本的企業而代之，正如以先資本的企業取舊式組織而代之一般。如近代鐵路收歸國有就是一個顯明的例。

現在我們有私人企業，資本企業與國家企業三種變象。

組織擴大了以後，勢必至趨於合併。私人的利益聯合爲龐大的會社，（如 Syndicates,

trusts, rings）因爲現在的生產方法不能不產出這樣的合併聯合的事業。但是我們又恐怕這些大的私人企業有壟斷專利的危險，所以這個問題早晚一定須國家解決，國家須管理這些私人的大企業。資本與勞働大衝突的時候，常影響及於社會上幾千幾萬的人，國家對此勢不能袖手旁觀。國家對此最初不過是規定法律加以監督，以後更須有積極的干涉。今日新發生的問題四面八方的來壓迫國家，都須他應付。我們現在顯然是在新的變象中，至於將來這個新的發展何形式，我們還不知道，只可懸揣罷了。

（乙）除了國家營業之外，合作的組合也屬於社會化的營業　因爲合作的營業，不是爲一個資本的企業，不是謀私人的利益，乃是爲所有的股東謀公共的利益。國家營業的組織是由上而下，而合作的事業則靠着自助的，以個人的動力爲基礎，由下而上。最初的合作會社是在英國成立的。一八四四年在一個很小的市鎮名 Rochdale 的，出現小的合作社。當時只有社員二十八人，每星期所賣出的只有二磅，所有的資本爲二十八磅，現在這個合作運動極盛，合作會社總共有股東二百萬人，所動用的資本約有二千五百萬磅，每年賣出額値五千萬磅。只就英格蘭與蘇格蘭的合作會社而論，他們的賣出額已有二千五百萬磅，英格蘭合作會社所有的工場專供自己應用的物品每年值一千萬磅。在比利時與其他國家合作事業比較合作事業產生地的英國更爲茂盛。

我們追溯以上所述的線索，可見此後變遷必仍日進不已。今後將成立新的工作組織，正如同貿易與資本的企業成立爲新變象的一樣。按這個意義解釋，我們可以稱現在的變象爲早期社會制度的變象。在這個變象裏，社會化的事業日益重要，將來或可發展爲工作合作的高級的形式，但是關於這個形式，我們現在還不能預測清楚。

第二章　工作組織的構造

前章所述工作組織的形式共七種。按出現時期的先後可排列如左：

一．族制，工作，食物與土地都是共有共用的。

二．家庭，按性別不同分別工作，卽夫與婦間的分工。

三．對外貿易或對外的工作組織，加以近處的生產的分作。

四．大家庭或采邑制度，加入奴僕爲擴大的家庭。

五．自由的手工業，凡不屬於資本組織的，自最簡單的家庭工業至有技巧的工人，一切不分作的工作都屬此類。

六．資本的企業，企業家與許多的工人（自由的工人或奴隸）相聯合的工作組織。

七．社會化的產業，這個產業的體積與資本兩方面與資本的企業相同，但是不同的，就是這個產業是謀公共的利益，不是爲個人謀利益。國家的產業，地方的產業，合作的產業都屬於此類。

各經濟階級的工作組織都是由以上的成分組成。每個新的階級都是改良舊的形式，融化新的形式（並不是必須有破壞的或激烈的改變）成與高等的活動。他的生長好像一株棕樹，生了一葉以後更有第二葉第三葉發生。必須有許多的大葉長成了以後，低下的樹葉才慢慢的乾枯脫落。所以工作組織全體的發展可以表示如下：

第一變象：　甲。

第二變象：　甲十乙。

第三變象：　甲十乙十丙。

第四變象：　甲十乙十丙十丁十……

這樣繼續的發展不特限於工作組織，社會上各種變遷都是如此的。例如食物的生產最初是遊獵與採集野生植物，以後人類知道捕魚，牧畜與高級農業的時候，並不見得將遊獵與採集植物廢棄。現在的人還到森林裏去打獵或採收野菌菓實之類。但是在舊的形式與新的形式相連的時候，那受淘汰的常是舊的形式。

工作組織的形式的進化並沒有像算學公式那樣的精確。新的形式影響舊的形式也有好的也有壞的。有些形式盛行一時，以後就停滯或受淘汰，完全消滅，而其他形式則經過發展愈益有力。

看下表可以明白各種組織所經過的變象的情形，有盛有衰，有時將他們的功能傳遞於後繼的組織。

時期	第一		第二		第三		第四
社會事業7.	—	—	—	—	—	—	開始
資本企業6.	—	—	—	—	開始	突然大發展	最盛時代

	自由職業5.	大家庭4.	對外貿易3.	家庭2.	血族1.	民族	變象
I	—	—	—	已有	已有	只剩幾個種族了・如澳洲土著	血族早期
II	—	—	開始	有強烈的變革	在耕種低級時代最盛行	獵人・牧人・印第安遊獵農夫等等	血族高級
III	開始	開始	稍稍進化	突然發達	將趨消滅・代之者有村落與部落	多島洲人・非洲人中古的日耳曼人	工業早期
IV	已達高點	已達高點然後降落	發達後成爲國際商業	已達高點乃漸降落	完全消滅（此時國家已完成）	古代的希臘人與羅馬人・中級與晚期中世紀的日耳曼人	工業高級
V	漸漸降落	漸漸降落	不絕的前進	漸漸降落	—	最盛時代的希臘人和羅馬人・十六至十八世紀的歐洲民族	資本早期
VI	大退化	消滅	突然發展	急速退化	—	歐洲民族自十八世紀末開始	資本高級
VII	大退化	—	不斷的增進	退化	—	歐洲民族自十九世紀末開始	資本晚期

如此表從上往下讀可以看出各種組織的變象的經過

文化階級	副階級	代表的民族	食物	工具	工作的組織		
					工作組織的形式與體積	分作	合作
I. 野蠻	(甲)低級 原始時代	已滅絕,尙未發見	自然的食物，採集野生植物，遊獵捕魚	原始的木製與石製工具	1.早期宗族變象自給的	沒有分作	—
	(乙)中級 低級遊獵	澳洲土人,布須人,火國人，愛斯基摩人等，沖積期人	自然的食物，採集野生植物，遊獵捕魚	古石器時代	2.晚期宗族變象擴大的族的經濟	男女間的分作	自然經濟
	(丙)高級 高級遊獵	北美遊獵民族	自然的食物，採集野生植物,遊獵,捕魚	古石器時代	3.晚期宗族變象擴大的族的經濟	男女間的分作	—
II. 半開化	(甲)低級 牧畜與低級農業	亞洲非洲的游牧民族,紅印第安人,農業民族有馬來人等	用藉着耕種(耙耕)與牧畜得到人工的食品	新石器時代 (陶器，紡織)	2.晚期宗族變象擴大的族的經濟	男女間的分作	—
	(乙)高級 高級農業 (到文明的過渡,半文明的國民)	大洋洲非洲的農業民族，荷馬時代的希臘人，諸王時代的羅馬人，中世以前的日耳曼人	藉着耕種（犂耕）與牧畜得人工的食品	— 過渡到	3.早期工業變象 堡邸的與鄉村的經濟	男子間分作的開端	自然貨幣經濟
III. 文明	(甲)低級 低級文明	古代美洲文化，阿蘇利亞巴比倫尼亞人埃及人中國人，梭侖前的希臘人，布匿克戰爭前的羅馬人中世的羅馬日耳曼人,	園藝 鋤耕	金器時代(赤銅,青銅,鐵)	4.高級工業變象都市經濟	男子間的分作	貨幣經濟
	(乙)中級 中級文明	梭侖以後的希臘人布匿克戰爭後的羅馬人，十八世紀以前的羅馬日耳曼人	園藝 鋤耕	金器時代(赤銅,青銅,鐵)	5.早期制資本制度的變象，國民經濟的開端	男子間的分作	—
	(丙)高級 高級文明	十八世紀十九世紀的羅馬日耳曼人	商耕	機械時代的開端	6.高級資本制度的變象，國民經濟	女子分作的開端	信用經濟
IV. 新時期 (社會化?)	(甲)低級 低級的社會化	本世紀的民族	—	—	7.晚期資本制度的變象，國際經濟的開端	—	—
	(乙)中級	—	—	—	—	—	—
	(丙)高級	—	—	—	—	—	—

例如在1項族制在遊獵，牧畜與低級農業卽已存在。在農業低級，族制卽發達到最盛之點，到了第三變象卽高級農業級族制卽衰敗了。在文明初期卽完全消滅，或消納於村落社會與部落聯合；他的職能一部分爲村落或部落取去，一部分爲家庭取去。又例如家庭一項在第四級也達到最盛之極點，以後也漸漸衰落。到了現在退化的狀態。

如自左向右讀此表，我們可以看出在每個發展級上工作組織全體的情形。例如在第七級（卽資本晚期級）族制與大家庭制已經消滅。最古的家庭與自由的手工業因資本制度發生也漸變衰微，失去許多固有的職能。國際貿易，國際交通在此級中常擴充進步，新的組織形式有社會化的產業發現。

試總括以上的情形兩個變象可併爲一個時期。今依序表出如下：

第一時期：親族制度。

一．第一變象，早期族制的變象（自給的遊徙的羣或親族的組織）

二．第二變象，晚期族制的變象（擴大的親族組織）

第二時期：工業的組織。

一、第三變象，早期工業的變象（采邑經濟村落經濟）

二、第四變象，晚期工業的變象（城市經濟）

第三時期：資本組織。

一、第五變象，早期資本的變象（國民經濟之開始）

二、第六變象，高級資本的變象（國民經濟）

三、第七變象，晚期資本變象（世界經濟之開始）此項變象大概將為將來第四時期的基礎

各種組織的團體

我們以上所述完全是從社會變形學的立足點，覺察工作組織的發展，從族制最簡單的時代，追溯到晚期資本級。我們所研究的工作的變象學（Phraseology）不過是片面現在還要詳細討論。但是在詳細討論之先我們先把眼界擴大，討論維持這些運動，組織這個運動，推行這個運動的人。

所有有組織的工作都是合作的，或分作的，或合作與分作相合的。我們現在要研究

做這些組織的是那些團體或是那些社會單位。

我們用上文所列的表研究這個問題所有的材料，我們相信爲組織的勢力的有兩種結合。這兩種結合就是：

一．社會的結合

二．家庭的結合

就是在最低的文化級這兩種結合也已經發現爲族與家庭。

現在先討論社會的結合。社會的結合逐漸擴張發展。人類在最古的時候散居各處爲小羣，沒有結合的系通。以後有幾個小羣相聯爲一部落，許多部落相合爲小國家，幾個小國家成爲大國民。

從小羣到國民的長久的進化上，發展了以下的工作組織的形式：

一．最初爲親族的聯合，族的範圍以外沒有社會的結合。

二．在第二變象時因爲與鄰近小羣有平和的交通，所以發生對外貿易與對外的工作組織。

三．在第三變象時，自族制過渡至權威制度已經完成。在過渡期間內，有些民族的社會的結合非常强固，足以戰勝鄰近的部落，將俘虜變爲奴隸，以後將這些奴隸加入他們自己的社會的結合成爲低級的社會階級。部落相合，村落出現。此後就生兩種新的工作組織的形式，卽釆邑制與自由的手工業。第一種形式是從家庭發展出來的，以後再詳細討論。自由的手工業發源於社會的結合。他是經濟的分作最早的表現，必須在社會的結合中人數衆多時才發現的。在只有二三十人的社會裏，專門的工業不能蕃昌。因爲各專業的人沒有多數顧客維持他們的生活。在村落社會的社會的結合中所容的人數衆多，所以最早有工業的分作，從此自由的手工業可以根深蒂固。家庭在這個階級仍然是重要的，因爲手工業常是世襲的。

四．在第四變象時，許多的部落成爲國民的大政治團體。最初的國家極小，現在容納多少人民可以有完全發展的機會，在前期開始的工業的分作更爲發達，所以不必有新的組織，卽可成爲一個新的經濟變象。

五．在第五變象卽早期資本級，藉着征服或經濟的關係成了更大的團結體。無論是征服或經濟的關係都是便利資本企業的發展，大計畫的工業因爲有擴大的市場所以發展可以獲利。資本企業與自由的手工業相同也是社會結合的結果。我們以後要討論家庭對於這個變象發展的影響。

六．在第六變象時，資本企業漸漸特出於其他組織形式之上。現在社會的結合逐漸擴充，已包括全世界。

七．在第七變象時，卽社會化的營業。社會結合的勢力與範圍在近代國家中非常擴大，所以可以取資本家私人所不能支配的事業歸社會管理，社會變爲直接的組織者。供給的組合當然是社會結合所產出的。

七種組織形式中有五種是完全或大部分由於社會結合而成立的。

從血統的關係產出族制。

從族的結合乃有對外貿易或對外的工作組織。

在部落與小國家內乃有自由的手工業出現。

從國家的結合乃產出資本的企業。

在現代國家內乃發現社會化的營業。

家庭的結合只有家庭與大家庭兩種形式，他的重要遠不及社會的結合。但是在高級的資本級成立之先，家庭的結合在工作組織的發展上是最重要的。在長久的時期內是非常有力的組織形式。一方面家庭經濟與個人生產是相合的，他方面社會的結合與外來的要求是相合的。

因爲這個緣故，所以家庭的結合與社會的結合立於相反對的地位。一種進步就是旁一種退步，所以在歷史上這兩種的組織團體是不斷的相爭競，這個競爭在社會研究上是極可注意的，從上表可以看出。

在最早的變象的時候，這兩種組織形式中那一種是更重要的很難說定，大概在牧畜民族中，家庭是更重要的。

等到農業的低級的時候，族又特別發展，達到極點，結果家庭的經濟職能有許多移轉到族裏。族中的人共同飲食，耕種田地都通力合作，收穫也按個人的需要共同享用。有時家庭衰弱甚而至於夫婦都不同居（例如印第安人，馬來人）各人都屬於原族內，按經濟的意義看來，家庭衰微與不存相等。

社會的結合茂盛了若干年以後又見衰微。在第三變象時，族制退步，威權制度取而代之。此時族制滅絕，國家尚在幼稚期間，社會生活正在過渡期間。社會的結合仍然微弱，家庭的發達遂臻極點。家庭獲得族的種種職能，團結家中各員更加入奴僕（拉丁文僕役爲 famulus 此卽 familia 的字根）家庭的範圍益加擴大。於是遂變爲采邑制度。

在都市發達時代乃至高級期資本的變象以前都是采邑制度發達時代。但是因爲社會的結合勢力又漸盛，於是大家庭制漸衰。此時家庭中各種工業，如製麵包，釀酒，裁縫漸漸都變爲大計畫的專門的工業生產。此後卽爲早期資本級。早期資本級最初雖然沒有大影響於家庭工業，但是現在迴顧當時情形，足可以看出家庭工業受淘汰的情形了。

在高級資本制度盛行的時候，這兩種組織間的競爭漸得解決。資本企業因爲機械的發明益加擴大，以後家庭小工業遂完全爲大資本企業所淘汰。商業的生產代個人生產，而工作的聯合在此時期發達爲亘古所無有。

社會的結合雖然壓倒家庭的結合，但仍未能完全壓倒。有些經濟的職能如洗濯，烹飪，仍然屬於家庭生活。社會的聯合所需要的金錢仍是存在家庭而不存在社會的結合的手裏。要使資本的企業可以繼續發達，必須使財產的遞傳屬於家庭的遺產，保持後裔的福利。但是因爲工作組織大概仍保持他向來所有的情形，我們想家庭的經濟職能有大部分要爲其他組織所代替。將來家庭所餘惟一最重要的分作的職能只有生殖一事。

第三章　分工之發達（分作）

緒言

上文雖已屢次論到分工，但分工値得特別成立一章，從一個新的立足點研究勞働。分工是一般的根本原則，不僅人類文化的精神方面，即生物的性質也都是按着那原則發展的。植物或動物發達愈高，則其有機體中爲特別的職能而發育的特別機官也就愈多。動物界之最低級是只有一個機關的。例如變形蟲（amoeba）就是。這個變形蟲在顯微鏡裏看來是非常微小，無定形的，但是同質的。用光力最强的顯微鏡可以看出胃部與他的透明體，但是大體上還是同質的。這個微生物動的時候，不過就是變他的形像，身體之一部前進，而他部隨之。他的生殖不過是分裂爲兩部分，沒有分工的機關。他的營養不過是吸收或同化小物體。他的吸收食物的機關，也是他唯一的感覺機關，也是消化的機關——所以這樣多的職能，祇有一個機關，若進到有機體的階級愈高，則構造愈複雜，各個機官間的分工也愈見精細。譬如蛆蟲或有殼蟲類，身上已有特別的機官專司行動，消化，生殖，又有感覺機官，握取機官，保護機官等，如一蟹以其脚司捕獲，咀嚼食物，又用他行走。蟹與鳥類或乳哺動物比較起來可謂極低。卽最高發達的動物，分工也還是逐漸增進。如猿猴，尚是四肢司行動的，到了人類，上肢與下肢便嚴格的分爲握取機官與行動機官了。甚至兩手也各有專司，右手所賦與的功能又與左手不同。

今如以原人的部落與近世的大都市相比較，便知其分工程度差異之大，正如變形蟲與乳哺動物相比較的一樣。部落是一個小而同質的羣衆，所有的人差不多都操作同樣的事業，而都市是以百萬計的人口，分爲幾千百種極不相同的職業。在動植物中，既可以用分工測定他們的發達程度，測量人類社會的文化程度也可以用分工爲極精細的標準。

現在用分工的標準可分勞働歷史爲三個時代：

一．第一時代是性別的分工——男女間的分工。性別的分工與族制的時代相終始的。

二．第二時代爲男子的分工，而婦女尙沒有分工。這個時代，包括產業的組織及資本制度的組織時代之開端。

三．第三時代女子也開始分工，與高級資本制度程序並立。現在正是第三時代的開端。

我們現在按着變象學的研究法分別這三個分工時代。

第一時代——性別的分工

（a）遊獵民族的性別的分工

在我們所熟知的最低文化階級上之遊獵民族中，祇有一種分工，便是性別的分工。男子是獵夫與戰士，他備辦動物的食物，製造武器與器具，供遊獵戰爭之用，教育達到一定年齡的兒童。

因此一切其他的勞動，都歸婦女。她的勞動，是極繁重的，補充男子的工作。男子備辦動物的食物，婦女就在山林中採集菓實樹根等植物的食品，搬運柴水，取火，建築及拆毀茅舍，調製獸皮，縫衣服，旅行時她負載全體家庭及幼小兒女。此外她自然也要生育兒女。生育在自然民族中佔極長久的乳哺時期（平均約有三年之久）。

Eastman夫人說：『Dakota族婦女的工作，是無窮盡的。她須造夏季與冬季的房屋；她在春季剝削樹皮造夏季的房屋，冬季的房屋，則縫小鹿皮為之。她製皮革以做其家族的外衣，鞋及脚絆。此外她還須注意其他事務。如果她生了小孩，她自己仍不得休養，必須為其丈夫搖船。須將其萎弱的身體與苦痛忘記。』凡屬於男子之行為範圍，都嚴行拒絕她加入，因為習慣與迷信是如此的。Bonwick說：在現在已絕滅的達斯曼尼亞民族中『男子祗籌備袋鼠所能供給的食物，而婦女須攀登樹上以捕袋鼠，挖掘根株，入海捉捕蚌蛤與魚，此外還須看護及教育小孩。』在愛斯基摩人中『男子須製獵器，造船，婦女則用皮革包裹船隻。男子從事漁獵，如果他已將其捕獲物捉到，便不管了。卽將海獺從水中拉出，他都以為是可恥的，女子從事屠宰煑飯，剝洗皮革，用做衣服鞋靴。所以女子是兼作屠夫，硝皮匠，鞋匠，裁縫等職。建築及修理房屋與帳幕也都是女子的事。採取木柴是男子的職任。但搬運石頭又是女子應該做的。即石重壓背男子也是冷淡的旁觀的。』在行軍旅行或遷徙的時候，婦女如騾一般，駝運所有家中的財產：『Abipones 人把一切行李，弓矢箭袋，及所有的家具，罐，瓠，壺，織布機等等都交付婦人，他們祇負一枝鎗出發以便專預備着去戰爭或狩獵。』

總而言之，婦女在這個文化階級上，當視爲特殊的負重者。Dobrizhoffer 以爲這個是因爲男子出發時，必須使手空閑以應付狩獵戰爭。但是這個理由，祇有一部分是對的。如愛斯基摩的男子，不肯從水中拉出被擊中的海獺。Hearne 說 Chippeways 人：『如果男子打死了一個大獸，便打發婦女去載回家來。』並且在極平安的時候旅行，又毫無打獵的機會，也祇有婦女負重載，而男子『毫無負擔的徐步而行。』所以有這個現象的主要原因，一定是因爲男子怠惰，女子之地位卑賤。

★　　★　　★

以上所舉的例，可增加無數。從此可見男女的勞動是有嚴格的分別的。這個分工，因習慣，成訓與宗教的迷信，更變爲固定的，男子以『做女子的工作』爲恥辱。以後奴隸工作也是一樣的爲自由民所賤視。婦女是弱的分子，反須擔任一切艱難的，辛苦的，及無人感謝的工作，這是極不通的。但是女子是被看作被虐待的，受侮慢的，負重的與工作的動物。男女間這種野蠻的關係，實爲動物界獨一無二的現象，但是從經濟方面看起來，卻是容易明曉的。男女以性別的分工，彼此相輔助，在經濟上成了相倚賴的關係。强的分子，因爲這種關係，甚爲有利，但是弱的分子，勢必受男子的支配。而且這種支配關係，也現於原始的婚姻與家族。婚姻關係，本來不過是奴隸制的原始形式——以婦女爲奴隸，所謂奴隸，當然不能按後來文化階級的嚴格的解釋。

* * *

男子在這個階級上還沒有分工。偶然間或選出酋長，在戰爭時負指揮之責，但隨時可被撤職，並且威權也很小。此外又有巫醫，與神靈直接通往來，能救治人民的疾病。但是全部落最有勢力的人，要推年老的猛勇的戰士。後來君主，僧侶，及奴隸之特殊狀況，早已隱約見端於遊獵民族之酋長，巫醫，及婦女三種人。

（b）牧畜民族與低級耕種民族

如上所述，在遊獵民族中原始的性別分工，是男子備辦動物的食物，女子於其他多數工作外，備辦植物的食物。從狩獵與採集植物，可進到兩種人工的食物生產的路途，卽飼畜與農業。一個民族，從倚賴自然的食物進到飼養動物，男子便由獵夫變爲牧人，便成了人工的食物生產者，而婦女仍處於舊時的原始狀況下，採集植物，補助食品。但是，若野蠻與文明的過渡是由爲人工的生產食物（耕種，）男子就仍舊是獵人與漁人，而婦女便變爲人工的食物生產者。由遊獵變爲牧畜正如由採集植物變爲農業。所以說男子發明了飼獸，女子發明了農業，是不錯的。

因此牧人與低等農夫的性別分工容易了解。最初原始的分工形式，卽男子備辦動物的食物，女子備辦植物的食物，尙沒有什麼改變。在遊牧民族中，飼獸是男子的專門職業，獸羣便是男子的財產，關於獸羣之看護，飼養，嚴禁婦女干預。而婦女所擔任的一切工作，與在遊獵民族中一樣，就是備辦植物的食物，建立與拆毀帳幕，及一切不愉快的而且費力的事務。在低等農人中，農業也一樣是女子的專門職業。男子（至少在屬於此類的大多數的印第安人中）不與聞此事，但是與遊牧民族不同，仍舊在低等生產階級上從事漁獵。這個分工的原理，也極嚴格的通行於牧畜兼農業的民族中。在牧畜兼農業的民族中，農業更是婦女的專職，因爲一切關於畜牧的事業專屬於男子，嚴禁女子參與的。這種分工，對於牧畜與低等農業民族的女子的社會位置，有重大的影響，詳細須留在他處分別討論。

第二時代——男子間的分工

我們從遊獵，畜牧及耕種的印第安人的文化階級，進到大洋洲人與亞非利加人的文化階級，則除去性別分工之外，更有內部分工之較高形式，這便是男子間的分工，社會中職業的區分。在以上所述的民族中，一切男子有同樣的職業，狩獵，戰爭，牧畜，製造武器與器具。所有的男子是同質的。這個分工的程序在多島洲人，亞非利加人，荷馬時代的希臘人，初代羅馬人及 Tacitus 所稱述的日耳曼人中都是同樣的。他的發達的次序，可分作以下的三個分級：

(a)在半國家或半文明的民族中最初的職業區別。
(b)文明民族的更發達的職業分工及
(c)在有資本制度組織的民族中的分工。

這第一分級，完全與我們最初工業的狀態相合。第二分級與市府經濟相合。第三分級與初期及中期資本制度的時代相合。這個我們早已知道，不必詳敘。

* * *

一. 分工的繼續的增進

如果我們就大體上觀察分工之發達，便看出他是一級一級的向前增進，成為更精細分支的制度，而且對於勞動組織的全體成為更重要更有意義的要素。

(a)最初的分工在經濟生活上尚不大佔優勢，私人生產受他的影響甚少。大多數分工者，為私人工作場（即大家庭）的奴隸。這些工作場是互相獨立的，自足的，但是自由獨立的手藝人，沒有職業可找，因為當時人類的要求，大概家庭的經濟足夠應付了。

(b)在與銅器時代相當的文明階級上，小工分工的形式發展極高。使秘魯人，中國人，日本人，埃及人，印度人，阿蘇利亞，巴比倫人等民族之技術，高出於一切自然民族的，直接的是由於小手藝人的發生，卽自由的及不自由的職工的發生。在這些民族中，處處有許多市府爲分工之保障，一切專門家的勞働者，自小手藝人以至彫刻者，醫生，詩人，哲學家，皆以此爲集合點。這個表示勞働組織已進入一新時代。古羅馬第二代的王Numa Pompilius爲吹笛者，金工匠，鐵匠，漂布者，染匠，陶工，木匠，鞋匠等，設工會。這些職業以後更分。在凱撒時代，商業達於極盛時代，如鞋匠便分別爲草鞋匠，靴匠，拖鞋匠，女鞋匠等專業；銅匠更分爲鑄鍋者，製高燭臺者，製燈者，製砝碼者，造甲胄者等專業；鐵匠也有鎖匠，刀匠，鐮匠，磨刀匠四種。在中古時代之市府經濟中，專業之發達復興，幾完全與古羅馬相同。

（c）男子分工在資本制度的組織中始達到最高點。以先專門的生產事業與工業的組織相競爭，勢不相敵，常遭失敗。現在資本制度全然排斥了私人企業，將阻礙專業聯合的情形完全剷除。資本制度，遂決然戰敗私人生產制度。自資本主義佔優勢以後，分工變爲極精細的，產業遂成爲極宏大的分工的協作的機關。千百的勞働者，與極有力的機械相合爲極複雜的組織，好像一個有智慧的妖怪，能做出極偉大的工作。不特此也，分工更侵入私人的經濟生活，與沒有職業區別的人羣分工進到更繁夥，更精細的程度。一八八二年，德國的職業調查有六一七九種業職。至一八九五年，其數已增至一〇三九七種。祇就電氣工程而言，已發生二十二個新職業名稱。製造的職業，大概已從二六六一種職業增到五五〇六種；就中屬於公家服役的職業有二〇七九種。

* * *

二、經濟的與社會的分作

我們從社會的單位（部落，）推到大國家的有機體的演化的次第，便看出經濟的與社會的分作（換言之，即職業的組織與階級的區分）是常常相混合的兩個現象有相互的關係，但在這個關係中，應該以階級的區分為最初的勢力，不應該以職業的組織為最初的勢力。

這個事實可在職業之起原中看出。非洲的形式，是代表演化中的一分支，循另外一條途徑。如果我們將非洲的形式除外，專考察其他升進到資本制度的民族，就看出職業區分不是階級區分的原因，乃是他的結果。最初因為戰爭，遂發生主與奴的社會分別，以後在奴隸階級，又因各種不同的職業造成經濟的分別。最初有技巧的工人是不自由的，是被他們主人强迫從事的。並且最初自由的工人也是無產業者，殘廢者，外國人。他們因爲生活困難，所以肯讓任何可以給他們報酬的人隨意處置，爲他們服務。所以在最初的時候，階級區分是首要的原動力，職業區分是次要的原動力。

在低級文明所發達的職業程序中，階級制度已大發展，往往凝結成一個頗强硬的族藉，（喀斯德 Caste）制度。據 Herodotus 說：埃及人曾分爲七個族藉。據 Diodorus Siculus 說：埃及人曾分成了五個族藉。秘魯國族藉的畸形的發展，成爲一個大家庭，膨脹成爲一個帝國。古代的日本人，中國人，也有族藉。印度人族藉是最嚴格的，他的族藉制度在主人翁的僧侶階級之勢力下，長成一個瑣碎繁雜的而且極頑固的怪物。在階級制度之下，選擇職業不是按着個人的天才或嗜好，功效或報酬決定，都是由家世、郎按着各個人所屬的階級決定。這種原則，我們也發見於希臘人與羅馬人中，自全中古時代以至於今日。都勵行此原則，不過現在漸衰微了。現代社會關於職業選擇的標準，雖沒有法律的限制，然究竟是依賴家族之社會的地位，與金錢的勢力，所以職業選擇縱有一切法律上的自由，還是常受階級關係的限制。

一般的見解，以爲階級的區分，是分工的一個結果，這是不對的。從勞働歷史的開端看來，就可見不是如此，實與之相反。試祗觀察最近百年內的勞働史，也必得同樣的結論因爲在過去百年間，經濟的分工，有空前的進步，但是在同時期內，階級制度的衰微與階級的趨於平等，也是空前的。

我們仔細研究階級與職業間的密切關係，便可知這發達的情形。如上所述，一切勞働組織，都是由兩種不同的人羣組織創立的，即由社會的結合與家族的結合創立的。家族團體，祇由自己的力創立家庭與貴族的大家庭（即堡邸的組織Manor）兩種組織形式，但是因爲世襲的職業與世襲的財產因爲產業的與資本的組織，又使家庭鞏固。由是可知各階級制度或族籍制度，是起原於家族團體。族籍與階級祗有在一定的家族中一代一代的遺傳某種不爲其他家族所有的特權（大概是關於品級或財產）才能够存在。因爲在實際的，或歷史的意義上，確沒有族籍或階級是由人的各種努力所創造的。職業與階級間的關係，及兩種關係的原則（這個原則，就是選擇職業不是按個人的才能，却按所屬的階級）可以解釋家族團體在勞動組織上所生的關係。並且還可以解釋爲什麼近來分工雖然增加，而强硬的嚴格的階級制度反趨於消滅。因爲在分工上，家族團體在經濟的及社會的方面漸歸衰落，而與族籍與階級的性質不能相容的社會的結合反漸形强固漸勝過家族團體的勢力。

* * *

三．男子的分作與文明

男子的分工，不但在經濟史上開一新紀元，並且在全體文化史上開一新紀元。一個新的文明的世界從此成立，使文明民族與自然民族相分離。因專門的職業發生，所以纔可以在物質的與精神的方面，創造一切足以引起且滿足高尚欲望的文化事物，如自工具（金類）及器具以至美術品，以至藝術品的著作，或哲學科學的研究。這種高尚慾望，不是自然人類的簡單的必要的，純粹爲自存的需要可比的，所以文化的事業是一切高等文明生活的必要條件。

數萬年生活於自然狀況下之人類，因爲用人工生產食物，起一新紀元，由自然而進於文化。人類社會因男子之分工，又起一新紀元，從自然民族的狀況，達到文化民族的階級，入於文明。讀者當記得我們在第二卷第一章曾將地球上一切民族，按其食物生產的程度，區分文化階級。分爲野蠻，半開化，文明三個階級。前兩個階級，是容易分別的，因爲由牧畜與農業而用人工生產食物，做成一個極明瞭確切的特徵，一想便能明其區別。至於第三階級的性質的問題，我們還須研究。現在我們可以答復這個問題了。從經濟的立足點看來，文明不過是男子在職業上的分上。我們現在設法證明這個主張。

* * *

如果我們以文明民族與自然民族比較觀之，便可找出以下區別文明性質之極重要的特徵：

一．一切文明的民族是農人；有許多兼農業與牧畜的；但文明民族也有全然沒有牧畜，或牧畜不占重要的。

二．他們都是安居不遷徙的。

三．在人口的密度與數目上，均遠超過自然民族。

四．他們都分爲『階級』(classes)的。

五．在一切文明民族中，必已超過了性別的分工：男子各有專職，如農夫，手工藝者，商人，戰士，僧侶，統治者等等。

六．各處有村落與都市，因此發生鄉村居民與都市居民利益的不同。

七．貨物交換，不是直接的，却是用一種一般的價値標準（貨幣）作媒介。

八．一個極顯著的特徵是文字。因爲一切文明民族都有一種綴字的有字母的文字。除後來的傳授不計外沒有一個自然民族有這樣的特徵的。

九．自然民族成爲社會團體時，文明民族已成爲國家。國家是文明的特殊的特徵。

★　　★　　★

（二及三）農業是文明必要的條件。因爲第一：他使人民安居不動，並且祗有在安居時才可以生產高等文化的產物。而遷徙不定的獵夫與遊牧者，必須計及全體家產之遷移與轉運。第二：利用土地至於能夠供養爲文明所必要的人口密度，也是因爲農業才可以達到。

（四）農業雖然是一切文明的基礎與文明的必要條件，但是近來纔是如此的。有許多耕種的民族，例如印第安人，雖然從事玉蜀黍的耕種，終是在文明階級之下。所以必加入其他原動力纔可以進至文明。經營農業，必須至於能夠以一部分人口之勞働，供養全民族，因此留有餘力得以運用於精神生活上。但欲制伏人類天生的怠惰，使從事於文明所需要的大强度勞働，必須有壓迫，執這種壓迫的是由政府，特別的是由奴隸生活，一般的是由階級制度。

（五）因爲有了農業與奴隸生活的聯合，於是男子有經濟的分工，因此我們便有了文明的樞紐，文明的關鍵。因爲以前所討論的不過是分工的條件，而現在所要討論的就是分工程序的結果。

（六）就都市的起源而論，前章已說明都市是各種專門勞働力之中心點，並且在事實上，都市制度的發達與分工的發達，特別是在現代大都市裏足證明這兩個現象彼此有密切的關係。

（七）分工發達到了一定的程度以後，必須發明一個一般的價值標準（貨幣）。因爲分工的人，祗有交換其出產物才能生存；而貨幣不過是利便交換的方法，並且到了生產貨物種類繁多直接的交換麻煩不適用的時候，這種交易的便易方法便成了經濟的必要。

（八）文字的職能，也是由分工發生。文字是時間上或空間上距離間的傳達。但是這種聯絡方法至少也要在他發達的形式中有了分工以後才感覺必要的。因爲分工者若相分離，須有賴於彼此的交通。而這種交通，在不分工者中，或全然沒有，或用簡單的符號（譬如用折斷的樹枝或形像等類）已經足用。

分工祗能存於人口稠密的地方，也是同樣的理由。因爲空間的距離太大。如散居於廣大陸地上的遊獵民族與遊牧民族，不至發生分工上的交通，因此分工也就沒有高等的發達。所以都市對於振興此種組織，也是極其重要。因爲都市代表人口的凝聚點，在都市中稠密的人口與分工，乃能進至於相互的關係。

（九）最後是國家，國家文明一字，卽由此得名（civitas 卽國家 civis 卽國民）。他原是成於一個部落（或普通稱爲一個團體）征服他一個部落，吞併被征服者使爲奴隸。許多如是的部落，以戰爭或和平的方法結合起來便成一個很大的社會。這種社會立於統一的管理下，呈出兩層（或多層）社會階級，治者與被治者，或掠奪者與被掠奪者。所以國家最先是一種由社會分工的層次，階級，或族籍所合成的組織。這種階級的區分，如上所述，是男子分工的重要先決條件。各階級擔負各種不同的經濟的，及社會的職能，他們相合爲一個混雜的有機體。而這個有機的各分子是有交互作用的，彼此互相依賴的，而不知不覺之間覺得他們的利益（階級利益）是相反的。故欲保持在這麼不穩固的基礎上的制度，必須有一個有規律的强權，卽國家權力。所謂國家權力，本來是有利益的階級的組織，掠奪階級，藉維持國家得享受極大的利益，同時也有威權在握。——他們維持權力，靠着組織被掠奪階級就缺乏這個組織。欲提高分工制度至於有系統，必有相當的大領土，這也是由國家才能得到的。——所以國家在最初的時候，已是男子分工的一個重要條件，也是分工的必然的結果（詳見第三章）。

★　★　★

現在總括起來，我們可以說文明是起原於男子的分工。

這個結論由歷史與人種學都可證明。男子分工不是突然發生的，却是漸漸的經過一個長久的時期。文明與文字也與此相同，也是逐漸進步的。男子分工的開始的民族，如以前所陳述的大洋洲人，非洲人中世的羅馬日耳曼民族等普通稱爲『半文明人』是很對的。俟男子分工達到了一定的高度，他便能夠對於國家的與文化的生活上發生大的影響，如在古代有歷史的國民中，與中古時代基督教的民族中，文明的本來面目，連他的一切特徵，都明白的表現出來了。自從那時候起，男子分工與文明的關係極密切，彼此相提並進。所以男子分工與文明在歷史與人種學上，顯出他們的發達完全是相偕的。

第三時代——婦女的分工

分工進行，不是以第二時代男子職業的分工爲止，尙有第三時代相繼而起。這便是在現代初興的婦女分工。近世的婦女運動，須以變象學的眼光觀之，始得明悉其偉大發達史的關係，及其眞實的意義。

分工的第一時代，所謂性別的分工是男女工作的分別。當時男子與女子的行爲實際上，各是完全同質的。

第二時代，是男子間的分工，應該稱為男子專門的勞動，與同質的無差別的女子勞動之時代。這個時代，在半開化的高級已初開端。這個分工的運動，在高級資本制度的變象中與文明相偕進步更速，迅速的發達，最後乃及於全體男性。至現在男子沒有不廢棄私人生產而為合作的勞動的。但在長久的世紀中，這個分工祗限於男子；除非在文明領域內婦女還不見有重要的分工。全體的婦女勞動，卻仍舊是同質的無差別的；一切婦女，除最少的例以外，都是固守那不專門的活動，可概稱為家庭的工作。

分作的程序不以第二時代告終止。分工不止於男子，更以不可遏止的勢力侵入女子界。——因此又開了一個分工之新紀元。如果分工的程序在女子中也與以前所見於男子的一樣，從此必可產出一個勞動組織的高等形式，卽完全分工的社會；且在勞動史上必開始第三時代，卽分工的男子，與分工的女子的時代。

但是我們離此點尙甚遙遠，並且也不知道發達將向何目標進行。統計上證明十四歲以上的女子的三分之一，已被迫而從事於謀生生活，執行『職業』。第二時代的男子也不過是這個情形。如果再加上五分之一，分工的婦女便成大多數了。因此一個新時代的開端已極迅速。現變象學對於這個在社會學上非常重要的現象，不能不加以注意。

＊　＊　＊

婦女分工的歷史

從第二時代過渡到第三時代，不是全然如上面所說的那樣，即不是必待分工普遍於一切男子，到了最後一個然後才侵及於女子。所謂『婦女解放』的運動有一個長久的歷史的。在中古時代，『婦女問題』雖然同現代的意義全然不同，但也已經有這個問題了。因爲當時已有許多婦女不得結婚，因此她們不能不投身於其他職業。因爲有許多僧侶不許結婚誓守獨身之義，因爲永遠無已時的戰爭，男子死亡甚衆，又以行會所定限制會員結婚的條例，甚至禁止他們有一個私人的家庭，所以中古時代剩餘的婦女遠過於今日。我們雖然沒有詳細的統計，也可從各種人口的調查看出來。如 Frankfurt A. M. 的人口調查，證明在一三八五年，是一〇〇〇男子對一一〇〇女子；一個 Nurenburg 的調查，證明在一四四九年，是一〇〇〇成年男子對一二〇七女子；一個 Basel 的調查，證明在一四五四年，是一〇〇〇男子對一二四六女子。——無數未結婚的婦女避居尼庵與女子修道院中。女子修道院創設於十三世紀，以後各大都市都有一個女子修道院。修道女有大補助於市民家，她們從事家庭勞動，如裁縫，洗濯，紡紗織布之類，得很少的報酬。許多婦女，也有在貴族家庭操作的，宗教貴族與世俗貴族在他們的城堡與要寨中立有大工廠，其中常常僱用三百多個受束縛的婦女，專任縫衣，刺繡，織布，並造裝飾衣服。十字軍以後，女子的位置進步。幼女騎着馬，穿着美麗的衣裳，伴隨世主與教主赴帝國議會，及教務會議；她們羣隨陸軍出去狩獵，都市充滿了此種的少女。婦女也漸漸侵入手工藝界。最先婦人與少女往往以勞工輔助手工藝者，以後她們也成爲獨立的手工藝者了。主要的工作，是毛織業與亞蔴布織業，其次爲剝皮業，麵包業，織紋章業等等。於是婦女與行會間遂起競爭，她們以賤價與行會爭勝。最先行會設法强迫她們加入行會，以後在十三世紀，她們往往又被驅逐出會。以後因婦女失敗，競爭乃止，至十七世紀之末，她們完全被逐出行會。

* * *

近世的婦女分工。

在中期資本制度的變象中婦女分工，因機械時代而進入一新級中古時代，假託慈善的名義將努力謀生與自立的婦女放逐於尼庵女修院等類悲慘的處所，不許其入工作界。而今日牟利熱的資本制度組織，對於婦女反大歡迎。最先婦女祇做家庭工業，因爲家庭工業使女工仍不脫離家庭生活，所以很樂做的。——工廠生活則引誘婦女脫離家庭的範圍。機械用蒸汽力代筋肉力，男子的體力的優勝遂不足貴，使婦女以至兒童也皆有機會貶損工價以與男子相競爭。在一七八八年，英國及蘇格蘭一四二紡織業廠中有五九〇〇〇婦女及四八〇〇〇兒童工作。——婦女更用貶損工價之法擴張新職業的範圍，特別在商業方面，如司賬員，會記員，打字員，通信員，經管銀錢，販賣員。這個在十九世紀之中，尚不多見，其猛進的擴張是最近的事。婦女做酒保堂倌也擴張甚迅速，其總數自一八九五增至三七一二一。婦女職業更擴張到製女帽，縫紉造花，製毛羽，織花邊諸業。往往也從事於裝訂書籍及製板紙素紙軟橡皮彈性橡皮等等之製造，且又製造化學的顯微鏡的，外科的器具，製造各藥精照相等等。婦女人數在幾種職業上超過男子，如製女帽，洗衣，製造肚兜圍巾褲帶，人造花，鋼筆，金銀花邊，紡織，編織細工，刺繡，製手套，發行新聞等。

總之，女子的勞動範圍愈多愈擴大，做事的女子(business women)也愈增多。譬如英國的郵政與電報局中已僱用婦女二五九二八人；一八六四年，巴黎有音樂女教員三千人。普魯士女教員的數目在一八〇五——一八六一年，由七〇五增至七三〇六人。最後婦女也侵入所謂高等職業，如看護婦，製藥師，新聞記者，畫師，著作家，醫生等等。她們在各處都獲得地位。各國大學都開放使婦女得研究學術。澳大利亞的女子在組織與職業方面，與男子享受同等的權利。她們做醫生，教員，律師，作工廠視察，學校視察，爲各部官吏。但是在德國的發達，離此點尚遠。一八九八年，普魯士的教育總長尚稱 Breslau 將設立的高等女學校爲一個『小火焰』『在那火焰未燒以前，他必須把他弄滅的。』

女子雖然有人爲的與自然的障礙，但是婦女分工向各方面進行是自然的定律，無可抵抗的。據一八九五年六月十四日的職業調查報告二六三六一，一一三女人之中有六，五七八，三五〇(其中一，三一三，九五七是僕役)是有主要的職業的。若將十四歲以下的除外，則女子中百分之三六・一二都是自己謀生。若再加入兼帶一種職業的婦女，必須再加一百萬人。婦女從事職業的數目，比較男子從事職業的增加的比例更快。自一八八二年至一八九五年，婦女從事職業的，已增至一，〇〇五二九〇，男子從事職業的不過增至二一三三五七七。從絕對方面言之，男子比較一八八二年的情形，固然增加二倍。但女子從事職業的增加一倍有半。

總之，近世的婦女運動，與中古時代的不同。第一，是範圍的不同，而第二，特別是關於婦女勞動方面的不同，這是無庸疑惑的。中古時代的婦女勞動，大概限於所謂特別女子的職業，即家庭中的事務。而近世的職業，是離析婦女的家庭，給她新勞動的領域，使她與男子相並立。

★　　★　　★

近世婦女分工之原因。

近世婦女分工之原因，實在也與中古時代不同。——分工的第一原因，就是高等文明所固有的，使勞動日益區分的情形。分工的原理既然有如此偉大的效率，勢不能祇限於人類的一半。男子既已分工，女子也就不能不分工。分工是一個普遍的定律，不僅支配人類社會之發達，並且支配一切有生命的有機體。

第二，因爲男子分工日益增進，婦女家庭的事務，靠着手工藝與大資本的產業也漸減少。因爲工業生產品價廉的緣故，家庭的經濟愈益縮減，家庭的勞動異常減少，婦女脫離家庭入其他職業範圍者日益衆。以先家庭的職業行爲範圍極廣，極有價值的，如磨穀，製麻，紡紗，織布，洗衣，漂布，釀酒，煑調肥皂，製造蠟燭，製造各種菓汁，及爲健康目的應用的藥草飲料，浸漬果實，保存食品以備不時之需，又製衣服，烤麵包，運水，也有園圃的工作，飼猪，養鷄等類。（註）這些種勞動，因爲工作合作的擴張，已不必婦女去做。現在家主婦所須做的，祇有煑飯，打掃與教育兒童。況且卽是這些種職務，也因爲有自來水管，煤氣爐，電燈，及煤氣燈，中央暖氣管等類，又因設立有學校，幼稚園，學院等，家主婦的責任也大減輕。卽在最重要的兒童教育的方面，也有大改革。中古時代的婦女，常爲衆多的兒女所困累，因屢次的懷孕與分娩，因如是多的兒女須教育，這些兒女的疾病率，死亡率，比今日更高，所以婦女常忙個不休。現代因爲人口充斥，所謂兩兒制度愈益興行，漸浸入於各國民階級。爲母者的事業範圍，因此愈益縮小。此外學校更使爲母者減少教育兒童的職務——所以男子之分工，是女子分工的主要原因之一，使婦女拋棄一部分舊時的職業。結果，有才幹的，希望脫離極狹小的行爲範圍，因爲家庭的小範圍，不能滿足她的生活目的，所以專門攻習她一生的事業。無財產的人，必須企圖一種謀生的職業，乃羣相投入工廠，商業，或實業界中。

註：在中古時代，調製食物是極不講究的。據 Honne am Rhyn 說：在都市的市民家中，在星期日即將全星期所需要的食品做好。每日冷食，或將食品溫熱再食。

男子之不婚與晚婚日益擴張，也是婦女分工的更遠的，與以上所說的相連的一個原因。因爲這個原因，中等社會與高等社會的婦女，結婚的機會很少。所以爲父者若不能給他的女兒財產，即須使她們及時學習一種職業，可以自立。

都市生活程度的增高，與購買工業生產品的便利，也大有關於婦女運動的發達。庭園，畜欄，廚房，都無需婦女去工作。住宅狹小，以致先住在家庭幫助家庭勞動的姑母，妯娌等，甚至僕役，均無地容身，必自己出外謀生。

* * *

因爲這個及其他原因，婦女須在外謀生。婦女人數多，競爭甚烈，所以任何報酬都可以滿足，祇要得保有工作。Posen 的報紙說 Posen 的女裁縫，在第一年內沒有工錢，在第二年每月祇得六馬克至十馬克，二年後，最高的每月不過三十馬克。女工做女子用的手巾十二條，可得二馬克，男子用的手巾十二條三馬克（每天最多不過五條）一條男子褲子工錢，不過十五至二十分尼（按金馬克計算約合我國七分半至一角）。

＊　＊　＊

婦女分工的將來。

我們將分工發達史分爲性別的分工，男子的分工，女子的分工三個時代。反對我們這種分類的，以爲近代婦女運動實際上是否能代表一個新時代的開端，還是疑問。因此又以爲我們分類中第三時代，完全建築在懸想的基礎上。其實，分工既已普遍了男子，必進步包括一切婦女，或婦女的大多數。這個觀念，乍看來似乎是夢想的。現在若想到資本制度的發達，兒童從事勞動的苦痛，再想到婦女分工的非常的結果，實可更進一步，以爲現今的婦女運動，不過是一個大錯誤，是在隨機器時代而興的驟變中不能避免的；以爲這不是一個新時代，却是一段不幸的事情，或一個社會的病態，必須用盡方法去矯正的。

討論婦女分工的前途的著作，多至不可勝數。即祇簡略的總括反對者（他們這一派近來漸少）與同情者熱烈的爭論，本書已力有不逮。並且這個問題，却祇有將來可以解答。但是因爲變象學對於這個極有關係的，而且在社會學上非常重要的問題，也須用他特有的方法去觀察研究。否則我們可不必研究，祇等將來罷了。

如果我們考察地球上一切生命的起原與發達（從微細的變形蟲以至近世的大國），我們便知道這個無窮盡的變化，自低等形式以至高等形式，是由於逐漸增長的精細的分工。按着這個自然的定律，最小的最簡單的生物經過有機的全世界而變爲人，人又超過文化有組織的世界，由無定居的原始部落，以至今日的大國家。所以分工若是一個普遍的定律，這婦女分工的時代自然也無足奇怪。婦女分工的時代，不過是百萬年來發展的無窮長線中之一小段罷了。

如果在一較低的立足點，周視全體工作組織之發達程序，我們也可得到同一的結論。工作組織的大定律，便是合作。若在一個時代，不僅男子，即女子也執行分工的勞動，那末，這個時代的工作組織，必較高於一個祇有男子分工的時代，這是毫無疑義的。

這般高矚遠眺的看法不能望見將來的領域，如果我們不從高的立足點觀察，此刻專從逼近處觀察分工進行的最後段落，卽最新的，現在正開始的婦女分工時代，我們就想到從男子分工的先例，可以推論婦女分工，從已完成的時代，推論到將來的時代，他們總有相類似之點。

第一相似之點：男子最初的分工，便脫離了他的『自然的職業，』爲他人做有專門技巧的職業，不是爲自己工作。男子對於這個變化，是勉强屈從的，因爲必要與嚴厲的强迫，男子不能反抗。他婦女現在也全處於同一的命運。她們的理想，是家主婦的理想，她們的自然職業，是家主婦的職業，祇因社會狀況的壓迫，大多數婦女才學習專藝，而且她們以爲從事的職業，好似大海中不愉快的航行，一旦得駛入結婚的港口裏，卽立刻棄去她們所憎惡的職業活動。但環境的勢力，不是人力所能抵抗的；在社會大運動中，又見嚴刻的社會定律的勢力，不顧各個人的願望，支配他們的發達，且不斷的改變社會的形式。這正是因爲人的性質，是保守的，是爲遺傳與習慣所支配的；遺傳與習慣，便是低等文化階級上唯一的標準。如果社會發達，祇以個人的願望爲基礎，社會便決不會有改善文化進

行也將無從開始。因爲這個原故，所以若討論婦女分工是好的與否是無用的

* * *

在第一點，男子與婦女的分工是相同的。在第二點上，兩種分工便不同了。男子既分了工，發現爲新的組織形式，爲貴族的大家庭，爲自由的手工業（家族的，部落的，行會的），最後成爲資本制度的組織形式。婦女運動至今還沒有產出新的組織形式。分工的婦女，還是只於拘守舊形式。如果婦女不能有新的根深蒂固的組織形式，婦女分工決不能有大的發展的。

婦女運動之反對者，說婦女主要的職務，是母親的職務，爲母親的職務，除去家主婦的職務外，與其他職業不能相容，這是不錯的。如果婦女在工廠做工，或從事其他的事業，勢必至放棄照顧兒童的責任。如果一個民族中婦女分工，便將趨於滅亡或衰頹。婦女職業與結婚是相反的，不相容的。婦女於『職業與結婚』二者之中必取其一。或者職業成了她所憎惡的枷鎖，壓伏女子的天性，使她枯萎，或者必須拋棄職業。因爲這個原故，婦女分工，正如反對者所說的，終是永遠限於少數，而大多數也如今日或將來無論什麽時候

的情形一樣，常以家庭爲她們眞正的活動範圍的。

婦女運動之同情者，也不能不承認這個見解的眞理。但是他們的意見，以爲這個障礙，不是不能克服的。這個障礙是由於我們家庭組織原始的形式，與分工的婦女的情形不能適合。我們的家庭，一直到現在是小營業的性質，有極瑣細的管理。在六十個小家庭中，必有六十個婦女爲管理家庭的事務，到市場購買貨物，生六十個竈爐的火，調理數百小罐鍋的食料，洗刷無數的器具等，又都用辛苦的手工，因爲機器還沒有適用於這樣的小營業中。——若在一個組合的家庭團中，欲勝任這種種工作，還要比較的優良，廉賤，少辛苦，有了十分之一的婦女便夠了。假使把六十個小家庭結合爲一有機體，設一個總廚房，僱一個專門的廚師，卽得以極小的勞費，製出更夥多的且手續更麻煩的食物。各個家庭，以升降機與這個總廚房相連，無論何時得輸送他們所要的食物與飲料，擺列在食棹上。在這個大家庭組織中，也可用節省勞動的家庭機器，這些機器早已發明，但是還未採用。如一個洗濯機，在數分鐘內能夠洗淨數百個碟鍋；中央暖氣管，節省搬運煤炭的事務；一個眞空掃除機，打掃住宅的灰塵；刷靴機，煤氣燈，電氣燈，冷熱導水管，蒸氣洗濯機等等，足可減少婦女一切辛苦的，微瑣的，現在正在愁嘆的事務。如果以兩種情景比較觀之，便見得婦女在她的小營業中所執行的勞動，必很辛苦且必萎縮精神。就輕濟方面論起來，關於物質與勞動力所耗失的國民財富，每日當以百萬計。

但在這樣的組織中，兒童教育的情形也當然不同。人是一個社會動物，因此他的教育也必須是社會的。以先在兒童多的家庭中，倒反有這些必要的條件，而在近世的家庭中，兒童在入學的年齡，以先常是孤寂的。因此他們在幼時養成了那不合社會的，自利的性質，後來使他們自己及他人終生不愉快。在組合的家庭中兒童自幼年即共同生活。至少在他們的母親操作時間內，爲共同生活。他們及早慣於社會的接觸，不過這個接觸，須在一個有特別訓練且專習此職業的婦女的指導與監督之下。用這個方法，近世婦女對於『職業與結婚』的兩途，卽無庸猶豫不決，因爲在這種家庭組織之下，職業與結婚完全是相容的。因爲婦女此刻能夠以全體職業以外的時間，完全照顧她的兒女，她的勢力，比現在事事繁雜的時候，並不見得減少。

所以婦女分工之將來，大概是有賴於一個新組織形式之發達。這是前所述七種以後的第八種組織形式，我們可稱他爲合作的組合家庭。但成立這樣的組織，爲期尙遠。一方面都市的分工的婦女，現在誠然需要這種組織。這個組織的無限利益，特別是因爲他在經濟上的利益必應時發現。況且家庭的小營業，變爲團體的大營業，確是勞動合作的，及現代全體發達的程序。如婦女現在旣因爲有了有組織的勞動，而拋棄釀酒，燒麵包，紡紗，織布等事業，將來必也會一樣的拋棄烹調，洗濯，打掃等事務。此種組織於現今的建築，不必大加改變。現在都市已有了幾層樓的大房屋，爲多少家庭聚居，惟組織不良，缺少合作的利益。但是這一種組織（合作的組織，祇有在產業上，與美國的家庭旅館上可見。美國中等之家因僱用僕役的困難，常以大旅舍爲家。）至今不過初見萌芽，還是不容易發生；況且家庭組織之發達，仍有許多的障礙，如習慣，遺傳及風俗的偉大勢力，不分作婦女堅決的反抗，及一般婦女反對社會的眼光。此外因爲我們分成無數階級，家庭又是有排外的，拒絕聯合的性質，所有對於社會的感覺又極靈敏，這也是大障礙。——我們有鑑於這些種的障礙，就可看出那以先所期望的合作組合大家庭，距建設之期還極遠呢。

從此可見發展的前途，正有重大的障礙，但是若換一個眼光來觀察，這個發展的迂緩，並不見得是可驚奇的，因爲一個完全發達的婦女分工，決不能（這個是無論他的反對者與同情者，都贊同的。）不使我們全體文化發生完全的變化。但大運動都是緩慢的，我們從這句話，可比男子與女子分工不同的第三點。

有史以前的最後變象，我們所稱爲初期職業的變象的，究竟延長多久，雖不可知，但是從工藝史中可看出這個變象在當初已升入文明的各民族中，必定已經經過無數世紀了。俟男子分工漸漸的達到了一定的程度以後，金屬之發見，才像現代機器發明一樣的佔優勢。然後全體的社會構造，才發生變化，才由半開化入於文明。所謂文明者，就他的性質上看，不過是男子分工完全發達的時代。

男子分工曾發生了一個新時代。若女子之分工果能實現，便也會一樣的不獨在經濟方面，且亦在文化各方面發生極重大的影響與變化。我們敢說在現今婦女運動的開端中，將見全體文化生命的偉大的新時代的端緒。婦女分工的意義，是婦女經濟的獨立與身體的自由，是兩性的平權與男子威權之衰落，是消滅男子爲妻的裝奩而娶，女子爲丈夫的資產而嫁的婚姻（購買婚姻，）是限制家庭中的生殖與天然淘汰。並且因此推翻階級制度與資本主義的組織，使社會一切人員有社會的平權。婦女分工更使生產力格外增高，因爲此時人類全體的另一部分也一樣分工，有了組織，執行有價值的勞動。男子之工作時間因此得相當的減少。若勞動的聯合可以使社會最反動的分子（婦女）也脫離家庭的黑暗與瑣碎的且萎靡精神的事務，而擁入進步的軌道，則新發達之潮流也必流溢於遠方的文化領域，發生效果。狹隘的神學的宗教，多半爲婦女所維持，由婦女代代相傳授，從此也可拋棄，另開闢一個最高的世界觀與人生觀。道德，法律，藝術，以及生活的全體，將在女性影響的強固勢力之下，較比男子單獨支配時代發達成更可愛的，更有人性的形式。——簡言之，男子之分工使人從半開化入於文明，女子之分工使『文明之半開化』入於新世紀。這個變化按着純粹的演化的軌道緩慢進行，幾乎是看不見的，將來必且有一日底於完成。所以就現在遵從社會學軌道走的各種運動看起來，婦女分工之進行，當視爲最重要而且最有意義的運動。

以上所說，未免太夢想將來。我們現在先不要推測太遠的將來，且觀察過去，再簡單的把婦女勞動中之最重要的變化摘要敘述一番。

第一時代——性別的分工。

（a）在遊獵民族中、婦女在山林，田野，採集植物的食物，並且教養小孩。此外她須擔任一切艱難辛苦的不愉快的工作，她被視爲特別的負重者，勞作者。——因爲這些民族極近於自然，所謂婦女的自然職業的重要可以推知。

（b）在遊牧民族中、婦女擔任去尋植物的食物，男子擔任去尋動物的食物。男子因爲有他的獸羣，得握有經濟的優勢，而女子佔卑賤的社會地位。

（c）但在下等農民中，男子仍保守遊獵階級的低等生產方法，女子因爲耕種田野，成爲經濟的優勢者，並且在以前全體的文化發達中，她得到最高的地位。

第二時代——男子之分工。

婦女拋棄山林田野的工作。她的工作範圍移到家庭。在家庭內極多種的事業，主要的是將原料製成應用物品的工作，都須她去做。她的社會地位又降低、特別是在低級文明內更低。

第三時代——婦女之分工。

男子之資本制度的組織，日益奪去婦女在家庭勞働的價值。於是婦女不得不脫離家庭，從事於分工的職業。

* * *

我們綜觀分工之全體發達程序，若將工作組織的七個階級總括爲分工的三個時代，再分爲若干分級，我們便可看出他的地位。今列表如下：

第一時代——性別的分工：

(a)在自足的宗族，

1.原始的宗族變象，

(b)在擴大的宗族，

2.高級宗族變象。

第二時代——男子之分工：

(a)男子分工之開始，

3. 初期職業的變象，

(b)男子的發達的職業分工，

4. 高級職業的變象，

(c)男子的資本制度的分工，

5. 及6. 初期與高級資本制度的變象；在高級資本制度的變象中開始

第三時代——婦女之分工：

(a)分工包括成年婦女三分之一，

7. 晚近資本制度的變象。

第四章　綜合的變象學。

在前幾章中，我們已兩次涉及工作史的闊大範圍。第一次，我們專門觀察工作組織的形態學的構造。第二次，我們祇考究分工之發達。若欲詳細知道山的形勢，必須從四面八方去觀察，去探險，工作史也與一個溪谷錯綜紋脈縱橫的山相仿，也須從四面八方的去觀察研究的。以上兩種的研究，還不能盡量發揮，所以我們尚須從另一方面去觀察，卽從綜合方面去研究。

究竟『綜合』(integration) 是什麽呢？

分工是以勞動合作爲基礎。各分工者須與他人協力並且須依賴他人。裁縫，鐵匠，醫生等，祇有能將他們的生產物或職務同他人交換的時候，他們自己同他人彼此聯絡，或（按科學名詞說）互相綜合的時候，然後才能夠生存的。——綜合在社會學的（不是在算學的或生物學的）意義上，便是連結一切分工的活動的總和，並且用貿易交通，運輸與公司等事業的形式，連繫各分工者間爲『貨物交換』的媒介。社會學上的綜合與在算學與生物學上一樣，當然是與分工正相反對的。兩個觀念，祇有在理論上可分離，在實際上決不會分離的。分工而無貨物交換，便不能有分工；貨物交換也祇有分工使他成爲必要時，然後才有意義。所以兩個現象，常是並行的，彼此有相互關係的，他們是勞働聯合的兩方面，好似獎牌的兩方面一般。——我們可以用貨物交換解釋綜合。但是貨物交換乃指一切爲綜合所包括的行爲的最終目的而言，所以這個觀念太狹，稍嫌不合。若在以理想的正義爲基礎的社會裏，卽可用貨物分配代綜合。因爲如果每個人祇用自己的勞働力獲得分工的本人所得的貨物，如果每個人的消費祇按他的生產做比例，那末，在事實上分工與貨物分配完全是相連的觀念。但是現在我們的財富分配（因爲家族中的遺產，）離這樣的狀況尚遠，所以還是用綜合這個名詞好。況且在其他科學上，綜合也是與分工相對照的。

如果我們分析綜合發達史的極重要的變象，這不是詳細的敍述貿易與交通所能濟事。我們的職務應該首先找出分配的普遍原則，用這個原則爲量測綜合程度的標準，然後再根據這個量測將全體的發達過程區別他的自然的段落。

我們曾用許多種的組織形式爲表示工作組織的變象的標準，正如我們從一棵樹幹的輪紋，可以推知樹的年齡與發展的高度一樣。所以我們也可用社會中分工的與不分工的比例爲測驗分工的標準。綜合的變象學，除了按執行貨物交換所用的方法，換言之，卽按交換方法發展的程序，卽按最廣義的貨幣的發展程度外，沒有更嚴格的分配原則，沒有更妥適的更自然的標準。

現在略述綜合的發達史如下。

交換方法之變象學。

第一變象——沒有交換的遊徙民族的經濟。最低的階級，沒有交換，沒有交通，遊徙的民族，彼此孤立，他們的社會可稱爲獨立自足的。——這時候祇有性別的分工，也祇有這兩者發生綜合的關係。這個綜合的表現就是原始的結婚。此種婚姻制度的性質，最先必須認爲主要的經濟的。

第二變象——部落間無交換媒介的貿易。最初的貨物交換，是成於相鄰近的遊徙民族，或部落彼此連結，在部落間公共市場上採取贈物的形式交換其土產。在這個階級上，祇有對外的貿易，但尙無對內的貿易。遊獵民族及低等農人的交換，都是直接的以貨易貨，沒有貨幣作媒介的。

第三變象——用自然貨幣的間接的交換貨物。在工作組織之初期職業變象中，因男子開始分工，對內貿易乃隨對外貿易而起。例如多島洲人尙無交換的媒介，無貨幣，是用貨易貨執行貿易的。但黑島洲人，特別是亞非利加人，就有交換媒介的需要了。若祇有少數貨物互相交換，例如在許多孔哥的市場上，海濱的居民用魚來換取內地人民的香蕉，直接交換的方法，以一種貨物交換他一種貨物的方法，是足夠用的。若貿易擴及於多種商品，卽不能不發明一種媒介的價值標準。

最初爲價值標準的自然貨幣，卽是貨物。這種貨物爲一般人所需要，各人可以用爲支付的。這種貨物是：

1. 能長久保存的食品，如棗，鹽塊，Kola 菓等類。

2. 衣類如毛布，獸皮，毛皮（北歐的毛皮錢）等等。

3. 裝飾品，特別是珠，蛤蚌。

4. 器具：如斧，小刀，劍，釘等類。

在許多民族中，自然貨幣的價值成爲固定的。如米棱里流域的印第安人中所行使的：

褲	——		二小刀		
被	——	褲	十二	二小刀	
鎗	——	被	十一	上物	總和
馬	——	鎗	十一	上物	總和
皮帳篷	——	馬	十一	上物	總和
妻	——	皮帳篷	十一	上物	總和.

牧畜民族所最喜悅的自然貨幣，是

5. 牲畜貨幣。牲畜是遊牧民族中之最大的財貨，他們的計畫與精力，都注在畜之增殖。有牲畜的，便可過豐富的生活，能夠購買妻子，强迫她去工作，能夠供祭上帝以求福，並且能夠令巫醫治病，辦理葬事。沒有牲畜的，便沒有財產，不能夠生存，且必爲他人作奴隸。牲畜貨幣可自然的增加，正如資本一樣的生利息。並且這種貨幣也並不重笨，因爲他有四肢可以自己動轉的。——因爲這些優點，所以牲畜適於作一般的價値標準，即是在那些後來已升入資本制度的民族中，特別是古代印度日耳曼民族中，牲畜本位的貨幣是極流行的。如荷馬的詩歌中，當時還沒有真的貨幣，一切貨物是用牛量計的。價値都用牛的價値表出。Diomedes 的黃銅製的盔甲値九條牛；Glaucus 的黃金製的盔甲値一百條牛；一個三脚凳値十二條牛，一個有專門技術的奴隸値四條牛；Eurikleia 又付 Laertes 二十條牛。少女叫作 "Alphesiboia"，因爲她在婚嫁的時候父親要得牛的。在克爾特民族中，Cumal 是奴隸的意思，並且表示三條牝牛的價値。古德語 fihu（畜）是表示貨幣，而在古俄文中 Kuna（貨幣）是貂的意思（毛皮貨幣）。古羅馬的貨幣也是畜，Pecunia 字明明出自 Pecus（畜）。一條牛恰値十條羊。

由半開化進到文明的時候，因金屬時代之開始，發生新的交換媒介，即是

6 金屬貨幣。非洲人除牛以外，還用鐵作自然貨幣。印第安的文化民族，除以二萬四

千個滿一袋的椰子實，與毛布用作支付方法外，尙流行有定形的銅塊，錫片，用鵝毛管盛的金粉。東方古民族如蘇美利亞族，赫泰族（Hittites），阿蘇利亞人，巴比倫人，埃及人，帕勒斯丁人，腓尼西亞人都已用金屬爲普遍的價値標準。但是希臘人與意大利人在長久時期內還是用牲畜爲唯一的交換媒介。在希臘與羅馬，最先是用銅作貨幣。拉丁語 aestimare（估價）即是估銅的價値的意思。金屬在各個鋪店中要用天秤權量的，所以商人離不開天秤。以後將流行用的金屬，鑄成一定的形式，鑄成圈，圓板，平板，用袋盛着。即在此種情形之下，仍然要用天秤的，所以當時金屬還沒有脫去習慣用貨幣或自然貨幣的性質。但以後不久也變爲眞實的貨幣。

第四變象——用鑄造的金屬貨幣行貨物交換。

這個變化是在發明鑄造金屬貨幣之後。官廳及主宰多數寺院的僧侶，爲省去各鋪店過秤的麻煩手續起見，加蓋他們的印章於一定重量的金塊上，無須秤量，即可立知其價値。因此便創出一種新的交換媒介，無論此種金屬在其他方面有何功用，但是在貨幣方面，他的唯一的職能，就是交換的媒介。

一切貨物都分爲使用物品與交換媒介的區別，不僅對於貿易上有重要的影響，就全體經濟上看來也是極重要，所以鑄造貨幣之採用可認爲開一新紀元。自然貨幣變爲鑄造貨幣，自然經濟也就變爲貨幣經濟。

鑄造貨幣之發明在名義上是出自小亞細亞的希臘人，不久便遍於舊世界。雅典的棱俞曾將 Draco 所定的嚴酷的罰金（實在是用牲畜代金）改爲貨幣的罰金，他當時定羊價爲一個 Drachma，牛價爲五個 Drachma。羅馬王 Servius 是最初用牛，羊，猪等形像鑄造貨幣的，這種貨幣表明畜本位變成金屬本位是甚明瞭的。

第五變象——用輔助（符號）貨幣行貨物交換。

在初期工業的變象中貨物的交換不多，有一般使用價値的天產品便够了——在高級職業變象中爲滿足貨物交換日漸增加的需要起見，必須用鑄造金屬貨幣做一種媒介，以代有使用價値的重笨的自然貨幣。但金屬貨幣對於資本的組織的大而迅速的流通，仍然是太笨重，不能應付，最後乃取消貨幣的物質的性質，廢除一切重量，如一張紙加上幾個記號，若有信用，便能够代表任何價値。大額的現金在計算，發送，搬運的時候，手續極其麻煩因大計畫的迅速的交易雖不致完全不可能，也是非常困難的。若以符號貨幣爲交換的媒介便遠勝於現金了。

最初的符號貨幣，是由國家發行紙幣。從前國家在困難的時候，使用劣質貨幣（例如德國在非列德立克大王之時代）現在國家則發行鈔票，不用支付利息。兌換劵在十三世紀已通行，但國家最初發行紙幣，則在十七世紀之末十八世紀之初。卽一六九〇年美國，碼薩珠塞最初發行紙幣，一七二〇年法蘭西也發行紙幣。——用信用爲貨幣的制度，要靠着存款與支票。這個制度，各處都是高級資本制度變象的初期發現的。最初見於英美兩國，德國，自十九世紀之中才有，爾後增長極速，現在德國至少有全貿易十分之九都用信用作媒介了。此後發展綜合的新制度，綜合制度與資本制度的大營業的關係，正如金屬貨幣與工業的小營業的關係一樣。這種制度，與近世的交通及運輸方法相連結，無論幾百萬的金錢都可運行極易，並且使極大的資本不致枉費光陰，虛拘儀式，卽可聚集於使他能够生利息及促進生產的地方。

綜觀以前所述，綜合發達史可分爲五個變象：

一．無交換的遊徙民族的經濟。
二．無交換方法的交易。
三．藉自然貨幣爲媒介的貨物交換。
四．藉鑄造金屬貨幣爲媒介的貨物交換。
五．藉符號貨幣爲媒介的貨物交換。

如果把最初三個變象合倂爲一個時代便得一個『三階級的分類』這是 Hildebrand 在他的『國民經濟學』中所擬，爲一般人所贊許的這三個階級便是：

一．自然經濟（用自然交換的方法行貨物交換。）
二．貨幣經濟（用貨幣行貿易。）
三．信用經濟（藉着信用行貿易。）

如果在這個分類上再加上七個勞動組織的變象便有如左的排列：

第一時代——自然經濟：

（a）無交換的宗族經濟，

1. 初期宗族變象，

（b）無交換方法的種族間的交易，

2. 高級宗族變象，

（c）藉自然貨幣爲媒介的對內與對外貿易，

3. 初期工業變象。

第二時代——貨幣經濟：

（在以色列族起自紀元前九世紀與八世紀；在希臘起自紀元前七世紀與六世紀；在羅馬起自紀元前五世紀與四世紀；在德國起自十字軍東征時代）。

4. 高級工業的變象，及

5. 初期資本制度的變象。

第三時代——信用經濟：

（在英國起自十八世紀之末；在德國起自十九世紀中葉）。

6. 高級資本制度變象，及

7. 晚近資本制度變象。

(更概括的一覽表見後。)

綜合制度的其他方面。

交換方法是綜合發展最重要的標準，但不是唯一的標準。如轉運方法，交通方法，生產者與消費者間的距離，貿易之範圍與數量，綜合的範圍等現象，也可用爲量測綜合的發達的標準。無論用那一個標準來量測綜合，那綜合變象學便顯出不同的方面。但是上文所排定的階級次序，並不因這個新的分類而改變，也不致因此而大有增加的。例如

轉運方法的變象學

可有如下的時代：

第一時代：原始時代唯一的轉運方法，是人自己。一切貨物，必用人的個體負擔，這個職任，如上所述，常是屬於婦女的。此時地球上大部分爲人跡不能入的森林。除人足所踏的路徑外，便無路可通。越不過的江河沼澤，行不通的山嶽，處處都是阻斷交通的，所以交通困難，當時的部落不得不自己滿足自己的需要。

第二時代：在這個時代，人發明了人爲的轉運方法：他訓練載重的獸，可以在草原沙漠上利用他們。他造車船乘具。主要的轉運，都是在水上。在沒有道路的時候，水上是貿易交通的自然的孔道。最先的水上貿易是用木筏小船，氣袋皮船，樹皮及各種乘具在水上航行。但是在人能造精巧的船以後，海變爲交通最重要的孔道，海就成爲最上乘的綜合的方法。因爲江河有灘流的危險，往往妨礙航行，况且江河祇能趨於固定的方向，而海則能運載極重的貨物，風吹着貨船趨向各方，可以不費力的達到所欲往的目的地。所以在這個時代及以後的時代中，海岸線對於貿易交通及全體文化之發達極關重要。

第三時代：因蒸氣機，汽船及鐵路等類之發明，陸地上山川的阻礙，海洋上風與氣候的障礙，均被征服。地球各國，乃進於日常往來之域；世界貿易時代遂開始。

交通方法的現象學也可以有相類的三階級次序：

第一時代　唯一的交通方法，是語言。後來加用信號（夜晚的火號，非洲的鼓語等類）通消息，又有傳遞使者制。

第二時代：用文字交通。

第三時代：藉機械的機關以行交通，如印刷（新聞），電信，電話，郵政事業。

*　　*　　*

這個階級次序，實在是與自然經濟，貨幣經濟，信用經濟的分類相當，所以這並不是新的分類。因爲本書祇略敘變象學大要，不在詳細論述，所以本章所討論的綜合發達史也就此告終。

第五章　另一種的階級次序。

我們從三個不同的方面研究工作史，所研究的結果，得着三個不同的，互相補充的階級次序。但是還沒有盡量的敘述這個題目。此外還可以從其他立足點按着變象學研究工作史。這樣研究可以另外得到新的階級次序，這個新的階級，可以補充上文所討論的階級次序。許多這樣的階級次序，是經濟學者所擬的，以後更由 Sombart 加以詳細的審查與評論。我們現在祇對於可以發明那已知的經濟系統的加以極簡略的說明。最後然後將一切分類總括爲一覽表，這便是將工作的變象的全體，從各方面得到一個全體的觀念。

★ ★ ★

關於經濟的階級理論，最早的已在前章（綜合的發達）說過，就是將經濟的發達分作自然經濟，貨幣經濟，信用經濟三個大時期。這是 Hildebrand 所定的次序。Engels 的次序，差不多是繼此而起的；他分類如下：

一．私人經濟（爲自己的需要而生產的）。

二．變形的交換經濟，可以按交換的方法再分爲：

（a）偶然的現象——將有餘的交換，

（b）經常的現象，

（c）必然的現象。

三．資本主義的經濟，其特性是按着供給與要求的關係爲商品的生產。他的出現是因經濟的擴張而成爲必要的。

在這個分類中，是以工作社會化之程度（或嚴格的說：私人生產同社會生產之比例）爲標準。從原始的私人經濟過渡到社會的經濟，於此顯然可見。如果我們以這個分類與Hildebrand的分類相比較，則資本主義的經濟與信用經濟相當，交換的經濟與貨幣經濟相當，最低級的經濟與自然經濟相當。兩種分類，都是以綜合爲標準的。

Schmoller的分類所根據的發達特徵，與此全然不同，以經濟體，或組織範圍之大小爲標準。他的階級是：

一．部落——村落——或市場經濟。

二．市鎭經濟。

三．地方經濟。

四．國家或國民經濟。

這種分類，與我們最先的（形式）分類的關係容易辨別。我們最先的三個變象，是按社會學的觀察法立論，把他縮成一個階級，未免有些太簡略。就中村落經濟與最早的工業組織相當，市鎭經濟與發達的工業組織相當，國民經濟便是現代資本制度的組織。第三階級沒有相當的，卻是一個過渡階級。所以分類從社會學方面論起來，頂好說是：

一、宗族經濟。

過渡：村落經濟。

二、市鎮經濟。

過渡：地方經濟。

三、國家或國民經濟。

與此相類似的就是 Bücher 所擬的更流行的，更惹人討論的次序。他用由生產者的貨物轉到消費者所成的『路線』爲發達之標準，得到以下的分類：

一、自足的家庭經濟階級（純粹的私人生產無交換的經濟），在這個階級，貨物是在生產的本地方消費。

二、市鎮經濟階級（因爲有人定貨而生產的，或直接的交換階級），在這個階級，貨物是由生產者直接轉到消費者。

三、國民經濟階級（商品爲發賣而生產，貨物流通階級），在這個階級，貨物在達到消費者以前，必須經過許多中間人。

這個分類也與我們最初的分類相當：自足的家庭經濟是宗族組織，內附初期工業組織的變象。市鎭經濟就是發達的工業組織，國民經濟是資本制度的組織。

但是 Bücher 所定的最低級與第二級間的界限與我們的分類全然不同：依他的主張，最低階級不僅包括一切自然民族之階級，並且還包括全體古代的經濟，雅典與羅馬帝國的發達也包括在內。第二階級以中古時代都市的發生爲起點。這個界線是錯誤的；因爲這樣的分類，好像是認中古時代爲繼着古代而起的最高的發達變象。但是古代經濟已進到了第五級，卽初期資本制度的變象（參看本書第三卷第一章）；而這個發達的最高級，直到羅馬日耳曼民族才達到（參看本書第三卷第一章），依 Kulischer 的見解，直到則謂在中世紀之末達到，依 Ed Meyer 則謂十七十八世紀才達到的。第二因爲這個分類將五個最初所發達的變象都屬於一類，將原始的遊牧民族經濟與羅馬帝國之經濟併爲一談，簡直把工作史與經濟史中第一重要的分段便是把分別自然民族與文化民族，且促生文明的男子分工之起原完全遺漏了，並且被那個極不精確的名詞：『自足的家庭經濟』（這項好用『主要的私人生產』的名稱代之）遮蓋着，所以對於經濟的發展完全不能得到眞的觀念。第三，歷史家與經濟學者，都承認古代希臘自紀元前七世紀與六世紀，羅馬自紀元前五世紀與四世紀，已有貨幣經濟了。而自足的家庭經濟與貨幣經濟，又是兩個全不相容的觀念。如果家庭是自足的，各家族祇爲自己而生產，那末貨幣之發明是不必要的，正如在一國裏面，沒有交通，沒有郵政，也不會發明郵票一樣。

但是如果將那與事實不相容的，最初的兩個階級中間之界線，改成上文所說明的樣式，令市鎭經濟以文明（以市鎭）爲起點，並且將自足的家庭經濟的名稱，依上述的意義與以修正，則 Bücher 的次序於第四或將來階級外，更加入世界經濟階級，這樣的分類便是極淸楚的了，但是 Bücher 的理論不能如此簡單的討論，讀者可讀他的燦爛的敍述，特以一六五頁以後。

Sombart 極熱心研究國民經濟的階級次序；在他的已屢次被引用的著作中，含有至有價値的思想之內容，且能引起社會學者的注意。他的分類如下：

一．個人經濟的階級，在這個階級上，一個團體的需要由自己供給。

二．過渡經濟的階級，可稱低級的社會經濟。在這個階級上，一個團體的需要爲許多團體的協作供給，但是各團體自身大概還是自足的。

三．社會經濟的階級。在這個階級上生產各團體的分工及其相互的關係，已完全成爲一個不可分離的總體。

在這個次序中，將社會的依賴用爲發達的標準。一般的見解，便以爲這種分類是沒有彩色的，並且也缺乏 Bücher 的分類中所有的精神。所謂『自足的家庭經濟』『個人經濟』這個名詞，簡直不適當的，因爲人無論在什麼時候，總是行社會生產的。因爲（如 Sombart 自己說的）這個發達階級，正帶有共產主義的色彩。但是這個缺點，不過是 Sombart 分類的抽象的性質的結果。他的分類猶如代表一切其他階級次序，把各階級都包括在內，因此成爲最廣大的表現。

最後我還要陳述 Roscher 的分類法，這雖然不是真正的階級次序，但是可以從一個新的論點顯出三個現在常討論的時代。

一切貨物的生產，是由（1）自然，（2）勞動，（3）資本三個要素組成，這是人人知道的。自然供給許多自由的貨物，他是生產必要的條件，因爲一切貨物的物質，祇有借自然之力才能夠取得。但是大多數貨物必須用勞動（用人的行爲）獲得，祇有人力才可以使原料有用處。有許多勞動，能夠簡單的用體力，特以手腕的力做就的，但是因爲利用工具及其他物品，勞動才更有功效。用以製造貨物的物品，經濟學者稱爲資本。

這三個生產的泉源中，在發達進程（以類似動物狀況爲起點）之第一時代，因自然而自由的呈獻他的贈品，所以自然極佔優勢。在第二時代，是用各種工具從事生產，勞動在生產之手工藝形式中占重要地位。在第三時代中，資本格外重要，特以自機器發明以來，資本使生產效果更大。這三個時代，與上文所說的時代的分類，卽宗族組織，工業組織（合乎手工藝的），及資本制度組織三個時代是正相符合的。

★　★　★

以上所說各種分類，到底何者應佔上位，何者爲正確，關於這層，發生了許多爭論。這種爭論是沒有益處的；各種理論彼此不獨不相矛盾，而且是互相補充的，互相調和的。因爲各個階級分類，各從一個特別的立足點觀察他的目的物，工作發達史的全體，勢不能由一個分類法完全表出，所以須用多少重複的分類才能察出全體的。本章列一總表，在各行之首標寫各種分類之特徵，而橫列各個發達的變象之特性。這樣的總表比較，用一個單獨的分類，一定可得更完全的觀念。

我們試看一覽表，最先可怪的就是在各種次序中，時代之始終，不全然與所期望的一致。但是這種參差祇是表面的，並且容易解釋的。時代的變遷，自然不是驟然的，却是漸漸的演進的。各時代中，必須分爲起原，隆盛，衰微三個時期。所以每個階級更可分爲三個分級，依照舊例，得用『初期，高級，晚近』三語表示。因此一個時代的『晚近的』的分級與下時代的『初期的』分級是相合的。所以第一時代本來也是分作初期宗族的，高級宗族的，及晚近宗族的三個程序，而晚近的宗族程序與初期工業程序相合，晚近的工業程序又與初期資本制度程序相合。『形式的』分類，按這個說法詳細寫出來，若將同一的程序以括弧連結，排列如左：

時代	程序
I.	(1) a, 初期宗族的 (2) b, 高級宗族的

II.
- (3) c, 晚近宗族的,或
- (3) a, 初期工業的
- (4) b, 高級工業的

III.
- (5) c, 晚近工業的或
- (5) a, 初期資本制度的
- (6) b, 高級資本制度的

IV.
- (7) c, 晚近資本制度的或
- (7) a, 初期社會主義的

(此後或者繼以高級社會主義的變象,更繼以晚近社會主義的變象。晚近社會主義的變象或者又與初期無政府主義的變象相合)

經濟階級分類一覽表

形式		分工	綜合			經濟體之大小 (Schmoller)	社會化 (Sombart)	主要的生產因數 (Roscher)
時代	變象		交換方法 (Hildebrand)	私人生產比較社會生產 (Engels)	自生產到消費者之路線 (Bücher)			

I. 宗族組織 (a)	1. 初期宗族變象	I. 性別的分工	I. 自然經濟	I. 私人經濟	I. 自足的家庭經濟	——	I. 個人的經濟	I. 自然
(b)	2. 高級宗族變象	——	——	II 交換經濟 (a)偶然的	——	——	——	——
II. 工業組織 (a)	3. 初期工業變象	II. 男子之分工	（自然貨幣）	經常的 (b)	——	I. 村落或經濟市場	II. 過渡經濟	——
(b)	4. 高級工業變象	——	II. 貨幣經濟	必然的 (c)	II. 市鎮經濟	II. 市鎮經濟	——	II. 勞動
III. 資本制度組織(a)	5. 初期資本制度變象	——	——	——	——	III. 〔地方經濟〕	——	——
(b)	6. 高級資本制度變象	III. 女子之分工	III. 信用經濟	III. 資本制度的經濟	III. 國民經濟	IV. 國家或國民經濟	III. 社會經濟	III. 資本
IV. (a)	7. 晚近資本制度變象	——	——	——	IV. 〔世界經濟〕	——	——	——
(b)		——	——		——	——	——	——

從各種分類的性質可看出各個分級如何相合而成爲時代。按在形式的分類（一覽表中1與2行）中，一個新組織形式剛出現，便可算新紀元的，而在其他的分類中，必

待一個新經濟現象到了完滿的發展以後才算是新紀元的。例如在 Hildebrand 的分類中，貨幣經濟不是在貨幣發生時開始，也不是從初期工業程序中開始，卻在高級工業程序中開始，從自然經濟過渡到貨幣經濟階級（自然貨幣程序正是明白表示這個過渡的名詞）卽併入以前的時代。又如第三時代也不是在信用發展的初期開端，在信用經濟完滿發展的時候，卽高級資本制度的變象才算他的開始。

所以關於時代之始終所有各不同的理論也不過是表面上的牴觸。但同時也見得將發展分析爲若干變象，比較區分爲時代，能夠對於事實有更清楚的，更精確的見解。但是爲表述清楚起見，時代也是不可缺乏的。

第六章。　發達的經濟定律。

文化之發達，常常顯出新的形式變象相聯續如貫珠，永遠流動，不會有靜止的。但是文化運動要到後來人類才覺得出來的；並且其中一切新的生命與舊形式的毀壞相連的，人類常打算（此不獨在古代是如此，卽在近代也然）反抗文化進行，因爲文化進行使發達進程較他原來更爲困難罷了。人類前途是渺茫的，我們要適用的，不得不採納的新形式是些什麼阻礙發達的障礙物，我們必須廢除的是些什麼？我們很難測知的。

據說歷史對於這一點並沒有什麼教訓因爲文化常常發展新的變象，因爲他不走重複的路（除去退化的民族仍繼續進行先進民族所已升上的階級這個情形。這個我們現在可以不必討論）因爲在因果鏈鎖中沒有一節同過去是一樣的，縱或有，也不過是表面的情形，不是眞的相同，所以沒有類似的理可推的。我們不能夠說：這個文化狀況，是早曾有的，故我們期望如當時同樣的結果。不是這樣的，在文化發達中常發生新的情形，所以歷史不能敎給我們什麼。

但如以前所說的，此外還有一個推理的方法。文化常常發展新的變象，不是偶然的，却是有一定方向的。假使我們能夠定出那進行的方向，便能夠推測將來的變象，卽是文化的將來的變象，不是這個或那個民族的命運。因爲民族的一來一去，他們的生存競爭與滅亡，好比祇是文化之原料，文化溜過無數種的短命民族，好比一個有高桅的船，飄過有變化的波浪一樣。我們所要討論的，不是關於民族之命運，却是關於文化現象之運行。

然則經濟之社會學的功用，果是取什麼方向運行呢？我相信以上的說明，足以證明經濟的發達實在是依一定的，可決定的方向前進的，他是依然一部分可明白認識的規律運行的；現在試將這些勞動組織之發達規律簡略的下個定義。

一．量的規律：

各個經濟體中都蘊蓄有擴大的趨勢。

人既團結成羣，這些人羣又有互相連結成更大社會的，及經濟的組織之傾向。最初是小而無定居的遊徙民族，這些遊徙民族的生活，是散居於廣大的土地上，彼此沒有什麼關聯的，以後團結成種族；由種族再團結成民族，由民族團結成爲大國家；最後由大國家更團結成爲最大的政治組織，這個運動的最終目的是世界帝國，將地球上一切民族連接成爲一個大的經濟團體。波斯帝國，羅馬的世界帝國，大英世界帝國及近世世界商業等，都是暫時的造成到世界帝國之例。

按凝聚的定律，武力的征服，或和平的侵入（商業）與人數的自然的蕃殖之增加，都使經濟體擴大。此外要素如生存競爭與自然淘汰，使大的强的組織戰勝小的弱的組織。合作也是一個要素，因爲能成功的組織，必須有能合作的個人。

二．形式的規律：

工作組織之發達，是因爲有新的元素加入。每有一個新元素，就發生新的變象。但是新元素不是立卽替代舊元素，却與之相結合，因此工作組織的形式日益繁多，後來始發見舊元素的凋謝。

在最後變象中所發生的元素，在繼起的變象上就成爲特徵。

三．有組織的人羣之規律：

兩種有組織的人羣，就是社會團體與家族團體。從全體工作史看起來，兩者是互相反抗的。

家族團體之經濟的意義，因爲社會團體的活動日增，日益趨於衰微。

四．合作的規律：

簡單的合作（如埃及的尖塔建築），日益變爲分工的合作。

自機器時代開始以來，人與機器間漸變成分工的合作，純粹機械的勞動，減去大多數的人力，都代以機器。

五．分工的規律：

各經濟團體所有的勢力有日益分作（differentiation）的趨勢。內部的分作總是在外部的分作之先。

六．綜合的規律：

分工與綜合彼此有相互作用的關係。在工業方面，分工每有進步，都引起貿易與交通方面的進步；反轉來說：貿易交通方面的進步，也都引起工業分工方面的進步。

各經濟團體都有一種發達的趨勢，使一切寓於其中的能力，變成一個統一的綜合系統，在這裏面，各個人之間多少有直接的關係。

七．集中的規律：

各經濟體都有一個集中的傾向，即是生產統一化的傾向。——最初各種工業，完全為自己而生產，彼此沒有關連，互相敵視的。以後同類的工業（為節省勞動起見）在一個區域內互相合併成為大的企業，如信託公司（Trust）或卡特爾（Kartel）。而這樣多數的合併，可更合併有更高的管理的中樞，以至全體生產成為一個管理一致的有秩序的系統。——在戰術上，這個集中的進行在近世軍隊中，比較在工作技術上發展更快。因爲在軍隊裏，因爲生存競爭比較在工業方面必有更嚴格的規則，以防止在大隊伍中因衝突而發生的各能力之浪費。

八．凝聚的規律：

各經濟體都設法凝聚他的能力，謀節省勞動的傾向。——以先一百個村民中，每個人須費勞力造他的鞋襪，須費勞力携帶他的郵物。後來這種勞動便凝聚於一個鞋匠，與一個郵差的身上。因此一列火車可代替一千個脚，一個斬肉機可代替一千個牙床，一個中央暖氣管可減少家庭中一切居民的勞動。

九．社會化的定律：

剛才所說的發達定律，可總括成爲一個普通的定義如下：

各個經濟體都有使勞動日益社會化的傾向。有組織的勞動，逐漸代替無組織的勞動（私人生產）最後便全然以更高的而且更完全的形式來代替他。

我們現在所有的經濟變象逝如流水，而將來的變象必然是在發達定律所表示的方向。

第四卷　文化進步之原因

緒論

在科學時代以前，卽在知識界的神學與玄學時代，有一種方法叫作推想，是人之沈思默索，力圖於自己的內部意識內究出真理，而同時蔑視實際世界的偉大高尙的思想，都是依循這個方法考究出來；但是這種思想多半發生缺點，與他所蔑視的實際不相符合，終爲純粹與美麗的意象罷了。當時社會學還沒有成爲科學，尙在萌芽稱爲歷史哲學。哲學家以推想爲根據，得到最終之結論，以爲人類歷史概爲『觀念』所限定，特以宗教的，法律的，倫理的，哲學的觀念，更是歷史與文化的本源與根本的原因。

等到自然科學佔勝利後，識見日增，始知無論對於何種問題，要有見解，必須先有詳細的考察。換句話說：祇有科學的知識，才能夠引人走向真理的困難的路途。等到這個方法用在精神科學上的時候，便能對於支配歷史的勢力有一種新的見解了。在一八五九年一位具有新精神的思想家，曾發表以下的驚人語：『人類社會生活的發展，有一定的，必要的，不爲其意志所管轄的條件，有生產的條件與其物質的生產力的發展的階級相當。這些生產條件的總和，造成社會的經濟組織，造成法律制度的真實基礎，並且有些社會的意識正與之相當。物質生活的生產方法，限定一般社會的，政治的，及精神的生活現象。不是人的意識限定他的生存，是人的生存限定他的意識」（這是馬克斯經濟學評判上的話。）換句話說：歷史的過程，不是爲意識的觀念所限定，卻是爲經濟生活所限定。宗教，道德，法律，美術，哲學等觀念的變遷，不是經濟發達的原因，乃是他的結果。

這種理論，名叫歷史的唯物論（與歷史的唯心論相對）他的見解，確有很近情理的。按這個理論看來，限定我們生活的勢力的，不是我們的宗教家哲學家的高尚思想，乃是日常物質的平庸事業。這正是真實科學的表徵，因爲真實科學，無非使我們脫出自大的夢想與虛榮之蒙蔽，將我們放在實際的基礎上，並且破除我們的錯誤，不至將理想視爲已得的財產，乃視爲須奮鬬的目的。

無論如何，唯物史論包含一個大真理。植物賴其所生地的肥料而生長，繁殖，開發，同一道理，可知食物根源的擴張（如由農業），生產方法的進步（如因資本主義的制度），工藝上的發明（如鐵路，省勞動的機器等等）對於文化發達所發生的影響，遠勝於道德的教訓，宣講，書籍，藝術品，哲學系統。但是這個理論也不可極端的應用，以爲經濟爲文化唯一的原動力因爲進步非出自一端，在文化任何方面的新成就均足引起其他方面的進步。因爲一切文化現象內部互相連結，都有相卽不離的交互作用關係。但就一切社會學的現象看起來，經濟確是大有影響於文化發達的。

按這個意義，則知唯物史論是大有造於文化科學的成績，自經熱烈的爭論後，漸爲一般人所承認而且日益擴張不已。近來有極重要的著作出現，有謂各民族的家族形式，顯然可由他的經濟形式推論的。又如宗教革命（甚至在各教條）表面上雖爲純粹精神的變故，但是我們解釋他可以簡單的說他是因爲由農業國變爲商業國的過渡變化。

假使文化進步極主要的原動力是經濟生活的發達，那末那個驅策經濟往前發展的原因又是什麼呢？無論如何，我們不可犯科學以前時代舊玄學的錯誤，視經濟爲一個實體，(entity)，爲一種獨立的人格，除由自內的衝動往前進展外，幾無其他工作引領着其他文化現象向前進。

關於這個促進經濟發達更深的原因的問題，唯物史的歷史哲學諱而不言。但是本書所欲研究的正是這個促進文化的勢力的深因。

這個問題，祇有用歸納法才能夠解決。我們應當詳細追究經濟的歷程，且須考查各新的變象的變化是由什麼原因而起的。

關於經濟的變象，我們曾已得到以下的分類，現在極簡單的重複述說一番：

大概在太古原始的變象中，遊牧團體是經濟行爲唯一的組織形式。其次在初期宗族的變象中，男女間發生了分工，婦女爲男子所奴隸，遂成立了家庭，由是除遊徙團體與宗族團體外，家庭乃成爲第二經濟組織形式。

自初期宗族的變象過渡到高級宗族的變象，此時鄰居的遊民團體間發生了直接（無貨幣的）交易形式之最初貿易（對外貿易）。

這三個變象相集合形成第一經濟時代，卽宗族組織或宗族經濟之時代。繼此而起的爲第二時代，卽工業的組織時代。這個時代再分爲兩個變象：

（一）初期工業的變象——這是代表職業之起原是男子在職業上分工之開端，用自然貨幣以行貨物交換（村落經濟）。

(二)高級工業的變象——在這個變象中，職業已成了有系統的分作，貨物交換因貨幣之發明大爲方便(市鎮經濟)。

第三時代，是資本制度的組織，這又分作三個變象：

(一)初期資本制度的變象——這是資本制度的企業之初興，貨幣變成了資本(國民經濟之開始)。

(二)高級資本制度的變象——這個變象，始於勞動機器之發明(十八世紀之末)。全體經濟生活起了變遷；私人生產變爲商品生產了(世界經濟之開始)。

(三)晚近資本制度的變象——這個變象爲一個新時代的開端，在這個時代中，全體文化漸漸的適應改革的經濟基礎。

所以經濟變象之歷程可總括爲以下的階級次序：

I. 宗族組織時代。

(原始時代，代表這個時代的已經絕滅，不得而知了)。

(一)初期宗族的變象(自足的宗族經濟)。

（二）高級宗族的變象（擴大的宗族經濟）。

II. 職業組織時代。

（三）初期職業的變象（村落經濟）。

（四）高級職業的變象（市鎮經濟）。

III. 資本制度的組織時代。

（五）初期資本制度的變象（國民經濟之開始）。

（六）高級資本制度的變象（世界經濟之開始）。

（七）晚近資本制度的變象（世界經濟）。

這個階級次序，我們在本書工作發達史章已經詳細敘述，但是當時（爲分類清楚起見）祇論形式的構造，全未論到主動的原因。現在我們要追究他的原因，所以必須加些補充的說明。一切形式的敍述，常祇限於死的固定的形式，而造出此形式潛存於此形式的原動力，常不曾考究出來。我們無論怎樣精密的用解剖學方法剖解一個屍體，無論怎樣完全的考查一個機器的輪機，假使我們不知道他們所貫注的生命與運動果以何法而作用，我們還是不知道他們。故欲深悉社會的機關，必須認識那些支配社會活動的勢力，明白那支配由小原始遊徙民族發達到近世大國的勢力。這個關於原因的理論，不僅使我們了解文化是個前進的東西，並且也給我們一個好機會，將那以先在表面上得到的結果重新的做一番考究與試驗。

此處也是用比較的（變象學的）方法。因爲形式變更，變象遞進，其變動之根本原因也不能一成不改。故我們當按次以各變象與其次下的變象比較研究，以期考出其果由何因變化，而因此引出新的變象。在第二章，然後討論關於一般進化論之顯著事實。

第一章　經濟發達之原因

一．家庭與性別的分工之起原

在我們所知道的最低的文化階級上，我們發見人類結成小遊徙團體，在這些團體中，已形成了兩個經濟的組織形式，卽宗族團體與家庭。在這個階級以前，顯然還有一個更低的階級，卽自然狀況階級（原始時代，或文化之原始階級）。關於這個階級，我們在前章（第一卷第二章）曾推論，大概在這個階級上確有宗族團體，不過還沒有家庭。因爲在自然狀况中既然沒有工作，因此也就沒有分工。

在這樣的原始遊徙民族中，關於性別的分工，奴隸婦女，及因此而生的家庭，是怎樣發生的呢？對於這個問題所下的臆說很多，就中最近眞而爲一般著名社會學者所承認的，就是鄰居的遊徙民族互相仇視，彼此戰鬪，排斥，搶奪。但是可掠奪的物品甚少，所以最珍貴的掠奪品就是婦女。在這個階級上，除其他各種强暴行爲外，掠奪婦女（一直迄於Troy戰爭，與擄掠Sabine婦女）是極尋常的事情，並且因爲男子的本性，是歡喜搶奪那不與他同生長，多少沒有血統關係的外邊的婦女的。（關於這個重要的心理的情形，在人類的原始歷史中特別重要，我們以後還要詳細討論。）——而被掠奪的婦女，在遊徙民族中比較本族的婦女所佔的地位全不相同：她變爲捕獲她的男子的財產，貨物；必須替她的主人作一切辛苦的工作，服從她的主人。被掠奪的婦女，是最初的奴隸。因爲男子容易隱匿叢林中，故獵夫不能夠奴隸男子；而婦女伴隨着新男子不稍分離，並且特別是她的天然的弱點，就是因爲她所生的小孩足以阻其遁逃，恢復自由。故最初的家庭即在遊徙民族中發生。一旦男子嘗到了支配婦女的好處，特別是因爲他天性的怠惰，覺得讓人伺候的好處，以後便漸漸的把這個關係擴展到本宗族婦女身上由是家庭制度日益擴張，最後便成爲原始民族中普遍的制度。按這個理論看來，家庭是異種民族相衝突的結果，有了刼掠婦女纔發生的。我們現在研究發達史的原因，最初就遇着民族的兼併混合，這個兼倂混合正是一切進步之母。

二．原始貿易之起原

人羣接觸的最初的，最古的形式，就是戰爭，在異種民族間交換貨物的最古形式就是搶奪。强有力的民族以武力搶奪弱小者的土地，婦女，武器等。據古日耳曼人的格言，如Tacitus說：『凡能以血而贏獲的，不欲以汗而賺得。』並且這種格言歷久不磨，甚至在近時代尙佔勢力。不獨爲原始民族如Caribbean海島人，古腓尼西亞人，Etruscans人，希臘人，羅馬人所崇奉，卽Pisa人，威尼斯人，荷蘭人，西班牙人，英國人等，也奉行惟謹。卽在十七世紀與十八世紀間，仍視海盜爲一種合法的營利行爲，認爲『生利的企業』。

人羣接觸的最古形式，既然是這樣殘暴，故須有一種新的和平方法來代替；由是交換或貿易乃繼刼掠的戰爭而興。但是在最初的時候實有重大的障礙。一方面缺乏一種物品，他方面這種物品有贏餘的時候，藉交換以有餘補不足的觀念，在我們今日看起來，實在是一件極平常的事情，但在敵視異族間無法律綱紀的狀況之下，卻不容易實現的。（古阿利安語外人與仇敵二語如 Xenos, Hostis，用同一個字，如 Sibja, Sippe 同時爲宗族與和平的意義。）由刼掠過渡到交換，按人種學的研究，是由幾種情形達到的。

1．異種的民族間最初的和平的接觸，以戰爭爲先導。孤立的遊徙民族，最初一定是因爲戰爭與掠奪才認識異邦的，他們自己不能產出的土產，如火石，珠子等。差不多與同等强大的種族相接觸的時候就不能掠奪，對於所要求的物品，就不能不由交換獲得。例如在多島洲中各民族，兩方面經激烈的戰爭後，仍沒有戰勝的，或在交戰前兩民族洞悉自己不能君臨他一民族，乃相與訂結和平的談判；於是規訂協約，交換禮物，以爲和平的徵信。又如人掠奪他一個種族，而畏其報復，乃留下禮物以平息他的憤怒。如 Akka 民族，在菓實成熟的時候，闖入黑人田野中掠奪香蕉，馬鈴薯及麥等，而遺以價值相當的肉。據 Sarasin 的調查，山居的 Veddas 人，黑夜間投置其所捕獲的野獸於錫蘭鐵匠的小屋門前，若數日後不能得鐵鏃爲贈品，則其報復極慘酷。——從這樣的情形，可見由掠奪變爲不通言語的交易的過程（參看第三卷第一章）。

2.婦女在這個文化階級也是交換用的珍貴物品。掠奪婦女常引起流血的仇殺。然欲免此慘劇而又要求異族婦女，遂祇有交換婦女的一個方法。因此遂發生外婚制。這個制度在世界史上成爲人羣結合的極重要的媒介。凡行外婚制的地方，都開了和平的物品交換之門，因爲被交換的婦女在早先敵視的民族間，是極偉大的連鎖。

3.最先打破各種族孤立的狹界，引起和平貿易的雖是戰爭，但是戰爭的接觸不是連結商業關係的唯一方法。各種族間雖然常相敵視，終不能如平常所想像的那樣絕對的。例如印第安人，若在戰鬭中損失多數男子，則以被捕的各外族人爲嗣，在宗族中把他們看作同胞兄弟，且得同寡婦結婚。愛斯基摩人往往調換他們的部落；在大洋洲航行遠方的男子，飄泊不得歸的，孤立無援，無所倚恃，就降服異族，得他們優待，變爲本地人的正嗣。這樣的立嗣成爲不同的種族間的連鎖。貿易關係因此而起。

4.一個種族的人口不斷的增加，一部分不能不向外遷徙。於是鄰族崛起，自然彼此和平往來，常用外婚制堅固他們的友誼。在這樣的種族間，就發生所謂贈物的物品交換

（參看第三卷第一章），而不通言語的交易，可以認爲市場貿易的先聲。

★　★　★

最古的物品交換有許多種方法發生。但無論如何，異族人羣間的對外貿易，必先於人羣內各個人間的族內貿易。這個於進步極重要的事實，是容易解釋的。因爲一個人羣中的各人，生活於同一的自然狀況之下，生產同一的貨物，所以不致引起交換，而不同的種族間，因爲土地的性質不同，各有地方的特產，各自處理其生產物。所以在性別的分工之後，最初的分工，就是不同民族間的分工（在第二程序或第三程序中），後來才發生內部的分工，就是男子職業的區分。

三．職業之起原

如上所述，農業是職業起原的第一個條件，也是第一個原因。農業興後，各個人始能生產超過其所消費的食物，然後才有閒暇做些超乎純粹生產生活品的行爲。有剩餘的食品生產，有時固然也可由漁業（參看第二卷第一章）得到，但是普通祇是由農業得到。

但是祇有農業還不能發生職業。多數農業民族如印第安人，馬來人，巴比倫諸民族，都沒有職業的分工。第二個條件，便是那些因人工的食物生產而閑出的工力，實際上須施於新的勞動行爲上，不可犧牲於天然的怠惰與娛樂。費時而艱苦的工作，是文化人所不得不作的，但是從自然民族看起來，便是反乎自然可嫌惡的。（德國文『勞働』這個字，按Grimm的研究，本來是痛苦，艱難的意思）　自然民族的精力，本來消耗於狩獵，捕漁，戰爭及建築茅屋等事。等到他的簡單的需要得了滿足，便寄身閒散，或以愉快的跳舞，運動，遊戲，晏會，餽賀，以及其他的娛樂消遣其餘暇，或娛心於長時間的閒談，無益的饒舌，真足令工作不息的歐羅巴人驚駭的。——這種好嬉戲與怠惰的人類天性，用一種對於經濟發達異常重要的制度加以制限，這便是奴隸制度。這個制度好似一個鐵杖，鞭策人類勞動，使達於引起分工所必要的強度，且驅使進上更高的形式。

職業分工之開端，實在是隨着貴族組織的制度發生的，卽是跟着主與奴的分異發生的。特別是貴族有支配不自由的勞動者的威權的時候，發生最初的分工。但是職業也有發生於自由勞動的。自由的職工中，一部分是被解放者，卽以前的奴隸，一部分是無產業的貧民與外人，甚有出自盲人，跛子，有殘疾者。例如希臘時代的荷馬與Hephaestus從事職業行爲，都不是自己願意的，都是因爲需要與環境的壓迫才去做的。所以最初的職業發生，是因爲農業首先打定基礎，以後因爲困難與壓迫，所以使不自由與無產業的人從事新的職業滿足他人的有限的需要。

四．發達的工業組織之起原

高級工業的變象之勞動組織，就是初期工業的變象中的組織元素中的萌芽，漸達於充分的發展（參看第三卷第一章）。這個發達之原因，若將屬於第三變象的自然民族（大洋洲人，阿非利加人等等），與升入第四變象的文明民族（秘魯人，墨西哥人，中國人，阿蘇利亞，巴比倫人，埃及人，印第安人等等）相比較，便可看出所有的進步都是受環境變遷的影響，因爲文化輸入一個新地方，使勞動聯合有極順利的方便，這個方便是大洋洲，或亞非利加各地方所沒有的。

在大洋洲，各島嶼太小，且相離太遠，故缺乏人口稠密的條件；況且各島的土產多係同種，不致引起貿易與交通。且形式粗笨，氣候炎熱，使人怠惰，兼以赤帶南北的土地肥沃，物產豐饒，所以居民不易習於勞苦及忍耐的工作。（譬如在好望角每日祇賺一辨士，即足夠維持生活）。

假使文化不是靜止的，他必須移到其他順利的地方，必須向氣候不過於炎熱，生產又不過於豐饒的地方遷徙。因爲在這種地方必須有較强的努力有刺激勞動，舞鼓勞動的機會，對於稠密民衆之聚集，及管理更統一的政府之建設，皆與以基礎，又因自然的水道，豐富的海岸線，開貿易與交通的先導。——我們試想地球上最先開發文明的各地方，便是肥沃的揚子江，與黃河流域，巴比倫的米索坡塔米亞，埃及之尼羅河流域，海岸線長而島嶼多的中美，秘魯高原，東印度之恆河流域等等，所以從第三變象變到第四變象，是因爲地理的移植，最高等的自然民族所造成的組織的萌芽，因爲土地的改變更成了表現文明特性的發展，這是毫無疑義的。因爲地理的與氣候的條件，如上文所說爲工作組織的發達所必要的，都存於最古的文明各國。這些條件雖然不是全體的都存在一國裏，但是分別存在各國，大概祇須一覽世界地圖便昭然可見的。

所以由第三變象進化到第四變象，普通是因爲文化由人類原始的住所（卽熱帶）遷徙到副熱帶。後來溫帶對於文化的發達雖然有許多利益，但是在這個文化階級上尙有許多不便利的地方，所以文明在最初的開端尙不能成立。

五．資本制度之起原

如上所說太古文明的發源地，必其地位，形勢，生產，氣候，適於大多數種族之結果，並且使衆多稠密勞苦的人口得以維持生活的地方。但是這些文明的最初發源地是孤立的，好似野蠻的大洋中散佈幾個巍然聳出的文明的島嶼。各國因其間有地理的阻隔，彼此不能發生關係，不能互相接觸，互相提攜，互相補助。所以在老大的支那，日本，印度，埃及諸國中，常偏於保守主義，偏於拘守舊的形式。這正是太古文明民族的特性。

要從這個異常停滯的狀況有所發達，必須又入到新的路程使地球上無論何地無境域之分多數民族彼此往來親密能夠結成一個複雜的經濟體實行國際間的協作，因此使勞動的結合有較高形式的基礎。

我們披覽世界地圖祇有環繞地中海的三大强具有這樣的民族大結合的條件最爲完備。沿居地中海岸各地的民族，是小亞細亞的阿蘇利亞巴比倫人，波斯人，腓尼西亞人，猶太人，埃及人，卡塞吉人(Carthagians)，希臘人，意大利人，克耳特人(Celts)等。他們不獨屬於三個不同的大陸，並且也是屬於西密(Semitic)，哈姆(Hamitic)與阿利安三個不同的種族。他們文化發達的階級不同，他們各地方的生產物種類繁多而各異，極易引起交換以增進貿易與交通。並且這些民族有海洋爲自然的交通孔道，與難通行的大陸比較起來大不相同。海洋好似一個大奴隸載着極重的負擔，凡羅盤針所指定的方向都可以達到的。

因爲有這樣的多方面的國際關係（這個情形表現於羅馬帝國），所以經濟的發達更進一步。因爲貿易日益繁盛，所以最先引起發明貨幣爲貨物共同的價值標準（參看第三卷第四章）。自然經濟變成貨幣經濟，高級職業的變象遂變爲第五或初期資本制度的變象。因爲貨幣成了資本，而且這個變化是成於以下的方式：

最先一切貨幣，不過是一種便易交換的方法，一種簡單的交換媒介。等到交換媒介採取了鑄造金屬貨幣的形式(金錢)，他的勢力擴大，不僅包括貿易，並且影響經濟的全體。金錢如幻術一般，又改變人類的精神，這種精神上的大變動，是人類歷史上所未曾有的。

在貨幣發明以前，有許多職務都是純粹用武力壓迫執行的。戰事是男子最主要的行爲，歷來戰爭的目的，就是掠奪被征服者或強迫他爲奴或至少迫他作納稅的藩屬。簡言之，治理他就是爲掠奪他。但强權馭御，遠不如貨幣馭御之有益。奴隸之服從，非出自心願，且必常須强迫覊絆。鞭策一弛，就不管事了。而一切情願服從富豪的，則反是皆樂意熱心替他服役。他的威權不僅顯於他的家裏，並且遍及各處。無論什麽地方，他用他的魔杖一揮，則一切勞動者，自手藝人以至美術家，皆蜂擁從之，且以得受其命令爲榮幸。加之鑄造的金屬貨幣能夠無限的集積，因爲他的量比較他的價値少，易於搬動，也不像自然貨幣那樣的易於變化或毀壞。這種便利的財富，如 Dostoevski 所說，是『鑄造的自由意志』。能蓄積大量財富的，世上一切愉快與享用，可隨心所欲，田園，宮殿之富，侍從之衆，男子之趨伺與崇奉，婦女之愛，以及驕奢淫佚，無所不能，發展自己的人格達於極茂盛美滿的境域，以盡量完成其生活。差不多所有的欲望都可以達到的。

這樣的魔力，必引起極强旺的情緒。文明人永遠不能滿足的貪慾，是野蠻人全然不知道的。有這個貪慾的人，使少數特有幸福而有權勢的治者階級貯滿了新財富於其箱庫中。但是久積存在庫裏的金錢，不過是一種潛勢力，是一種夢想的享用；如欲變他爲實際的享用，則辛苦所得的財寶便消滅了。在這兩條難選擇的路途中，便發見幾種不同的方法：

最先是將金錢變爲耐久的財貨，便是變爲始終不變的，而且能不斷的享用的財貨，如建築壯麗的宮殿，畫像，及彫刻，金甲，銀器，寶石，貴重家具，及各種藝術細工，均成爲需要的財貨。在貨幣經濟的最初時代，藝術得財富的培植，發達之盛亘絕古先。但是因爲貪求資本利息的慾望，適足以毁滅藝術。

第二不是理想的，但與資本制度的精神相近的，就是利用所蓄積的財富，不生損失，這就是獲得土地田園。地主將他的土地讓與他人經營，他旣占有財貨，同時又獲得利潤。他能享用他的財富而不必有所減少，且亦無須自己工作。所以在古代(及後來)富人競求土地，因此自由的農夫多失去產業。

第三條辦法，深入資本制度的領域的，便是運用貨幣於經商的企業。如備一隻船，購買必要的貨物，僱用船員，或將資本借與一個經管這些事業，及販賣商品的企業者。因此資本制度的大貿易從小職業的貿易發生資本制度最初顯出的形式，就是對外貿易，這是關於進步的理論的一個極重要的事實。

海外貿易雖然可以獲大利，但是因爲海上有風濤的危險，特別是海盜的危險，這個利益常是不可靠的。於是人看出若將所餘不用的金錢，投資在陸地上，既沒有海上貿易的危險，又可以獲更大的利益。有資本的開工廠，購買許多奴隸，派定了工頭或監工管理這些奴隸，他除了獲取贏利以外，一切事都不用管。（資本制度即在文化低級裏，已爲人所共知。例如非洲前孔哥的Nyangwe的酋長告訴人說，以做生意所得的利益購買奴隸比購買裝飾品好。他解釋這個道理說，如果他買了許多的介殼帶回家去，他的妻子們一定將那些介殼取去做裝飾，剩了他自己一無所有。如果買了奴隸，便可立刻役使他們，不至放着無用，介殼除了用他換取奴隸以外，是不能生利的。）

從此看來，資本的問題從各方面解決了：就是用財生財，將交換的媒介變爲獲得資本的方法。

但是此外又達到一個目的，就是從此產出一個新的組織，這個組織因爲用資本可以得到勞動的結果，所以小的工業與手工業在機械一方面都不能與他抗衡。卽使這個組織在古代的早期資本變象中沒有達到完成的地位，最初發達反受挫折，但是總算因此開創了社會經濟的一個新時代，工作組織前進了一步。

資本制度發生的直接的原因是集聚金錢爲財產。但是他的更深遠的原因就是由於國際關係之加增，早期資本級的人民因爲國際間交通的聯合成爲經濟合作的高等的形式。

六．高級資本制度的組織的起源

古代文明國家衰滅了以後，文明趨向北方，並漸漸的在溫帶區域擴充他的領土。文明的環境改變，於工作組織的進步有大利益。北方氣候比較溫煖的南方氣候對於衣食住諸項要求更多。因爲北方人比南方人的要求多，所以北方人比南方人更須勤苦勞作。因爲冷的氣候比較南方的炎暑宜於努力工作（無論是精神的或身體的勞力）所以北方人的工作更耐勞苦。況且在北方有長的冬季，自然界在冬季都埋沒在冰雪之中，食物稀少，寒氣逼人，所以北方人在溫煖的季節卽須籌備冬天的生活。南方人有求安逸的氣貧，只圖今日的安逸不顧明日的苦痛北方人不得不適應環境的情形，時時要預備將來。低溼之地與不能深入的森林，對於北方較低的階級，誠然是文明的大阻礙物。但是等到人類進步漸漸能夠支配自然，這些阻礙物反能促進工作的進步。因爲要勝過困難，所以比較在南方必須用更多的技巧與能力。況且文化新征服的區域與古代的世界相接近，這個情形也宜於更廣遠的發展。因爲古代進步的人民在長久時期內所獲得的文化現在突然間宣洩於新的野蠻的民族。年輕的學生雖然有最好的教師，最好的訓練也一定須經過許多的步驟，才達到他的教師的程度，此後如果他有特別的本領，他才可以慢慢的超過他的教師。日耳曼的民族也是一樣的須先經行他們的教師所經過的路。他們最初的歷史是在族的變象。他們經過堡邸（采邑）經濟的階級，以後在初期資本組織級更經過都市經濟，在大體上他們重新又經過古代文化民族所經過的程序。日耳曼民族資本組織的成立的原因也與以上所說的在古代與有史以前的情形相同的。

但是這個羅馬日耳曼民族沒有永遠停留在早期資本組織上，到了十八世紀他們竟超過古代的人民進到前此未曾有的發展階級，卽高級資本的組織。我們現在要研究這個高級資本組織的原因。

高級資本的組織發現了以後，勢力雄厚，進步迅速。但是他的原因，却存在很遠的歷史裏。

高級資本組織的發展也是由於國際貿易與國際交通。最先因爲東方的開放所以引起資本制度的發展。就是在十字軍東征之先回教徒與基督教徒特別是意大利的威匿斯人與法蘭西南部的人已經有商業上的關係，後來因爲十字軍東來，東方與西方在種種方面更有密切的接觸。有許多的人因爲西方與東方的交易，西方各國間的交易結果，獲到大量的金錢財富，將所得的金錢都變成資本。所以中世的早期資本的變象也與古代一樣是國際間交通所產出的。

此後幾世紀間國際關係更擴充到新的國家，有幾個大陸都是古代人完全不知道的。當時是新地發見的世紀。在十三世紀先有馬可博羅父子等探訪蒙古，中國，印度與蘇門答臘，後於一四九二年又有美洲的發見。一四九八 Vasco da Gama 繞着非洲航行，發見了赴印度的航路。一五一三年 Balbao 穿過巴拿馬地峽，發見了太平洋。一五二二年瑪志崙（Magelhaes）最初環遊世界一周。一六〇一年葡萄牙人Eredia登岸於澳大利亞洲。一七六八年Cook開始航行南半球諸海洋。古代的世界不過極少的民族環繞於地中海之四圍，以地中海為中心。現在日耳曼民族包有全世界。各大陸種族不同文化不同的人民都相接觸，國際貿易達到一個新的階級，漸漸發展成為國際商業。因此改變歐洲各國的經濟生活，發生重大的影響。（註）

（註）自從美洲發見之後，貴金屬的出產異常之多。所以自一五五〇至一六五〇以後所有物品的價格都比以先增加了兩倍半。

地理的範圍擴大不特使商業交通頓形加增，並且因為新的國際的交通，更使文化的全範圍，特別是科學的發展，也大加擴充。西方在中世紀已陷於迷信昏聵，現在因為與東方相接觸的緣故，於是又放光明，這個光明放在學者的試驗室裏，成立了自然科學。等到科學進步到了完成的一定的程度，以先寂焉無聞的科學，於是脫離試驗室而投入實用的生活。等到科學入了工業的範圍，工作史上就發生一個新的紀元。因為在十八世紀之末從早期資本變象忽然間改革到了高級資本變象的完全是自然科學之賜，人類藉着自然科學發明了大的省人工的機械因爲工藝上有了省人工的機械所以資本組織才有大的成功沒有再敢與資本組織抗衡的舊的生產形式完全失去立足地爲大的機械工業的機械力代而有之但是設立大工業使用許多貴重的器械又非有大的資本不能辦所以新式生產就全落在資本家之手。

向來與手工相連的許多勢力現在因爲機械的發明都被解放也就可以將這些勢力用在其他的工作方面在亞當斯密的時候十個人分工做針每天可以做出四萬八千枚據馬克斯說一架機器在十一小時內可以造出十四萬五千枚一個女子足可以管理四架機器每小時足可造針六萬枚從此看來因爲發明了造針機器一個女子竟可以奪去一百三十人與他們家人的餬口的機會但是同時這些人的工作也可以運用到其他方面因爲發明了機器所以企業家應該手下有足用的工人。

自從奴隸被釋放用雇用的工人代奴隸以來現在又到了一個新的階級在這個階級可以强迫工人不情願的做些單調的耐久的工作。

强迫的工作在歷史上可分爲四個變象每更換一級更將以先的情形加重加烈。

1. 在最低的文化級只有男女間的分工，所有困難繁重的工作都是受壓迫的妻去做。但是這個强迫的情形總可以減輕些因爲當時夫婦的關係雖然很粗簡但是兩人之間總還有些情誼。

2. 第二級是男子做奴隸。但是自然民族間的奴隸比較的是自由的，束縛少的。非洲養奴隸的主人沒有像歐洲養奴的主人那樣的要求要按時間要敏捷要作工認真。歐洲的人的時間不夠用的而非洲人的時間太多不曉得如何用是好。非洲的下等社會很容易維持他們的生活，歐洲貧窮的人極難尋生活費盡心力去找事做生存競爭是極烈的。太洋洲各島的主人與奴僕的關係也是受主人優待的。

3. 文明反倒使奴隸的情形更困難。在發明貨幣之先如荷馬時代的希臘，奴隸的狀態極好如在自然民族中一樣。人類發明了貨幣就引起貪心。從此以後因爲奴隸變爲他們主人獲利的工具，所以受主人的壓迫更甚。但是奴隸的位置還是靠得住的，因爲奴隸是主人用錢買來的，受了傷害就是主人的損失，所以奴隸還不致過於受虐待。

4. 等到廢除了奴隸以後，工人的健康與生命就不必注意愛護了。因爲工人是雇的不是買來的，他可以隨時被主人斥退，他與他的家人就受凍餒受困苦。現在的工人的全生存時時在危險之中，以先的奴隸所怕的不過是鞭扑，所以現在的無產階級雖然是自由的但做事更加認眞。只有國家有實力可以支配下級社會的時候，才可以辦得到用無產階級代替奴隸。如國家沒有支配人民的能力，各主人一定必須豢養奴隸的。

5．强迫工作的歷史仍有第五級，俟以後再討論。

拿坡侖戰爭之後，歐洲享有平和多少年，於是工業上所需要的工作力立刻加增，因此人口大增。在有資本組織的國家（卽歐洲與合衆國）一八〇〇年人口有一五三、〇〇〇、〇〇〇人等到一九〇〇年竟增到三九八、〇〇〇、〇〇〇人。以先因爲戰爭，疫疾與飢饉，人口受了限制，現在大都市的無產階級的繁殖大增。長期間的平和使以先爲戰事所用的大量的金錢，都可以用在發展工業上，爲資本的組織所運用。

綜上所述資本組織的發生主要的原因爲：一、文化輸入溫帶區域，二、國際交通的膨脹，三、自然科學的成立，四、省人工的機械之發明（這種機械促進高級資本組織的發展），五、工作認眞實在與工作力的加增（這個一部分是因爲機械的發明，一部分是因爲解放農奴，與拿坡侖戰爭以後之長期平和）。

七．晚期資本制度級的起源

人類自從高級資本變象以後互相依賴更甚。資本制度侵入人生的各方面，社會經濟的全體都大起變化。因為那個變化是倉促的，忽然的，所以政府的基礎都受搖動。因為經濟上的進步當然也引起文化上其他方面的進步與變化，所以社會上忽然發生問題，必須將古代所傳來的制度按着新經濟基礎加以改革。但是這樣的改革又必須有長時間的適應的程序。因此經濟上急遽進步的第一結果，就是新的經濟制度與舊的風俗的相抵觸，個人間的紛爭，擾亂。

但是相抵觸的勢力也一定會慢慢相均平。Heraclitus 說「衝突之後有調和。」高級資本級的特色雖然是紛爭擾亂，到了晚期資本級已經將開始一個新的紀元並且努力去改變社會，使他慢慢的漸漸的恢復一種動的均平狀態。

我們要研究晚期資本級的原因，必須研究那高級資本制度所產出的突然的革命。外來的勢力沒有比這個革命的勢力更大的，這個勢力有持久的影響。所以現在要研究晚期資本級變到現在的情形的原因，我們須先注意資本制度不幸的結果。所以有這個不幸的結果就是因爲新舊兩種經濟制度不相調和，但是這種不調和正如社會上一種病症，不是變爲大症就是要治好，雖不能完全治好至少也須改良。現在敘述在高級資本級中的這個不調和的情形。

甲.高級資本級在經濟上重要的事實，就是從個人生產過渡變爲社會生產，這個變化有大的影響。這個新的工作聯合的原則，就是生產者不是爲自己的需要生產的，但是因爲他最適於生產，最長於生產。這個原則一旦成立就大發展而個人生產都漸被淘汰。在現在的工作界裏各人都不是爲自己做事，各人都是爲大家做事，但是他自己也可以享用所有旁人的生產。各人爲大家工作，大家爲各人工作，人類有這樣的團結並不是因爲文明有特別的非常的大改革，並不是因爲利用他的感情的發展，乃是一種精緻的自利主義。

在個人生產時代，各人都是爲自己的需要而工作。Bastiat 說『文明人要爲他一日所享用的物品自己去工作，他須工作幾百年。』要理會個人生產與社會生產兩種制度相去有如何遠，最好是觀察最初個人生產的情形。試觀自然民族與歐洲旅行家相接觸後相映照的情形，就可以推知兩種制度的相異了。Von den Steinen 說他遊歷巴西中部的時候『他們常問我的襯衫我的襪子都是我自己做的麼，搖床與蚊帳也都是我自己做的麼。我告訴他們說所有我的東西都不是我自己做的，他們聽了非常喫驚。我給了他們幾個編物的針，我因爲只剩有一個縫物的針，我只將那個針給他們看。他們要求我將編物的針穿孔，也做成縫物的針。』我們的生產制度固然使自然民族喫驚，而自然民族自給的生產也常使文明的旅行家喫驚。例如 Pickering 說『我所旅行的地方沒有看見過像 Tahiti 土人那樣的旅行家有用的。所有生活上所需的重要物品，他們都能置辦。他們用半小時的功夫就可以用巴蕉的枝葉造成小屋，他們磨木便可取火。有一個地方水流藏在石岩的下邊，他們用香蕉的葉就可以取出來。這個山裏的鱔魚差不多是兩棲類，他們也有捉取的技巧。他們用牙扯開一種樹皮造成魚網，在一會兒工夫卽可將魚捉到。如果派人去取菓實，他在路上常是用可可菓樹的葉造成籃子。蓆子也是一樣的容易做出。衣服是極容易做的，巴蕉葉卽可用爲傘，天氣好的時候他們做出花圈來。竹筒做成杯瓶，長筒做成桶筲我們若向他們要斧子，匙，牙刷或洗手盆，他們總會做出來的。』

將這兩種制度對照起來，我們就可以看出我們合作的生產的利弊了。在一方面我們得到有物質的與精神的財產，豐富而種類繁多。這是自然民族所無的。又一方面因爲合作的制度以分工爲基礎，所以產出許多弊來不容忽略的。人在自然狀態的時候所做的事情可以用他的精力活動他的肢體，引起他的趣味，促發他的智力，鼓動他的精力，總之可以運用他的全生命。我們因爲分工的緣故只有一方面的發展，變成片面發展的工作奴隸，有些人每年一天到晚什麼事都不做只有掘地，有些人只鑽洞，或洗濯或者寫字，或管理機器。這兩種的生活那一種有趣很可以看出。打獵捉魚本來是自然人每日的工作，現在都變爲遊戲只有有資財的人可以做的。文明人於工作不特是乾燥無味，並且對於全人格都是有害的，有墮落的影響的。長久做一種無變化的工作可以使工人的心理的能力萎頓，讀書的人因爲動作的機關與身體的上部不常運動所以身體常是柔弱易有疾病。所以古代的人看不起勞動不是沒有理由的，他們以爲工作是妨害生命的滿足與個人的調和的美。Xenophon 說『因爲做手工必須坐着常閉在屋內，所以手工妨害身體。』亞里士多德以爲『閑暇是自由人生命的最高目的。』（政治學第七卷第十三章。）

現在的制度妨害個人的發展增加工作上的苦痛既然有這樣的弊害，那末分工決不是福實在是禍。但是這個弊害不是因爲分工自身，實在是因爲過度的工作才產出不幸的影響來。例如一個人每天只做幾小時的困難的工作，以其餘的時間去另外做些可以補償的事務（無論是有用的或是遊戲的，例如讀書，打球等事）就不必怕有這種使精神昏瞀的危險而同時仍可以享受分工的利益。經濟學者曾計算過，假使所有健康的成人都從事於國民的生產，假使工作的組織是完全澈底的，假使機械力有合理的分配，假使人口不至有過度的增殖，假使上流社會不至濫用工作力專爲無意識的顯耀，假使這些條件可以滿足，每人每日只做幾小時（有人說每日只三小時）即足可以得到現在文化階級所當有的生活了。以上所提出的條件與分工是完全相調和的，所以我們相信現在妨害個人的弊害不是分工自身實在是現在分工的形式。現在壓迫人類的大弊害正是人應當去大改革的。

乙．工作合作又發生一個結果。自然人雖然是獨立的，文明人却是絕對的要靠着聯合的分作的工人要爲旁人爲社會全體工作，所以他的生存要完全靠着社會給他的報酬。這個情形正是資本制度時代的最大最困難的問題，並且這個情形也是變態的：現在財產的分配問題。

現在我們分配的制度一看就可以知道是不公道的。少數有錢的人就中大部分是向來沒有做過工作的，過着豐饒的奢侈的生活，而大多數的人勤苦的做種種工作，受極低微的工錢，他們的生活使自然人見了都喫驚的。

這樣的不均平怎樣來的？這個原因是容易看出的。現在只有生產是有組織的，而報酬沒有組織。分配利潤的制度仍是個人生產時代的情形沒有改變，所以產出這個紊亂不平的現象。在家庭生產自給的時代，各家庭都各爲自己的需要去工作。因爲他們所生產的當然就是他們的財產爲全家所共有，所有的物品在家庭中應該是世襲的，所以利潤的分配是簡單的。但是自從有了聯合的工作，承襲遺產漸漸的變爲一種特權，個人有了這個特權不用自己的努力就可以得到旁人工作的結果，他自己雖然怠惰，但是因爲承受了遺產却可以安富尊榮的過奢侈的生活爲社會的寄生物。在現在工作組織之下，這個特權實在是不公道的。因爲自從聯合的工作進步以後，我們倫理的見解已經改變，家庭的道德漸變爲社會道德。在家庭自給時代，人都以爲父親的罪孽要他的子孫多少擔負是應該的是公道的，現在我們就只承認個人的罪過與個人的功績，我們以爲若使無數的後裔受他的祖先的功績是不公道的，因爲這個報酬是要犧牲許多其餘的合作的工人所以更不應該。在表面上看來，一個富人是用他的祖先的財產生活，但是事實上他是靠着他同時的人的生產結果過生活的。所以他也像那些消費多而生產少的人一樣，是有害於社會的。

這個不公道的分配制度的原因雖然容易看出，但是很難將這個原因除去。因爲死者的財產必須由社會代爲管理分配的時候，一定是要比現在社會的組織更高，而將來家庭的解紐必然比現在解紐的情形更甚。

即使現在假定以上所說的不公道的分配的原因可以免去，家庭承襲遺產制可以廢除，那分配聯合工作的產品仍然是一個困難問題。因爲有了合作以後那公共所有的東西變爲不可分的，共同工作者對於所做的物品無論是一個釘子或是一個機關車，應該每人得多少大的一份，若按各人所做的職務差不多是不能計算的。急進的思想家解決這個問題竟主張將所有的物品都變爲普遍的共有的。假使共產制度只於是弱者攘奪强者，我們還可以承認因爲社會主義的高尙的責任不特是保護弱者並且保衞病者，（但是病者不可繁殖他的種類）不是使他們的生活好，要使他們的生活甜。但是我們試想若在共產的世界裏怠惰者的生活要犧牲勤勞者，怠惰者因此反得到便宜，那文化與幸福的原動力的自私心完全廢除，這樣社會裏所有個人自動的能力也都不得發展。這個辦法雖然痛快，但是不能認爲解決。對於不同樣的工作而與以同樣的工錢，我們不能認爲正當的原則。個人的消費與他的生產要做正比例的。時間長久的工作，切實的工作，或質好的工作比較他種工作，應該受更高的與他相當的報酬。在一個社會裏假使各人降生後都有同樣的權利，各人只按個人的功績本領顯出各人的差別，這個公道的原則當然是實行的。在這樣的社會裏，那從事於最難最苦的工作的人當然最少，而從事最容易最有趣味的工作的人當然最多。工作越苦越難，如果要得多人從事去做那工作，那人所受的報酬也應該越多。這樣辦法，財產的分配的問題與現在物價一樣的，完全用要求與供給的定律解決了。

將來的社會或者可以解決這個最困難最重要的社會問題，但是現在解決的端緒已經成就了。聯合雖然奪去個人的獨立，但是個人因此可以脫離了自然的無恆。人類從此以後不必服從那無理性常變化的勢力，可以遵從人性的有理性的勢力，或者遵從那漸漸可以受理性的指導的勢力。

按這樣的情形，就是分配財貨問題，將來也可有一日得到一種合理的解決。

三、遺產與繼承遺產限於家人不按個人的差別，是我們階級制度的原因。因爲人生下來就有貧富之別，所以社會上的人分爲兩個階級，上等階級專有有趣味的工作，享受娛樂，而下等社會則須做無趣味的苦痛的工作，凡我們文化中的高尙娛樂都不能享受。

在高級資本變象中，這個富豪制發達到了極點。因爲資本的組織使工作者與生產的工具相分離。在資本制度之先每個工人都有他自己的工具。一旦機械代替了人工，因爲生產的工具不是人人所能備置，於是工具遂爲資本家所專有。工人從此受資本家的支配不能抵抗，這個結果就是强迫的工作達到極點，下等社會爲資本家所剝削。這是高級資本級的特色。沒有生產的工具的人，甚至於連筋肉的力量都沒有的人，不得不爲極低微的工資，差不多不足糊口的工資，每天做工十五六小時。不特是男子，就是下等社會的女子與兒童現在也入工廠做工，受企業家的剝削。等到他們做工做的精疲力盡，他們只有去做乞丐或者投奔貧民院。在資本的組織之下，因爲生產率過高，所以做了許多種物品，只有有錢的人可以購用的。因爲財產是產生財產最有效的方法，所以貧富兩種階級的財產一天比一天相去更甚。一方面有無意識的奢侈，一方面則增加剝削與富豪政治。剝削與富豪政治已到了極點，已經到了下等社會已不能再忍受的地位。

但是這個新的階級制度一定當認爲進步，因爲這正是推翻剝削的必由之路。因爲新的上等社會（即富豪階級）代替了舊的强有力的上等社會（即世襲的貴族階級），所以有了更自由的發展的路。我們現在比較中世紀的階級與現在的階級就可以看出兩種上等社會的不同了。

甲、舊的上等階級（即貴族）是固定的，不變的，他們的特權乃至他們子孫的特權都由法律保證，他們因爲行階級內婚制與禁止與階級以外通婚，所以完全與下等社會不相通。資本階級與其他階級在法律上，就沒有這樣的制限，無論多少低微階級的人，都可以靠着他的能力與他的命運登到高級社會。以先按世系血統定個人的社會位置在現在是失了效力了。

乙、以先的貴族是因爲戰爭的功績得到的，現在財產的貴族是從平和的工作的結果得到的。所以新的階級制度加入一種新的精神。戰爭以先被尊崇爲最高的職業的，現在爲人所惡棄，認爲商業之敵，認爲一種野蠻的舉動。工作爲以先所輕蔑的，現在因爲資本的組織升進到空前的有效的地位，在一般行爲上占主要位置，變爲人類獲得功績的唯一的有價值的職業。

丙、世系的貴族靠着土地的產業，財產的貴族靠着資本。資本是流動力，從經驗上看來在一個家庭裏最多不過幾代。

丁、新的階級用無產階級代奴隸。奴隸是孤立不相連的，無產階級則集聚於各工產中心，常看見富人的奢華的生活，心有所不平，所以常聚爲團體。此外更因爲新聞業的發展他們時時可以知道他們生活的情形，聯合他們自己成爲更大的更普遍的指揮的團體。

戊、舊的貴族用中世紀的宗教爲支配人民最有力的方法那宗教的信仰使那受壓迫的希望在未來的世界得到賠償。而高級的僧侶大部分又都是爲貴族所占領。現代的人用科學推翻了許多的神學的謬說，他的宗教變爲人道的宗教，他去爲神服務，他爲受壓迫者服務。

這樣的新的階級制度代替了舊的階級制度。因爲新的階級是微弱的，不固定的，並且對於人民壓迫過甚的，所以一定刺激下等社會的反抗心，發生階級間的奮鬥。

四、資本制度於社會上政治上引起變化之外，更對於人有心理上的深遠的影響。每件東西都是商品，所以每個人都是商人。商業的精神靡漫了全社會，人人起了貪得無饜的心。這個貪欲固然不是一旦間成立的，他的歷史也很久遠，現在可以分別爲幾個變象如下：

第一變象：原始民族完全不知道有貪得無饜的心。這大概是因爲在文化最低的階級的時候，商品太少，不會使他脫離了安逸的生活專孜孜於滿足這個欲望。

第二變象：貪得無饜的欲望最初發現於牧畜民族變爲很盛的。牧畜可以自己繁殖也具有資本的各種要素，所以牧畜民族有資本制度的傾向。只有曾經過牧畜階級的民族才獨立的進到資本制度。這也是心理上有趣的事實。

第三變象：自從發明金錢幣之後，貪得的欲望更進一步。金錢可以滿足各種所有的欲望，可以聚集無量數，可以引起極大的貪心，又因爲他是一切事物的普遍的標準，所以使人時時計算爭奪。因此人的自然的高尙的性質都完全喪失。這個商業的精神因爲基督教更加重。（乍聽此語頗可怪的）因爲按着基督教未來的賞賜的道理，凡是一件由本心做出的好行爲總可以希望將來得賞賜，換一句話說，就是希望將來可以有利，所以這個行爲墮落爲自私自利的行爲。

第四變象：資本制度發生以後，金錢又添了新的職能，將簡單的交換的媒介變爲不勞而獲的工具，所以貪得無饜的欲望更加甚。

第五變象：在高級資本變象上貪欲達到最高級。因爲在這個階級的時候，資本制度正在最發達的時期，同時有許多其他的原因發生，也增加貪欲的勢力；在資本制度以前，個人對於家與族有有力的要求，他有疾病，有需要，或老年的時候，可以要求家族的資助。在高級資本變象級，家與族衰微解散，常不能保衞家族內有疾病或老年的人。舊的關係完全解紐，而新成立的國家仍不能代家族以先所有的職務。因此在這個大擾亂大改造之中，人覺得有一種前此未有的生存之不安穩。差不多每人都覺得有一天遇見不幸沉淪到無產階級爲餓莩。最初只有一個方法可以防備這個生存之不安穩，就是聚財越多越好。以後因爲長期間的平和，衞生狀况改良，工業的膨脹種種原因，人口大增加；但是因爲人口增加，生存競爭更烈更慘，而人人求富之心也更切。同時新的生產方法又供給了許多種奢侈品，出品豐盛。都市中店肆所陳列的輝煌的物品與富人的鋪揚揮霍不斷的引起新的欲望，又加以有許多物價低減就是最貧窮的人也有很多很複雜的需要。

因爲這些原因，貪得無饜的欲望達到最高度。以先的人爲生活而賺錢，現在的人爲賺錢而生活。就是中世紀時代的觀念都承認工人的工作應該得到相當的報酬，是以維持他自己與其家庭的生活，博取高利是可恥的，教會認爲最大的罪孽的，而現在的大反動，就是大家以爲不必勞作，專靠資本的利息而生活的，大人先生是最理想的，最可歆羨的生活，要打算存儲資本，不特要賺錢，并且還要儲蓄，（下金卵的鵝不可殺死），人遂貪得無饜，結果就是人雖然有黃金滿篋，但是飢餓了精神身體，喪失了生命的幸福。所謂美利堅主義（Americanism）以爲產業是生存的目的，以爲時間都是金錢，這個危險的病傳染了無數的人民，所以大多數的人寧可犧牲他們的生命去求財貨成爲富豪。下等社會當然沒有這個發財的機會，看了這些有幸福的人變爲嫉妒憤恨。

高級的資本制度造出一個困苦的懷恨的世界，貪得無饜的要求，將生活上的愉快幸福掃盡。不安舒不滿足漸漸擴充範圍。大部分的思想家都陷於悲觀主義，（不健全的社會的哲學）而其餘的思想家則去追求新的理想使生命有生活的價値。

五、但是貪得無饜的欲望於其所產出的壞的結果以外，因爲他促進生產並且使工作組織進到更高的形式，所以在一方面也有好的結果。以先消耗在轉瞬卽逝的娛樂的，現在大部分都存儲集聚起來。因爲各人都希望從資本上得到利息，（無論如何小的資本，）所以以先農人在窖裏箱裏襪裏所藏的蓄儲，現在都流溢出來人都去投資獲得利息。現在這些儲蓄的金錢侵入到各方面以求得到最高的利息。有了這樣大的勢力，就可以發起極偉大的企業，煤鐵無論在地下多少深的層下都可以取到。凡資本可到的地方，沒有辦不了的企業。中世紀對於生產所定的人爲的制限打破了以後，資本挾着他偉大的超人的勢力就可以大發展。因此代行會而起的就是有自由競爭的制度，就是產業的自由。以先的物價是由上級社會規定一成不能改的，現在變爲放任的自由受供給與要求的定律的支配。

但是就是資本制度所產的這些結果，也還有許多壞的影響。在每種企業之中，雖然生產是有規則的有系統的，但是各種企業之間缺乏聯絡，缺乏統一，因此生產全體是沒有秩序的，正如同一個有機體的各部分互不相關，各部分做各部分的職能一樣。因爲個人的生產者，不知道外邊對於他所生產要在市場發賣的物品有多少要求，所以他只盲目的製造，定出價格，儘量的生產，儘量的消售。這樣的生產缺乏秩序與系統的結果，就是生產過剩，換一句話說，就是生產的物品屯積過多沒有人購買。此後就是商業上的危機，商業上在一定期間發生極大的擾亂，一時生產停滯，抵抗力最低弱的企業失敗毀棄，大部分的工人與其家庭都變爲餓莩，淪入貧民階級。在根本上看來這些種變化不是由於生產過剩，却是由於消費的減縮。因爲在發生這種變化的時候，倉庫裏雖然常是存着許多的麥粉，布匹，鞋靴等等，但是同時有好幾百萬的人仍是身上沒有完全的襯衣，脚上沒有齊整的鞋子，餓了沒有果腹的食品。所以這個原因，就是因爲這個不公道的分配制度，下等社會缺乏購買能力去置辦所生產的有餘的貨品。因此商人反須將國內所急需的貨品運到外國去尋銷路。從此看來，就是在這一方面高級資本級遺留下一個極困難極急迫的問題，要解決這個問題，必須將生產全體統一組織恢復生產與消費的均衡。

高級資本制度發展的結果，產出一種不能再容忍的混亂的狀態，如日耳曼民族的穩重，終久也不得不設法救濟這個狀態。這種情形，現在直接的引起許多的經濟運動，這些運動足可以爲晚期資本級的特色。就中最重要的運動如下：

甲、工人的聯合

最先受產業上的變化最甚的是下等社會，就是工人階級。這些工人有以先屬於上級社會的人做指導，團結起來成爲組織，反抗資本家的專橫。他們的精神勇氣是可大欽佩的。他們的組織可以分如下三種：

一、政治的聯合，設法爲下等社會運動立法。

二、工人聯合會（工聯），他的主要目的是團體的工作契約，並且在罷工與有疾病的時候維持他們的會員。

三、合作會社，大的消費與生產的合作團體已於前章敍述。

工人政治的聯合最初所採用的方法是錯誤的。他們無力的擾亂蠢動並且過於相信他們自己的勢力，他們以爲在短的時期以內，就可以獲得政治上的權，立刻就可以發展一個新的文化世紀。他們對於政治上所獲得的小利益都拒絕不肯承受，只希望將來有一日可以支配政治按着他們的計畫去執行。但是這個思想是謬誤的。這個熱誠的理想不是這樣容易實現的。幸而現在的見解已經改變。他們一步一步的不斷的前進，用耐久的，不肯休止的奮鬥的精神爭求利益，慢慢的但是確實的達到進化的目的。這個演化不是忽然的未成熟的可以達到的。但是雖然有這些種錯誤，或者是因爲曾有過這些種錯誤，工人的組織很迅速的在經濟上，在國民生活上，得到較大的勢力。經濟學者所謂「工錢的鐵律」（卽大多量的工作最低量的生活之資的定律）爲一般人所信賴的有多少年也不得不被推翻。政府向來是專照顧或保護上等社會的利益，現在雖然不情願的，但是也漸漸的不得不用和平熱誠的態度注意下等社會的利益了。

所以現在强迫的工作史上發現一個新的變象，可以稱爲第五變象。在這個變象上一方面雖然有强迫的工作，而另一方面對於工作結果的趣味變爲工作的動機。這種發展漸漸的達到一種理想，使人類工作的動機不在受强迫，不在需要，而在工作的報酬特別是對於工作的娛樂。下等社會的組織越加增，那上等社會剝削下等社會的歷史越改變方向，另趨向於新的一途，結果將來將剝削的行爲完全消滅。這種的努力也可以漸漸消滅其他人爲的，世襲的特權如關於權威，位置，爵位，財產的特權。富豪制度就是少數人剝削多數人，所以等到多數人有了相當的知識，能夠組織，這個制度不是平和的改變，就是要受剷除。

乙、企業家的聯合

在現在生產界擾亂的世界就是企業家的地位也不是安全的。他們因爲無限制的競爭，時時要奮鬥，因爲工人的要求日益加增，時時要與工人相抵抗，因爲情形常有急遽的變化時時要防備，所以企業家的位置岌岌可危，時時可以破產的。這些企業家有他們所特有的無窮的精力，加以組織的能力與天才，力求補救的方法，所以他們也聯合企業專以規定物價生產與販賣的範圍爲目的。他們用這樣的聯合，可以使生產的程序安穩有秩序，可以防止屢出不窮的經濟界的恐慌。

這一類的聯合就是聯合會社(cartels, syndicates, conventions)特別是特辣斯(trusts差不多所有個人的與相仿的工業都吸收成爲一個大企業)與壟斷團體(corners or rings)，所謂壟斷團體，是專門以獲大利爲目的的投機的聯合。

聯合會社代表一種高級的工作聯合。大的工業是聯合許多小的工業屬於一個劃一的管理之下，聯合會社也是聯合許多大的工業，造成了更高的組織形式，他的最高的目的，就是馬克斯所謂對於生產有普遍的主權。聯合會社過度的發展以後專有生產的全部，他可以有定出奇高的價格以魚肉一般消費者的危險。但是這個危險還不致妨害那普遍的生產主權的目的。因爲等到聯合會社發達到了壓迫社會的時候，政府就不得不負保護社會的責任，政府干涉或監督大的產業就是趨向於社會化的生產之一途。

現在聯合會社的運動還是在發軔的初期，關於這個運動的前途如何，各人的見解不同。例如有許多的聯合會社都是近來成立的，兇且小的中號的工業比較大工業數目更多，更爲重要。就是將工業從個人轉移到合股公司的手裏的運動，也是趨於高級合作或社會化的傾向的。因爲這種移轉就是將一個人的財產變爲多數人的財產，企業家的職能也是從資本家移轉到被雇的經營事務的人。

丙、保險

上文所述兩種運動之外，又有一種重要的運動就是保險。現代生存的不安穩，未來的生活的不可靠，這些問題須用聯合的方法解決。一個人受了不幸的災傷足可以使他個人與其家庭受苦痛，但是假使一個大範圍人可以共同的擔負那個災傷，那困窮的情形總可以減輕，不致有致命的危險。這正如同可以壓倒一個人的重量，如果有多人舉起就不致大吃力的一樣。這個觀念是在晚期資本級才顯出他的重要。現代的人爲他的生命財產保險。他對於火災，盜賊，災傷，疾病，殘廢，老年，死亡都保險。他爲他的家庭保險，甚至於爲女兒購嫁妝保險，爲男兒購軍役的保險。商人爲船隻（水上保險）貨物，運送事業保險；他保玻璃窗險。雇主對於殘廢保險。醫生對於傳染與賠償（如果有人證明他曾用不正當的手段他須付賠償費）保險。農人對於牲畜的傳染病，雹災，風災保險。

十年以來保險事業雖然大發展，但是將偶然的災險減到最低限度，使人的運命脫離了自然的偶然的支配，用聯合的方法隸諸人類理性之下，尚未大發達。關於人的智慧支配人的運命的根本觀念仍然是很淺的。因為要實行這個觀念必須有一般的保證的制度，要組織保證制度又不是合股公司的勢力所能辦的，只有人所造出的最大的勢力，（就是國家）才可以組織一種普遍的保證。但是我們現在的國家的組織還不能擔負這樣的事業。現在因為國家有强迫個人保證的（例如德國英國）並且國家去支配老年保險與疾病保險，所以已經開了國家支配保險的端緒。

丁、國家的組織

我們在上文敘述組織形式的時候，曾說到現代國家的組織是晚期資本變象的特色，我們並且屢次論到國家組織的活動增加的定律。

註、我們官僚的機關的風俗一部分是從中世紀傳來的，是與現在時代相背的，並且妨礙發展很有勢力的。Berolzheimer（在他的System der Rechts-und Wirtschafts Philosophie中）曾說「官僚政治的標幟就是形式主義（額外的雇用多數官吏官樣文章）辦事麻煩笨重，缺乏自動力官僚政治缺乏創造力重形式而不重事實。維持官僚政治的方法，就是保存平庸的人，而不保存有自我意志的能力的人，平庸的人宜於從政，而有自我意志的，就準備着有個人的行動，……」就中最壞的弊病（這個弊病當然應該咎責這個制度不應該咎責人）一定是形式主義的精神，只要形式不錯，這個事情的意義與目的就都是次要的。這樣的精神還表現在衙署所用的文牘公事上，因爲要產出一種莊嚴的效果，所以那公事上所用文字，總是越艱澀越難索解越好。但是官僚政治已經漸次衰微，就是官僚制度在近年已努力適合於新時代的精神。

但是近代國家的重要，不只於是因爲他的內部的組織，並且是因爲他對於個人已經完全改變了位置。以先的國家不過就是剝削被壓迫的人的一種制度，國家與一羣强盜相比較所不同的，不過是較大，較穩固，有較高的組織。以後國家漸漸的改變性質，變爲一個大的慈善機關，變爲一個强有力的公僕，變爲人的最高的善，所有的進步，所有的文化所有的幸福都靠着這個善去完成。以先日耳曼民族幼稚的時期按着教會對於生命所定的倫理的理想生活着（有許多神話童話等裝飾那個理想，這些神話童話於他們幼稚的了解力也是正合式的）現在這個民族雖然有種種反對的，也不得不使他們兒童受國家的教育。等到國家的教育完成了以後，等到進到社會主義的時期以後，獨立的聯合將努力趨於一個更高的更遠的目的。此時他們不必再需要保護者，就可以維持他們的均衡，他們也就可以了解絕對無主人的理想。這種絕對的無政府的情形，正如西勒爾（Schiller）所謂『用銅棒拘束反對者的法律對於你不能發生影響。你所努力求的，那就是約束你自己的法律』

法律哲學家 Stammler 說『有意志的相友愛相伴侶 (fellowship) 是社會生活的無條件的目的。』

戊、現代女子運動

因爲高級的資本制度致自給的家庭的死命，打破家庭，使許多女子脫離家庭投入產業界，所以現在產出了現代女子問題。在晚期的資本制度級遂有現代女子運動發生。在晚期資本變象的各種運動以女子的分作爲最重要，因爲如果女子分作也與男子分作相仿，按着他的方向進行一定要不動聲色的，但是很透澈的改變社會。關於這個見解的理由許多社會學者間的見解不全相一致，已在前章叙述。

我們討論晚期資本變象比較討論其他諸變象更爲透澈。因爲了解現在情形是社會學上最重要的職務，古物學固然於社會學的研究是不可少的，有大功用的，但是研究現在十分清楚，比較研究古代更可引起一般的趣味。我們現在總括所討論如下：

高級資本制度忽然使社會立於新的經濟基礎之上。因此改造文化全體的大問題發生。晚期資本制度的社會努力去解決這個問題，但是他解決的最重要的方面——如工人的聯合，企業家的聯合，保險，及國家的組織與女子的分作——不過是初見端緒，希望尙遠在將來。這種的運動，是以現代的經濟理想做目標，與向來的理想相抵牾的，必須於長久時期慢慢的漸漸的，有有組織的發展，用許多的努力與衝突以後才可以達到這些理想。晚期資本制度不特是將消滅的時代的最終變象，並且同時是新的將成立的時代的最初變象，這是我們一定要承認的。這個見解有否錯誤將來社會學一定可以決定的。

第二章 進步的一般的原因（進步的理論）

我們在前章研究經濟發展的各種原因，從自給的人羣的社會經濟，及各種工業的變象，乃至現代最强有力的資本的組織，皆曾研究。我們曾看見有許多複雜的合作的勢力，現在我們要研究在各種勢力之中有否一個劃一的定律，可以爲各種現象的重心，至少我們也要對於在這些變象中，可以爲一般的原因的勢力藉着以上所論的結果，得到一個相連的確定的觀念。

進步的普遍的，最終的原因與文化的原動力，都與一切的社會現象一樣，顯然是人的自身；人有了社會本能，與其同胞相聯成爲最高最複雜的組織，人有了聯貫的語言，可以承襲各時各地各種族無意中或深思積慮努力所得到的利益；人藉着言語漸漸增加知識，可以升進人類的地位到最高級，人的努力勞作，一方面雖然努力，一方面可以使他歡娛，使他熱心的承受進步，在種種方面模倣並且固執的保持進步。

因爲累代的人，不特沒有使長久慣用的風俗變爲固定的反倒使後起的一代一代的人做成新的習慣，所以因此也可促進進步。

在工作歷史上，我們看出必要與强迫，是於進步有重要的關係的。强迫的工作於高級文化雖然是必要的，但是爲自然人所厭惡，自然人反認爲不自然的。人只有在被强迫的時候才降伏了他，自己的固有的怠惰，才肯服從繼續的工作。

在工作史上除了必要與强迫之外，閑暇與豐裕也是一樣的有重要的關係的。閑暇與豐裕的重要，人常不注意（因爲人常是推崇使他苦痛的比推崇那施恩惠給他的更甚）所以俗語上有發明原因於必要的話。但是必要與强迫對於發見不能有所貢獻的。人的發明的天才不過就是遊戲的本能，只有在有閑暇與豐裕的時候才發現的。一個人拾起一塊有顏色的石頭，拋擲了石頭以後不只使他注意那聲音，並且還使他注意到那石頭的力與推動力，從此才造出第一個石錘，以後在大家比賽最遠的拋擲的時候，大概引起遊戲的本能。這都是在閑暇的時候才做出來的。人在最初偶然間鑽木出火星，取火燃燒，或者是專爲悅目起見。因爲弦可以發嗡嗡之聲韻，所以才發明了原始的樂器，此後更造弓與鑽子。言語大部分也是由於遊戲的本能。人類爲什麼會有這樣多的字句，就是文化最低的民族也有豐富的字句，這個不能用必要與競爭去解釋，只可以用最初人類就是歡喜啾唧呢喃，（其他合羣動物如猿，鸚鵡也是如此）與歡喜與同類的人交換意思表現自己感情來解釋。人類最初豢養有用的動物，大概是因爲看見被捉獲的動物，特別是被捉獲的幼稚動物，有種種可笑的動作，看了好玩，以後才發展牧畜的。就是我們的兒童，也歡喜從樹林裏捉取松鼠刺蝟小狐，小鳥，蟲類到家裏來豢養他們供他們的玩弄，所以就是許多在牧畜級以下的民族（例如印第安人）也有許多豢養動物的，不特豢養狗貓，並且還豢養猿猴，鸚鵡，鷹，海鷗，喜鵲，仙鶴，烏鴉，鹿，狐，熊，狼，等等，供他們玩弄，所以他們的房屋好像一個動物園。這樣散漫的零碎的與動物接觸，更進一步就是豢養牲畜。耕種也是大部分由於豐裕，不是由於必要。在最有用的植物中可以繁殖的一部分，正是那最好吃的一部分，如菓實根子都是可吃的也都是可播種的。這正是自然的最巧妙的組織。若因飢餓的壓迫須將所有的部分都吃盡，結果必至將所採取的植物都用盡，沒有剩餘可再播種了。倘若植物豐裕，剩餘的菓實或根子遺落在田地裏仍然增殖，當然可引起原人的注意。高的智慧當然可以從此發明這種植的事實。例如在澳洲土人（據 Sarasin 的考察）中許多部落將掘起的薯切下可吃的部分然後又將原薯埋在地下為得可以再發生新的根子不至枯死。原始的貿易也是因為有奢侈品（如裝飾品，玩具，外國奇怪的貨）才發生的。『我們研究商業的起源，不是因為人類生存的大問題，如我們吃什麼？我們喝什麼？我們用什麼做衣服？等問題才發生的。古代商人開闢航路，開闢市場，大部分是因為生活上審美的需要與安逸的要求。歷史上所載最初次的商業的探險，就是紀元前二千三百年 Sankhkara 王的遠征，這次探險的目的，是為採取沒藥為殮屍之用。梭羅門與希蘭的船到 Ophir 運載金，寶石與檀香。在荷馬時代腓尼西亞人到希臘沿岸從事於琥珀，頸帶，羊毛織物與各種的金屬工作。』(Schrader: Linguister-historische Forschungen über Handels Geschichte) 所有的藝術與科學也都是因為閑暇與豐裕才產出的。只有在農業發達可以滿足人的日日需要，不必罣念將來的時候，只有在工商業發達使人富足的時候，藝術與科學才可以興盛。財富加增可以供給物質的材料的時候，藝術與科學才可以發生，才可以興盛，因為物質的材料是高等的心理活動的一個必要的條件。

發明的活動以先是偶然的發現的，等到科學在財富的基礎上穩固了以後，那發明的活動又登到一個新的階級。我們以先所叙述的發明與發見的時代是在文明時代才起首的。

我們無論從那一方面考察發明的歷史，都可以知道發明顯然不是因爲必要才發生的，發明實在是閑暇與豐裕的產物。必要固然可以爲『範疇的命令』促發人去工作努力，但是發明不是像訂貨物一樣可以預定的。人的心毫無憂慮的時候，有了思想與想像交互的馳騁作用，不受外邊的擾亂的時候才可以有發明。必要可以强迫人勤勞，但是必須閑暇才可以引起人的發明。因爲必要實在是束縛了發明家的自由，而閑暇解放了發明的本能。生物中最有發明心的也就是歡喜遊戲的，這一定不是偶然的。因爲一般動物之中大槪是只有最幼稚的才好遊戲，至於人類就是成年人也十分高興的從事於各種遊戲，從事於最高的乃至最低的遊戲。新的東西要從豐裕中發生，不能從困窮中產出，這是很容易明白的。因爲困窮是妨礙知識生活的生長的，所以原始民族當然是需要很多的，但是發明力却是最幼稚，而最富足的國民也是發明力最盛的。

以上所說的各種原因，足可以說明文化的進步，那些原因一定引起進步的結果。因爲以上所說的原因一部分是藏在人類的特殊的性質裏，一部分是由於人類所處的情形，如需要強迫，閑暇，豐裕，等等各處多少存在的情形，所以進步一定是人的固有的，至少也是他的本質中發生的，凡是人類社會過了若干年代一定要發現的。

但是這個結論又與事實不相符。自然民族如果立在永遠不變化的地位，常是幾千萬年不變化的，例如石器時代的遊獵民族就是這樣。原始民族是天生的反對新的事物的，凡是新的他都掉頭不顧，所有的進步他都懷疑，在他們的心目中傳統的風俗是惟一的知識，可以爲萬物的軌範。他們的格言是『我們的父親是這樣的，所以我們也是這樣的。』這個格言勢力極大，支配他們的心理，正如同我們鄉下的農人在幾十年前仍遵守祖宗成法的一樣。

原民保守的精神非常顯著，所以就是研究自然民族的權威，如李溫斯敦，也不得不相信與神學家相同的結論。這個結論就是在低級文化的民族自己不能進步，他自己不能創造文化的程序，所以一定要承認只有超自然的影響，上帝的靈感，才可以有進步。

與這個觀念相同的，就是以爲進步不是人的固有的。人的固有的特質就是心理的怠惰，遇見新穎的事物起反抗敵愾之心。要想降伏了這個天生的怠惰性，一定於人以外有些事情加在他們身上，強迫他使他脫離了他的習慣的生活，這個加在他身上的並不是什麼超自然的或神祕的，但是可以捉摸的，這就是強迫的或志願的改變環境。

弱者被強者放逐到新的地方，或是因爲人口增加被強迫移民外出。卽使人類學上沒有記載民族大遷徙與環境改變的事實，我們也要承認各時代都有過環境改變的事實，並且人類已經散布了全世界。

這樣環境的改變產出什麼結果呢？

人類祖先因爲從樹上遷到地上，生活環境起了大變化，所以從獸類進到人類的生活，這是我們在第一卷曾經指明過的。那個解釋是解釋特殊的事實現在就一般的事實解釋。我們假使將貓放在一個他向來沒有進來過的屋子裏，那個貓最先退縮不前，以後才在一個平穩的角上小心的畏葸的測察這個新的疆土。以後他又向前進，好像探險者求知識的渴望的一樣，起首仔細的考察這間屋子，注意考察所有的物品見了那些物品用鼻嗅，用爪摸。他於是繞行這間屋子，從這個椅子跳到那個棹子。不斷的考察，一直等到他看出沒有可怕的東西也沒有可吃的物品，他才安安靜靜的在一個角上臥下。從此以後他對於這個屋子就沒有特別趣味了。因爲在他此後的生活他對於已經考察過的物品是絕對不注意的。一羣人初到一個新的地方一定也是這樣的最初到的時候，有無數的新的事情向來沒有看見過的植物閃閃耀目的石頭奇形怪狀的鳥獸，都引起人的好奇心，强迫人脫離了那沈悶的，呆鈍的習慣行爲。新頴的事物引起人的畏懼與希望，人看了新頴的事物所發生的猶疑不決的有兩個問題：他裏邊有危險呢，還是可以供我們使用呢？人看了新頴的事物發生新的趣味，仔細研究想出新的獵取的方法造出新的工具；他此後就入到發明與進步的時期，人的心理受了刺激，遊戲的心理就大發展。但是等到過了幾代之後，那個全部落習慣了居住新的環境，覺得安適，所有的進步的生活就中止，人又恢復從前不注意，不顧慮的冷淡心理，傳統的思想與技術有了大勢力，心理變爲怠惰的，而風俗習慣又反抗所有的改良與變化。對於一個新的環境適應了以後，求進的心就見萎頓，結果就是停滯，無進步。

假使文化能繼續發展，不出於以下之兩途：

一、繼續遷徙以改變環境。每個部落因爲不斷的獲得新的經驗進入新的階級，一定要繼續不斷的入新的環境。按這個辦法，從舊的環境所得到的成績常容易失去。此事卽姑且不論，這個改換環境的方法也是極麻煩極累贅的。文化發展有更好更便捷的方法就是：

二、各團體相混合相交換以改變環境。這就是我們進步論的起點。各羣相混合而成部落，各部落相混合而成國民，各國民相混合而成大國家。各團體在長久的年代與不同的環境裏所得到的經驗，因爲混合就聯在一處，用相互的浸潤與生產可以造成更高的形式。所謂聯合不只是政治上的聯合（政治上的聯合大部分都是從戰爭產出的結果），還有平和的，完全知識的聯合，相互的行動與影響，也有同樣的重要。知識的聯合，與相互的行動與影響都是由人類的混合，特別是商業，甚至僅僅認識，皆能產出的。

我們從經驗上知道以上所說兩種改變環境的方法。一方面就是每個社會團體，除非受其他社會團體的勢力的排擠壓迫，永遠保留他的原狀態。一方面就是必先與外來團體相接觸以後，才有新時代成立，必須團體間有新的混合或相互的影響的時候，不同的民族相接觸的時候（無論這個接觸是戰爭的或是平和的）才有重要的進步發現。我們越研究進化史越可以看出這個觀念是了解文化進步的鑰匙（這個混合的理論我們應當感謝龔坡維茲（Gumplowicz）的貢獻。我們現在再檢閱社會經濟的複雜歷史，專注意與團體相關事件，因爲有了團體的接觸才有經濟變象不斷的發生，我們從此就可以知混合爲進步的原因的理論是不錯的了。

團體接觸的變象的研究

團體接觸最早的，惟一的本原的形式就是戰爭。各原始的人羣互相敵愾，他們戰爭的目的與一般動物的戰爭目的一樣，也就是獲取生產食物的地方。古代戰爭的重要結果就是强者有較好的組織的壓伏弱者，或滅亡弱者，因此有較好組織的部落就成爲戰勝者。

等到組織達到了一定程度以後，就發生了第二種的團體接觸，這就是因爲掠奪婦女而有團體的混合。被擄掠的婦女實在是聯絡兩個相敵愾的團體的媒介，他們同時並且可以將他們本團體的技術知識傳授給他們新主人。掠奪婦女同時更引起原始的婚姻制度，家庭，及性別間的分工。因爲這樣的接觸更引起那工作組織的第一變象，就是自給的族，性別分工的經濟。

此後最初發見與戰爭無關的接觸，這就是商業。當時發見用有利益的交易代替掠奪（掠奪物品與婦女），將許多鄰近的部落聯爲分工的大聯合，從這個新的團體的聯合裏就產出工作組織的第二變象，就是族的組織兼部落間的物品交易。

團體的聯合在較早的變象是靠着不安穩的相連的關係維繫着，但是等到發明了農業以後，人類間有更堅固的團結，但是又趨於戰爭式的壓迫。因爲鄰近的民族受了征服就變爲奴隸，他們就加入戰勝的民族裏。最早男女間初有分工的時候，女子就變爲奴隸，現在初有工業上分作的時候，也就發現男子奴隸的制度。因此發展了早期工業變象，同時發展文明。這個大進步直接的原因就是團體聯合的新形式。新發明的農業也可以引起男子間分作的可能機會，所謂可能就是農業的發明不必果然引起男子的分作。因爲凡是沒有用被征服的人爲奴隸的農業民族也都沒有進到早期工業變象，他們不過只有性別間的分工罷了。

在次一個變象，鄰近的民族相衝突（古代史上充滿了鄰近民族相衝突的事），結果使更多的團體隸屬於一個普遍的領袖之下成一個大聯合。國家從此成立，國家之中發現各種相互的影響與男子的分作，於是產業的組織正式成立，社會進到文明階級。新的團體聯合係聯絡衆多部落成爲一個國家，這是高級工業變象，卽工業上工作組織的直接原因。

假使國家是孤立的，生產可以自給，不必倚賴外邊的供給的（例如埃及印度古代之祕魯墨西哥日本及中國）他總是趨於保守停滯（這也是相對的意義，不是絕對的停滯的意思）無論他生存多少年代，他總是存在工業變象永遠不會進到資本的組織。但是等到衆多的國家相接觸，成了更高的一種聯合，（例如古代地中海沿岸諸邦的聯合，或羅馬日耳曼諸族在開闢東方以後之聯合）立刻就到了一個新的工作組織變象，這就是高級資本變象，這個變象當然是由國際貿易國際通商產出的。

在高級資本變象之先，各民族間有空前的接觸。古代民族（如 Cimmerians，阿蘇利亞人，巴比倫尼亞人，波斯人，印度人，埃及人，腓尼西亞人，克爾特人，希臘人，羅馬人等）在幾多世紀所積存的文化成績好像一宗大遺產，盡爲天幸的歐洲人所獲得。留下有遺產的不特有古典的民族，此外如猶太人爲歐洲遺下偉大的宗教，阿剌伯人發明試驗方法指示西方人自然科學的新方法（歐洲人直到十一世紀還是沈迷在正統觀念裏沒有發達科學）。自然科學引起省人工的機械的發明，更促進資本組織的發展。自從發見的時代以後，地理的範圍益加擴充，將全地球都包括在內。現在全世界的各部分都是互相感應的，現在的文化好像音樂上的大諧音調（Symphony），凡人莫不有關係，莫不有直接或間接的貢獻，所以文化進到亘古所無的最高級。假使我們考究現在文化的根源，就足可以證明歐洲各國並不是完全靠着自己的力量（他們的力量固然是很大的）進到現在的文化級的，他們靠着許多次的團體接觸，承受了向來所沒有的遺產，才到現在的地位的。因爲我們的文化，家畜花草器具，乃至藝術與科學都是直接的或間接的從民族混合與外族相接觸才得到的。我們只舉幾個例，如葡萄（高加索）杏（阿門尼亞），桃，桑，薔薇百合（波斯），西瓜王瓜南瓜（突厥斯坦），棗櫻樹（腓尼西亞與阿剌伯），梢樹，番茄，芫荽芥子（小亞細亞），櫻桃（黑海），葱（Askelon），玉蜀黍洋薯淡巴菰朱苦力（美洲）豌豆（希臘）扁豆（羅馬），咖啡（阿剌伯），茶絲（中國），家貓（埃及）家鷄（印度）孔雀（Ophir），雉（Phasis）都不是歐洲本土的產物都是從外邊輸入才變爲土生的豢養家畜的發源地，按 Hahn 所仔細研究的推論，大概是在西亞細亞米棱不達米亞。我們的胰皂是羅馬人傳給克爾特人，克爾特人又傳給我們的，造玻璃是從埃及人學來的，四弦琴六弦琴都是從阿剌伯人學來的。金屬本來也是從東方學來的，數目，度量衡都是從巴比倫人學來的，天文是從卡爾地亞人學來的，寫字母是從埃及人學來的，歐洲的計數法是從印度學來的，歷史藝術哲學是從希臘學來的，法律是從羅馬人學來的，基督教是從猶太人學來的等等。以上所述不過舉例，若將文化的移植遷徙，詳細敍述，須盡數卷。Peschel 所說的話極有道理。他說：『我們所謂文明文化，好的教育不過是許多的精采的觀念，這些觀念都是發源於亞洲，或埃及，爲我們所承受的。』

從此看來，事實與理論是相符合的。每有新的經濟變象都是因爲外來的新勢力加入才發生的。無論團體間的接觸取何種形式，擄掠，壓迫，奴隷，吞併或剝削，或是與此相反取平和的形式，如貿易條約，或純是知識的性質只於認識外國民族乃至現在已滅亡的民族，總之團結間的接觸是文化進步之母。

現在我們再重申已前所說的觀念。人類社會的强大不在乎個人的精力過人，超軼羣衆，乃在乎個人相聯爲更高的組織的能力。因此進化的原因也不在個人的性質而在人類團體的聯合。人相聯合才有偉大的生命，强大的能力；因此創造的能力與聯絡各種進步的創造力也是只有由各團體相聯合成爲更高的組織以後才可以得到。

文化的發生由於團體或國民的聯合，文化的膨脹由於接觸，文化的淘汰由於生存競爭。因爲文化是權力，文化上每有新的成績就是增加權力。一個進步的組織就排擠一個退步的組織，使他落伍，或是完全滅絕他，或是吞併吸收了他成爲一體。二三百年以來，文明民族摧殘或降伏自然民族的情形，實在是有人類社會以來不斷的發現的現象。更進步的組織永遠是優勝的，所以進步漸漸變爲普遍的。

我們對於進步的理論可簡單的規定如下：

文化進步的根本條件當然是在人的身體的與精神的性質，他的社會本能，他的言語，他的知識他的遊戲本能等等但是文化進步的主動力既然不在個人也不在各團體，但是在團體間的接觸與團體間的混合用生存競爭的方法淘汰各團體所以使進步可以傳播，可以普遍。

第三章　文化的階級

『假使社會學的目的不是只集湊其他各種科學他就應該（除去幾個例外不論）專限於歷史的人種學正如同幾何應該只限於空間的科學一樣。』(Georg Simmel)

一、一個人慢慢的走近一個蟻山微小的蟻見了這個龐大的動物卻仍然不斷的做他的事沒有看見他，不受他的擾動，這或者是可怪的。

但是人自己做他的事也是一樣的不注意外界的假使人以先是離羣索居，或只有小的部落他永遠不會發見地球繞日運行的。等到人類集聚在一處因爲接觸與衝突增進社會知識的時候，才發見最大的眞理沒有發展的團體不能得到無窮的觀念必須三個團體聚在一處慢慢的增加智慧增加數目，才看出無窮來。

世上有多少種最重要的運動人現在還是一點不知道的，正如同蟻對於看着他的人的生命計畫不知道的一樣。他對於他自己所從事的發展都不能了解，好像是第四元(Dimension)不能了解的一樣。過了無數的年代以後他才看出有一種文化的運動慢慢的趨向於一個完美的目的，並且這個運動就是繼續一個更大的更長的有機演化，（從最簡單的生命形式演化到現在的形式）爲那個有機演化的一部分。就是在現在還有許多的人將所有的精力都消磨在飲食結婚生育家庭上，想不到文化的運動。在受教育的人中也只有極少的人知道文化運動的重要。

有許多人從過去的歷史，例如埃及，阿蘇利亞，巴比侖尼亞，希臘，羅馬，推論國民與個人是一樣的，國民也經過崛起，茂盛，衰落滅亡的時期，正如同個人在一生裏要經過兒童，成年，衰老幾個不同的階級一樣。先有一點進步，以後就有退步，先有增加，以後就要減少，先有生長，以後就有衰落。

這個議論是根本於觀念的淆亂不清。文化的發展與各國民的發展不是同樣的問題。以先 Hippocrates 說『生命短促，藝術綿長，』這個話不只個人生命是如此的，卽是國家生活也是如此的。我們如果明眼的去研究國民的死亡實在常是使文化發展的手段。假使要使文化進步，一定要使那文化征服各種反抗的國民，踐踏那些死的國民。古代的國民雖然滅亡，但是他們的文化並沒有隨着那些國民消滅。那些文化停滯的國民不是被文化多的，或更能發展文化的民族勦滅，就是被他們吸收。他們不能不退不進的停滯在一個地方。戰勝者比較戰敗者更有發展文明的能力，而戰勝者的文化更可以便利了被戰勝者的國民，所以文化沒有永久的喪失的。

所以以國民衰老爲根據的反對進步的論調一定是不通的。現在用文化以改良人類生活，求人類生活的進步已經是顯明的並且爲人所公認的真理，發明這個真理是社會學上最初的最可注意的成績，這是應該承認的。

二、文化發展有不斷的進步固然是無可疑惑，但是我們除非解決以下所列各問題我們還不能承認隨意規定的文化系統。

全世界文化的發展順序是如此的畫一的可以都裝在一個固定的系統之內麼？世界上各民族所住居的自然狀態各不相同，所屬的種族也各有差異，他們都經過同樣的發展的路徑麼？

實在各種族都各有發展的歷史，各民族歷史都是各不相同的。他們所經行之途在野蠻時代就顯然的不一樣的，卽如大西洋兩方的大陸，就因爲環境不同而選擇農業與牧畜兩種不同的工作。舊約全書中所述該隱與亞伯的故事可以證明這個情形。亞伯是牧羊的人，該隱做農人，牧畜與農業各按各的順序發展是很可標記的現象。又如在生活不同的情形之下發展其他例外，如美洲西北部的捕魚民族，非洲諸族發展自由工業，祕魯人設立共產的團體，我們在本書內都已經敍述過。此外還可以舉出許多例都可證明文化的發展不像獨幹的松樹，但是像枝葉叢生的樹，同根之中生出多少直接間接的支幹，而各支幹又生出多少枝葉。

各族的文化雖然不同，但是如果我們對於各地方的局部的差別姑置不論，專討論主要的現象，就可以看出各國民的文化進步有共同的特點，可以將他們排列成爲一個普遍的階級系統。各國民的自然狀態的環境誠然不相同，他們所屬的種族誠然不相同，但是環境不過是在大體上對於文化的程序有助長或阻礙的勢力，環境不過是影響發展的速度，並不是改變發展的形式，至多不過是加上地方的色采。例如日耳曼人因爲在北方居住，所以發展在希臘人，羅馬人之後，時代較遲，但是假使我們對於他們地方上的差別置諸不論，就可以看出日耳曼人所經過的經濟變象與希臘人羅馬人所經過的經濟變象在大體上本來是一樣的。人類種族雖有大差異，文化階級却沒有那樣大的差異。遊獵民族如澳洲土人，愛斯基摩人，非洲的布須人，冰川期人，雖各屬有不相同的種族，但是遊獵的文化却有相同的特質。歐洲現代的文化與古代日耳曼人的文化相去之遠比較古代日耳曼文化與多島洲文化相去之遠固然是更甚，並且歐洲現代的文化與現代日本的文化比較與古代歐洲的文化却更爲相近似。文化的發展雖然是分爲若干枝條，但是他們的關係仍然是邏輯的。舊世界牧畜民族的經濟與新世界農業民族的經濟固然是不相同的，但是我們可以將牧畜與農業列爲同一文化階級，因爲遊獵民族只有自然的財源，而牧畜與農業是代表人工的生產的第一級，可以與遊獵民族相對立的。

假使我們抽象的了解衆多的現象，假使我們挨着從主幹所分裂的各枝條的高度量計他們的發展，假使我們將普通的歷史與地方的歷史分別開，那末我們當然可以將各國民的文化發展排列爲一個簡單的階級，正如同人類雖然有個人的差別，依然可以分爲兒童，青年，成年的時期一樣。地球上各處文化的發展大槪都是從小的進到大的，從自然的到人工的，從簡單的到複雜的，從同質的到異質的，從具體的到抽象的，總之從低級的到高級的。

造出文化階級的系統不只是可能的，並且在科學上是必不可少的因爲假使我們不能畫出文化發展所經由的線路，社會學的材料就是混亂的，不能造出一個理論，正如同以先生物學在成立動物學植物學的規則的系統以前，須研究種種混雜的有機體也不能造出一個生物學的理論的一樣。研究各地方的差異，雖然是有價値的，但是最先的必要還是標明文化發展的普遍的特點，研究了普遍的特點以後才可以再進行研究各地方的差異之點。

三、假使文化發展有畫一的特點可以容納在一個系統之內，那末第二個問題就是『如何量計呢？』

每種社會學的職能，每種文化的結果如藝術，科學，風俗，經濟，政府，個人自由，哲學，女子權利等等都可以用爲標準，卽如使用肥皂也可以用爲標準的。假使所有文化的現象都是在平行線上發展，比例上是完全相稱的，那就是用何種標準都可以的。但是事實上文化的發展不是平行的，不是相稱的，所以困難就在此點。例如藝術在古代希臘比在晚期資本級發達更爲完全；女子在古代希臘的位置比較印第安女子的位置更低；而羅馬帝國的道德比較許多自然民族更爲低下。運命與環境促進國民前進，但是兩種所推進的方向不必相同，所以在一個範圍內的進步彷彿是在其他範圍內退步，退縮的原因。

我們所取的標準當然要很高的，並且可以表示國民的特點的。我們先取三種標準來討論：經濟，政府制度，在人民藝術與科學上所表現的知識生活。我們按着這三種標準來分類。

無論何種標準，他自身沒有完備的，但是在社會學的功能中要以經濟爲最有用的最根本的。進步緩慢進行，前行不已，但是全體的文化都倚賴所產出的經濟利益。一個國民只可以在他的物質狀況所能維持的範圍內發展他的藝術，科學與社會組織。從經驗上可以看出經濟對於文化有如何重要。在歷史上都是先有自然富源的膨脹，技術的發明或工作組織的新形式成立，然後才開始一個新時代。

用經濟的功能爲標準此外還有利益。經濟的功能在各處都是可以淸楚的，明顯的尋出，沒有什麽困難，所以按着他們純粹的外表的特色，就很容易分別各國民爲若干文化階級。

四、在現代社會學成立之先，歷來研究文化的科學早已承認按着經濟分類是重要的。古代哲學家就是用食物的生產爲標準，將世界上的人民分爲遊獵，捕魚，牧畜與農業的四級。

古物學者按着技術，工具的性質分類，定出石器銅器與鐵器的時代。經濟學者從新的立足點用工作組織爲分類的原則，量計發展的程度。

五、現在最末的問題，就是經濟功能內包括着許多副功能，應該用何種副功能爲文化的標準呢？最好的方法就是將發展階級列爲一表，表示最重要的經濟現象的發展，並且食物生產，技術與工作組織都是晝一的。關於此點，本書第二卷第三卷已經詳細敘述過。

從這個表上可以看出這三個副功能有平行的發展，我們用那些發展可以標出文化階級。在最低級的生活完全要致力於求生存之方，所以食物生產占主要的部分。而在較高的階級已經發生文化的高等利益，工作的組織一定是占主要位置。這樣的關係也表現在其他文化系統上。例如 Schöneberg 的分類表出下列的階級：

一、游獵……}野蠻
二、捕魚……}
三、牧畜或遊牧……}半開化
四　安居或純粹農業……}
五、手工或貿易……}文明
六　製造……}

List 所定的五個時期差不多也是同樣的。

一、遊獵時期……野蠻
二、牧畜時期……}半開化
三、農業時期……}

四、農業兼製造時期……
五、農業兼製造與貿易時期……} 文明

Bos 的系統也與此相仿。他採用於各文化階級最重要的經濟活動標出不同的階級：

一、採集的工業（野蠻），採集動物植物及礦產，遊獵與捕魚。

二、生產的工業（半開化），農業與牧畜。

三、變形式的工業（文明），手工，製造等等。

四、運輸的工業（文明）商業。

以上所列各種系統雖然很顯明，但是因爲過於形式的，過於麻煩，所以沒有爲一般人所採用。我們贊成採用舊的分類有兩個原因，第一因爲大多數的社會學者都承認他都採用他第二因爲他可以包括許多其他功能。所謂野蠻與半開化的名稱雖曾有輕蔑的意義，但是仍然不妨採用。高級多少輕視低級實在是文化發展的一部分。將來再過幾世紀對於『文明』也一定同樣的受輕視，因爲他也代表無產階級制度，貧窮，剝削，女子的無權利等等。

假使我們用食物生產，技術，與工作組織三種功能相合爲文化的標準，我們可以將文化階級排列如下：

一、野蠻級

這個階級極長久，包括自文化初期至農業與牧畜時代。人類在這個階級的生活是靠着採集野生植物，獵獸，捕魚。他們所用的原始的工具武器都是用木石或其他直接從自然界取來的物質做成的。工作組織的主要形式就是將人類聯合成爲部落的聯合，當時的分工只有性別間一種分工。

甲、野蠻的最低級就是人類的幼稚期。大概在人類祖先最初從樹上遷到地上初有言語用木石造成工具的時候，這個時期才開始。當時既不知有工作，更不知有分工，只知有集合人羣的必要。這個階級在人能取火時告終。這個原始的文化級比較其他文化階級相合大概仍是最長久的，但是他的重要，他的影響也遠勝過其他文化階級。因爲他的重要，並且因爲代表他的民族現在都已滅絕，沒有人知道，所以萬不可將這個原始級與其他兩個較高的野蠻相混。這個原始期是所有其他文化階級的開幕期。

乙、野蠻中級所包括的民族如澳洲土人，火國人，愛斯基摩人，布須人等，都是社會學上最有趣味的低級遊獵民族，他們被迫退到地球最僻遠的地方，文化在最低級都不久就滅絕的。這些剩餘的低級遊獵民族常成爲遷徙無常的小部落，無論動植物凡是可以吃的，他們都可下咽。他們所用的工具武器與古石器時代的人所用的相同，他們所有的分工只有性別分工一種。

丙、高級遊獵階級的代表就是美洲印第安遊獵民族，他與野蠻中級之間，沒有嚴密清楚的界限。高級遊獵級比較低級遊獵級只高一級，他們的進步是因爲他們所住的地方特別適於發展。（白令海峽間的捕魚民族的位置特別好。他們只因爲地方上的重要所以他們自己成爲團體。他們與高級遊獵不同，要分別清楚，因爲他們是一個安居的民族，有許多特點是與農業民族相同而與遊獵民族不相同的。）有些人以爲高級文化，與低級文化差別之點可以用弓箭的發明標誌。弓的發明誠然是在鎗的發明以後，但是大多數的低級遊獵民族也都有弓，况且遊獵階級的高級與低級兩種之間有許多共同之特點，所以最好是不用這個弓箭的發明做爲高級的特點。

二、半開化級

半開化級自發明農業與牧畜，開放自然富源時起首。他的技術與新石器的技術相當。工具武器的製造更精細，石器常琢磨光滑有孔，紡織製陶器也已經發明。

半開化級的工作組織可分爲兩類：

甲、低級包括牧畜與低級農業民族，只有男女間的分工。

乙、高級的工作組織爲村落間男子的分作，堡邸經濟初見端緒，漸過渡到文明級。

半開化的高級包括高級農業半文明的民族。

（註、有些社會學者將所有從事農業的自然民族併稱爲低級農業民族，將所有從事農業的文明民族併稱爲高級農業民族。若按這樣分類，則不論發展的程度如何，將所有從事農業的自然民族都併在一類，所有農業的文明民族也併爲一類；若不併爲一類，則凡世界上從事農業的民族須更分爲下下，中下，中中，上中等等階級。所以最好是按本書所分低級（無分作）與高級（有分作）兩種文明的農業民族，卽稱爲文明的，不必稱爲高級的農業民族。」

三、文明

從經濟方面看來，文明主要之點就是男子的分作。工業上有分工以後（農業是分工的開端）才可以生產簡單的衣食住以外的文物，文化民族與自然民族相對立的就是因爲他獲有自然以上的文物。男子分作以後接着立刻有國家與都市的崛起，文字的發明，科學與藝術的發展等等。文明在技術上與金屬期相當。現在在半開化的高級的民族，誠然有許多知道用金屬的，但是他們對於金屬的知識都是從其他在文明級的民族得來的，所以這樣獲到的知識不能使他的文化升進金屬期的階級。在文明時代對於食物生產沒有空前的大發明，但是園藝與農業都大進步成爲高等的形式。按工作組織文明國民可分爲以下三類：

甲、低級文明級，如現在的中國人，還沒有脫出純粹工業的組織。

乙、中級文明級已進到資本組織的初期。

丙、高級文明級，此時資本組織已大發展已到了機械時代與女子的分工。

四、初發現的時代社會化制

人常以爲文明是文化程序的終點，這個觀念雖然是通俗的，但是實在是一種悖乎科學的幻想。若相信這個觀念，結果必至停滯退化，但是發展實在是要有不斷的進步的。因爲晚期資本級現在不過是初發現，我們還不能淸楚的解釋他。這個階級的組成必須等到女子的位置確定以後才可以知道，正如同現在過去的階級的特點必須在男子分作大進步以後才發現的一樣。但是合作或工作的社會化一定要進到更高的形式，至於成爲何種形式，我們想不出來，正如在半開化級的人想不出文明的結果的一樣。

倘若再省略這四個文化級，我們可以用以下的公式：

一、野蠻：　自然的食物。
二、半開化：　人工的食物。
三、文明：　男子工作的分作。
四、社會化：　女子工作的分作（？）

第四章　文化時期的期間

人類的知識越少，他所發展的階級就越低，他對於世界的體積，對於人所占據的空間，對於人的生存的期間諸種觀念也就越狹隘。在幾世紀以前，人還是都以爲地球是宇宙的中心，燦爛的天穹間以閃灼的星辰都是繞着地球旋轉的。在最低文化階級的自然民族仍然相信星辰不是懸在無窮的距離以外的，他們以爲人在相當的條件以下可以達到星辰的。例如 Tahiti 人最初知道歐洲人航海的路程遼遠的時候，他很鄭重的問一個英國人在他航海來的途中曾否到太陽與月亮上去遊玩。像這樣幼稚的智慧可以舉出許多的例。

我們研究更深，更可以知道我們所看見的宇宙的一小部分都是範圍廣大，超過我們的想像力以上的。光每秒鐘運行四十八千英里，光從天河星達到地球須經過六千年，所以就是天河星忽然消滅，我們在六千年內還每夜可以看見他的光明的。我們想到這一類的觀念的時候，就可以知道地球不過是滄海之一粟罷了。就是科學所發見的廣漠的空間內中雖有盈千累萬的星辰，無數的興盛與衰敗的太陽系，若與那無涯涘的宇宙相比較，也不過是微小的一部。

地球的年齡

空間無限時間也是無限。

現在一般人對於宇宙雖然都有了正確觀念，但是對於時間，特別是對於有些問題，如地球有多少年代，人類與人類文化有多少年代等問題，現在仍爲腐舊觀念的奴隸。這個原因是很容易了解的。因爲空間是不消滅的，容易用數學計算，時間是轉瞬卽逝的，我們須用複雜的推想與間接的假定才勉强得到相近似的計算。

所以卽是科學家對於地球的年齡都有種種不同的意見。天文學者，物理學者，地質學者相同的意見只有一點：就是地球的年代不能像以先的人相信的用幾千年計算，但是須用幾萬萬年計算。例如物理學者脫姆生 (J. J. Thomson) 計算地球有一○○，○○○，○○○年，天文學者 Hermann Klein 計算自從地球表面堅硬以後，地球約有二○○，○○○，○○○至四○○，○○○，○○○年。Blandet 與 Vinot 則計算有六○○，○○○，○○○等等。

（以先的人按基督教靈感的聖經計算創造地球的年代。他們的意見不一致。他們推算自從創造亞當至耶穌降生如 Lactantins 定爲五八〇一年，Clement of Alexandria 定爲五六二四年，聖奧格斯丁定爲五三五一年，Cassiodorus 定爲四六九七年，Bossuet 定爲四〇〇四年，Melanchton 定爲三九六三年）。

我們從地質學的立足點考察地層，就是關於一層的年代數目，我們都很難理會的。例如海鳥糞層約三十米突，按 Alenander Humboldt 計算須用九十萬年的時間累積而成。Liebig 計算森林地三方尺每年只產出煤四十分之一磅，若按這個計算每個煤層皆須一兩千萬年。許多地質學者計算各時代的年齡如下：

太初期	五二，〇〇〇，〇〇〇年
第二紀或太古紀	三四，〇〇〇，〇〇〇年
第二紀或中古紀	一一，〇〇〇，〇〇〇年
第三紀或近古紀	三，〇〇〇，〇〇〇年
第四紀	一〇〇，〇〇〇年

人類與文化的年齡

這種計算當然不是精確的。但是無論如何，地球的年齡是極長久的，決不能按人的駒光過隙的生活計算他，那是無可疑的。

那末文化有多少年齡呢？或者一樣重要的問題，人在地球上有多少年呢？

人在洪積期的冰河期已經發生是無可疑的。Lyell 以爲在法國松姆(Somme)河所發見的石器至少也有十萬年。Lubbock 以爲最早的古石器的年代總有十萬年乃至二十四萬年。G. de Mortillet 推算爲二十五萬年。據 Brole 計算冰河期在二十萬年前開始，約有十六萬年之久。Prestwick 則以爲冰河期不過二萬五千年乃至三萬五千年。Warren Upham 則推算只有二萬乃至三萬年，George Taylor 推算有十五萬乃至三十萬年。現在對於地球年齡最高的權威則推算有五十萬年。

但是這些推算並不是相矛盾的。因爲我們所有的冰河期不只一次，但是有許多次。我們可以承認 Penck 的計算大概自最初次冰河期或者經過五十萬年，最末次的冰河期只在一二萬年以前。

但是人類比較冰河期爲早，因爲洪積期的人已經有很進步的文化，並且按古物學的發見他已經在地球上各處固定足根，攜帶他自己所做的器械，知道取火的方法，並有其他知識。

所以太初的文化期一定遠在洪積期以前。現在第三紀人的遺蹟雖然還沒有確定，但是我們一定要承認那長久的緩慢的太初文化期一定是在第三紀發現的。無論如何人類的年齡不能按幾十年計算，應該按幾萬年計算的。

新石器時代的年齡

在斯堪地拿威半島與丹麥尚未發見洪積期的人的遺蹟。但是在這兩個地方也有新石器時代文化的遺蹟，就是食物遺屑 (Kitchen-middens) 與泥炭礦。泥炭礦可以供給我們有史以前的歷書，所以是極有用的。泥炭礦的四層可以敘述如下：

最低層是大杉林，許多的松葉松球與保存很好的樹幹，就中有許多一定是有三四百年的年齡。以先丹麥滿布了松樹的森林，現在已經都死盡。以後又發生赤楊，這就是第二層。第三層就是橡樹，最後是櫸樹，就是現在布滿了丹麥的森林。每層約五米突至七米突深。Steinstrup 計算這四層合計約須十萬乃至十二萬年，就中松樹占最長久最重要的時間。

按古物學的研究松樹的時代，就是新石器時代，這個時代直到紀元前一千五百年爲止。

此後橡樹代松樹的位置，此時差不多就是銅器時代開始的時期。在歐洲紀元的初期，槲樹又取橡樹而代之，當時就是鐵器時代的初期。槲樹占領地面已經有一千九百年。

歐洲其他各處在新石器時代都是洪荒的森林，因此當時的人都到湖上立木樁的房屋。這種湖上住居據說有五千年。在有史時代以後，湖上住居消滅；古代著作上沒有指出過以先做農業與牧畜的新石器的民族。現在那野生的麥，黑麥與玉蜀黍現在已經絕種，足可以證明農業的古了。

各文化時代的年齡的比較

關於各文化時代的年齡的比較我們還沒有一個精確的觀念。

哲學家康德主張文化時代越進越短促，每次進步速度越快。進步更引起進步，文化

2、因爲溫度的變化，汽體凝結爲液體，於是有汽體與液體兩種團結體。

3、地球表面變爲堅硬，遂成爲團體，於是有汽體，液體，固體三種。

二、地質的變遷

1、最初是無生物世紀，尙不見有機的生命。

2、有機世紀，有動植物的遺蹟。

3、高等有機世紀，人類與文化發現。這個世紀可更分爲：

甲、有史以前的變遷

一、太初時代

二、野蠻

三、半開化

乙、有史時代的變遷

文明

在此無窮的變化之中仍有其他變象繼續發現。地球變冷的程序進行不已，汽體消滅或變爲液體，液體又變爲固體。太陽是生命的根本，地球上各種生命不過是日光的變形，太陽已經漸漸變冷。將來日光冷却，地球上生物滅絕，地球繞太陽運轉正如現在寂滅的月球繞行地球一樣。生命在地球史上不過是極短的一段落。地球上有生命好像人面上有瞬間的紅暈。假使地球不與他星球相衝撞結果了他的前途，將來也必化爲冰冷的暗寂的巨塊。從天文學的立足點看來，我們所能想像的不過是冰冷的滅亡。但是假使我們採取社會學的立足點，到了欣欣可喜的地點，將來是可喜的，地球上的生命將有無窮的期間。因爲時間的進行似甚迂緩，差不多不能看出，好似無窮一般。例如 Helmholtz 計算太陽熱度只減低攝氏一度尙須二千萬年，我們所用的數目如此之大，所以論到將來世界毀滅的時間我們差不多不能想像。大概荷馬時代的太陽照耀世界至少還有幾千萬年，我們已經成功的進步大概不過是一個前提，不過是長期的更完美的文化的開幕。

我們看了人類已經做出的成績可以相信這些希望是合理的。

第五卷　文化與幸福

文化的意義與進步觀念的重要

一般人常以爲種種的成功與進步集合成爲文化，以爲人類生活在文化程序中不斷的改良進步。但是事實却與這個推論不相符合。文化誠然使人類社會得到權力與財富，但是文化同時還使個人負着很壓迫的責任，受極束縛的拘束。人看了這樣的責任與拘束反覺得以前自然民族的無拘無束的生活是可欣羨的。進步與退步是同時幷現的，一方面有退步與損失，他方面有進步。

我們就是承認文化一定是進步的運動，但是那個進步究竟到了什麽程度呢？文化所成就的是些什麽？因爲文化損失了些什麽？這都還是未决的問題。

因人類一切努力的目標是幸福，所以我們就想，如果文化的進步這句話可以有意義，他的意義一定是人類因爲這個文化更能得到幸福的意思。

要知道文化果能使人得到幸福，我們一定要先將關於幸福的不確定的觀念解釋清楚，因爲各人對於幸福的意見是不同的。最膚淺但是最普通的見解以爲幸福是一種怠惰的無目的的生活，河裏流的都是牛奶蜜糖，供人享用的紅灼雞鴿飛到嘴內，總之所有的欲望都可以不用絲毫的努力得到滿足。這種進天堂的好夢在心理上是很容易解釋的，因爲所有的人的目標都是想要用最少的力量得到最多而又最好的東西。但是要滿足這個點石成金的欲望，決不是人類之福，却是人類之禍。因爲人在這樣的天堂裏一定要失去希望，願望，一切的職業與自由的活動。他的生活變爲苦痛，憂愁，世界變爲沙漠，人生在這個厭倦的空氣中一定得不到幸福，他一定像那有名樂曲中所述武士 Tannhäuser 想要跳出 Hörselberg 一樣，要一心一意的逃出了這樣的世界。因爲幸福的感覺不在怠惰的恬靜，也不在不活動的滿足，但是在成功的活動；因爲幸福的感覺不在目標（我們一生的幻想常因爲我們相信幸福的感覺在目標），但是在達到那目標的活動；因爲幸福的感覺不在占有，但是在爲占有而努力奮鬭。以爲得到了幸福狀況以後仍可永遠維持，那是一個根本的錯誤。幸福的感情也與生命一樣是一個程序，只有不斷的更新，不斷的擴張，才可以維持那個程序。只有程序是重要的，目標是絕對的不重要的。因此幸福決不可與那無感覺的獸性的娛樂相混，有習慣的生物在不變的單調的生活之下不讓外邊來攪擾的時候所享的就是這種無感覺的獸性的娛樂，這不是幸福。能夠將他內部所蘊藏的能力充分發展的人，能夠用新的努力滿足新的欲望與新的需要的人，能夠克服種種障礙，得到一個結果再進而求得到其他結果，因此更能夠將他所有的能力才能（個人的才能當然是多方面的，有種種不同的）成爲大調和的發展，將他的人格成爲更高的完美的人，這樣的人才是更有幸福的人。一個通俗的俗語說得極眞確：只有個性有充分的，諧和的發展，人格有自由的發展與繼續的完成的時候才可以尋到幸福。從經驗上可以證明這個眞理因爲普通凡是在最利於發展個性與最能自由發達才能的環境內生活的人也就是最有幸福的人。

我們現在再提出我們的問題，我們覺得各專門家對於人類因爲文化究竟變爲更幸福與否的問題意見不同，相去甚遠。相信人類因文化而增加幸福的人不過幾個人，就中如大科學家，Sir John Lubbock（社會學建設者之一）就是一位。其他多數的社會學者，有些人竟不討論這個問題，有些人竟宣言這個問題不能答復，有些人主張文化對於人類幸福沒有重大的影響。不少的人反設法去證明文化沒有增進人類的位置，却增加人類的苦痛。總之有些人以文化爲福，有些人以文化爲禍。我們看了這樣相反的意見，顯然可以看出文化不能直接的或立刻增進人類的幸運。人所以有這樣參差的意見的，就是因爲考察的人都是用文明國家中各不同的階級與自然民族相比較。人民中的某階級誠然有藉着文化增進生活的程度爲自然民族所未達到的程度的。但是如果我們想到（這是最重要的一點）在高級文化級的大多數人民的生活狀況，我想我們就不能不承認文化在大體上誠然使人民的命運變壞，沒有變好。人在原始的自然狀況顯然能夠充分的並且與他自己的趣味相諧和的使用他的能力。他不必爲將來去憂慮，對於他的命運是滿足的。而在文明級的大多數人民麕集去做那永不停息的勞苦的工作，爲複雜的義務與各方面制限所束縛，時時爲憂慮或貪慾所煩惱，時時爲永遠不能滿足的慾望所纏擾，他們的生活一定是受妨害受擾亂，自然人看了這樣的生活要驚駭厭惡的。

這個感想只好將來在他書上討論，這個感想乍看彷彿是可怪的，差不多是不可信的。人在幾千萬年之中成功上加上成功，發明上加上發明，進步上加上進步；他用了極大的努力，藉着他的最聰明的領袖的偉大的工作，獲到高大的主權，使他高出一般動物之上，使他爲地球上的主人翁——人得了這些善美的東西以後，而所得的會等於零麽，或實際上少於零麽？人得到較高的文明以後只不過鑄造了枷鎖束縛他自己爲他自己的工作的奴隸麽？但是這個謎並不是難猜的。

如上所述，人類的生存競爭，不是個人的是社會的，不是個人對個人的競爭，但是團體對團體的競爭。一個團體在生存競爭上最有力的武器就是組織。有更高的更固定的組織團體在生存競爭上勝過那無組織的團體，所以組織越高越固定的社會一定是生存茂盛的。社會組織因爲生存競爭的淘汰，也不得不向高處進行。至於在這個社會組織裏的個人如何，是無關的。我們現在用幾個例來說明這一點。例如甲族征服乙族，使乙族的人爲甲族的奴隸。因爲甲族有奴隸供他們的役使，他們可以有餘力預備戰術，他們比較那沒有奴隸的當然是更有組織，更有勢力。所以在一定的文化階級上，大部分的人的幸福，雖然因爲奴隸制度受了重大的損失，但是奴隸制度確成立爲主要的，普遍的制度。又如一個社會要強迫大多數的人有極不自然的嚴厲的分工的，當然比較那沒有分工的社會更爲强大有力。有分工的社會，一定要將沒有分工的社會征服，但是大多數人的幸福，因此不特不見加增反倒減少。倘若一個社會不利用文化的進步去對於個人的福利加增質的改良，而只去增加人數，團結人數，專爲生命上量的增進，他比較與此種進行相反的社會當然更强大；這些社會在人道的標準上雖然較高，但是常因爲有些社會組織更高勢力更强，所以常被排擠，毁滅或征服。所以在生存競爭界裏，組織更完備的社會團結更强大更分作，更有固定紀律的常占優勝地位。至於個人的幸福，在這個强迫制度裏，比較着是極不重要的。

從以上的討論，可以明白文化的成功與進步，並沒有增加個人的幸福。但是我們從這一點不特可以得到消極的結論，並且可以得到積極的結論。我們現在都知道向來文化這個字所包含的意義與文化的重要。進步與個人的幸福無關，他是專以完成社會爲目的，甚至於將個人犧牲。社會越是完成，個人越是變爲生活的機關的一部分，越是要適應這個機關，無論於個人有利與否，他也是要這樣做的。生存競爭中的自然淘汰不過如此。所謂勝者不過是社會中組織更好的，紀律更好的，治理更好的公僕。因爲文化的成績都用在組織上使他强大，使他完成，所謂文化的成績，對於個人並不是幸福。我們假使將文化程序的起點與今日的文化相比較，我們就可以看出這個真理了。現在的大國家與一羣野蠻相比較誠然是偉大完成，但是帶有希望與意欲的個人在這個程序中都是使人失望。

從此可以看出向來文化的意義與重要不是增進個人的幸福，但是寧可犧牲個人而謀社會的完成。

但是我們從人類的立足點上不能承認國家是個人的目標，只可承認國家不過是引導個人達到目的的一個方法，因此我們敢說向來人類的歷程一直到現在完全是沒有意義，沒有計畫，沒有目的的；人類的歷程也與其他自然的程序（只就人類所能了解者而言）一樣，不過是盲目的動力那裏冷淡的慘酷的玩弄，並不是有目的的意志在那裏循序進行。

那末怎麼辦呢？人類的知識向來是在低級，所以不曾理會那文化的程序。他怎樣會在這個程序中按着目的進行呢？個人自身固然可以按着計畫行動，認識目標，但是人類社會是包括許多意志不同的人，他的生長發展與草木禽獸一樣看不見前面的目標，不知道應該走的路，但是只服從他所不了解的定律。所以自從人類在半開化級以來，社會就分出階級，一方有少數的治者，一方有大多數的被治者。兩階級的利益在許多方面誠然是一致的，相合的，但是在更多的，更重要的方面他們是相衝突的。剝削人的人與被剝削的人利益是相反的，因爲少數的人操持一切的權利，所以在這個制度裏大多數的人民一定要被壓迫到最不能堪的地位。

所以人類的可驚奇的文化構造都是這樣的靠着那盲目的粗野的勢力造出來的。由這些勢力所引導的進步的運動比較那由無限莊嚴無限偉大的定律所制的自然界毫沒有什麼區別。這並沒有什麼奇怪。文化程序不過是繼續自然程序進行，若與自然程序比較，在實質上是一樣的。我們在此點可以說明文化程序的真意義。有機體的進步運動是從原生物進到哺乳動物，文化的進步也是如此。兩種發展都是從小的到大的，從簡單的到複雜的，從同質的到異質的運動，并且在這些增加合併與分作（綜合也在內）的程序中才有進步，也只有在這些程序中才有進步。這是文化進步的觀念客觀的公式。個人的幸福在這個程序內是沒有地位的，因爲自然人只有冷酷的將個人供獻到定型的壇上只許個人變爲定型不讓他有個性的發展。

這個可痛的眞理乍一看一定給愛好文化的人一個大打擊。假使個人幸福不曾因文化程序增加，那末對於文化運動的熱心都變無味了。假使文化的勢力與人類的運命相牴觸，那末文化一定是可咎責的愚妄，我們應該用全力去抵抗他。大家的希望就應該是『拋棄文化回復自然』——盧梭的結論就是這樣，他以爲人類的苦痛都原因於文化，把文化的人看做墮落的動物。

但是這個精采的著作家的推論據我們看來是錯的。個人雖然一向是爲文明犧牲，這個悲觀的推論決不是必然的，一定不可移的。所謂『太陽之下沒有新的東西』這句話實在代表萎弱無力的知識。事實的邏輯使我們希望正與此相反：第一發展之後一定接着有第二發展，我們由文化進步得到的無窮的力，我們在第二發展就可以用這個無窮的力增進個人的幸福。現在時代是『社會的完成』時代不過是第二個『個人的完成』時代的引子。其實這個可奇異的大革命在晚期資本制度變象中我們已經看到了。這並不是樂觀的好夢，這是社會學者明眼所看到的眞理，從人類發展特別是最近發展的事實上可以顯明的看出的。

第一我們決不要以爲文化已經達到了很高點，還會退回到他的出發點。文化的人不能退回到自然狀態正如同成人不能再變成一個兒童一樣。人類發展既然不能退回，又不能保存現在的狀態或忽然停頓他只能向前進行。這個運動也不能永遠保存現在的性質，最終的文化決不能犧牲個人以完成社會的。在動物界裏，例如最發達的昆蟲螞蟻，蜜蜂自然曾施用犧牲個人以利社會的原則，但是因此產出很可怕的結果來。這個程序極端發達，甚至雌雄兩類都不過是兩種獨立的生殖器，其他個人連生殖器都沒有，他們只是爲社會做工人或做兵士。此外還有奴隸的主人，他們自己的營養器官退化。假使沒有奴隸供養他們，他們就會餓死。螞蟻之中，有許多個體腹中充滿了甘美的液體懸掛在蟻房中他們好像活着的蜜罐供社會的犧牲的。我們從這個現象上可以看出自然程序的方向就是個體的退化與墮落。人類社會中固然也有這樣的退化，但是這種退化還沒有(也決不會)變成了遺傳的身體變態。假使人類一切委諸自然，按着自然程序進行，他一定會墮落到昆蟲的階級上去。但是人已經升到高級，個人都有求完成的個人的傾向，不論在什麼地方，什麼時候，人類感情常是竭力的去反對那使個人退化墮落以博得好社會的觀念。

文明越進步，那反抗的感情也就越濃厚，越熱烈，因爲人類經過文化階級就越能享受快樂，感覺苦痛。文化人在順適的狀況之下比較禽獸與自然人更爲快樂，但是在不順適的狀況之下他一定覺得更苦痛。所以人類自從文化進步了，以後，對於「人生應該怎樣」「人生是什麼」這種思想更加注意，要求解決，而對於要求一個可以自由的完美的發展幸福的世界的欲望，更熱烈更不可壓抑了。人類既然藉着文化得到求快樂拒苦痛的能力，他會永遠安於爲社會的犧牲，供文化的消耗品那是決不可能的。現在就是低級社會最容易受退化的影響的也發不平之鳴了，女子本來爲人類最老的奴隸的也希求獨立了。由此可見這個見解的真確。現代所常聽見的『個人主義』與『社會主義』大名詞也不過證明這個求幸福的渴望的勃發罷了。

個人主義與社會主義兩個名詞並不是像一般所想的那樣相反的，他們所表現的是同一種努力的兩方面。假使我們採取那偏邪的見解以爲個人主義就是各人孤立的，互相爲仇敵的，以爲社會主義是絕對的平等，不許各人有不齊的不平等的發展，那末這兩種主義真是絕對的相對立的。假使我們否認這個可厭的嘲弄人的見解只承認個人主義不過就是自由的組織，社會主義就是工作的組織——或更精確的說合理的合作，(卽生產的社會化)與公平的或比例的工作產物的分配——那末社會主義不特不與個人主義相反，而且爲個人主義的必要條件。因爲至少在現在社會發展的變遷上，對於個人生命的發展，供給權力與自由的，只有社會主義是最好的，也就是惟一的形式。因爲人是社會的動物，所以他只能按着社會的形式達到他的目的。有財富的階級注重在個人主義，無財富的階級重在社會主義，這是很容易了解的。但是從社會學的立足點看來，這都是片面的，誤謬的。要求達到人類的幸福必須是『社會的個人主義』

因爲人類向來將幸福留在另一個世界(天堂)消受，所以對於求幸福的渴望沒有得到什麼結果。這種信仰最初對於受苦難的人是有益的，但是對於現代好活動的人要將全副的精力用在現世生活上的，這種信仰實在是一種阻礙。現在這個觀念已經漸漸消滅，所以人也漸漸的相信現在妨害個人的弊害都是社會組織不良的結果，只有改變社會組織才可以將那弊害除去，——所以人越遇着弊病越可以使他興奮爲社會去努力。舊的宗教只能安慰我們，鎭靜我們，這個新的宗教可以激刺我們，使我們不要將苦痛變爲空虛的希望，但是變爲動作，我們用這個動作使真的進步實現在生活上。

現在凡是阻礙我們追求幸福的早晚必受排斥攻擊，漸漸衰敗。我們在上文說過文化所以不能增進個人幸福的是因爲大多數的人民均被少數的治者壓迫踐踏。現代最重要的現象就是這些被壓迫的人民都從睡夢中驚醒，起首組織將來他們必然漸漸的得到他們所需要的權利。

被壓迫的人民覺得只有在團體與團體間的生存競爭化爲人道的以後，這壓迫才能終止。只有用國際間的協定才可以將團體間的競爭人道化。殘酷的生存競爭中根底最深的形式就是戰爭。現在因爲戰爭社會變爲工作的社會所以下等階級起來反抗這樣的競爭，救濟這個情形。現在商業關係已經代替戰爭去聯絡世界各國成爲一個大的工作社會。在這大的工作社會之內，個人的利益不必再像在戰爭社會中完全爲社會犧牲，但是在這樣的社會內，國家漸漸變爲增加個人福利的媒介了。

平和的工作組織漸漸加增，不久將包括全世界。按着進步的原理看來，這個時候有一個大轉機，這個轉機要比用文化提高個人幸福的還更重要。上文討論文化進步原因的時候曾說到文化進步最重要的原因在乎團體間的相互影響（見第四卷第二章）本來相仇視的國家一旦發生相互的關係的時候，那進步就受了極强的衝動。過去幾世紀所以有極速的進步就是因爲最進步的國家都是先後與新的民族相接觸，一直到世界變爲一家。如果文化的進步永遠是急驟的，人對於那種變化極速的情形就不能有真的適應。如果沒有適應，沒有系統產出，個人就是紛擾無定的。不能獲到穩固的立足地因爲這個緣故，所以過渡的時代，最不利於個人幸福。只有在緩慢的社會適應中，個人幸福才可以不受擾亂的發展。假使我們關於進步的理論是不錯的，那末現在急迫的偶然的進步不久一定要終止，因爲現在世界上沒有新的國家可以使文化有新的，突然的發達的了。這樣急迫的突然的所受得的衝動已經很多，須長久的時間才可以使他們均平。以後進步要在平坦的路途上進行，如穆勒約翰所預測的相對的平靜狀態，卽有規定的進步時代，我們可以得到。但是這樣的情形並不是排斥社會順應，不過這樣情形對於個人幸福比較向來是要更有功效的。

自從馬爾薩司以來專門社會學者常以爲文明國家中大部分的苦痛都是因爲人口過盛的緣故。文化的成績對於增進個人的生活的越少，他對於片面的人口增加貢獻越多，這是很顯然的。卽如十九世紀的歐洲與美洲人口增加了以後（從一五三，〇〇〇，〇〇〇人增加到三九八，〇〇〇，〇〇〇人）當然要產出許多的苦痛與困窮；如疾病，犯罪，生存競爭的困難都是，此後人口總不能繼續像以先那樣的增加。現在在文化最高的國中，人都明白如多生殖兒童而不能與以相當的教育或不能保證使他有相當的生活，那就是極不道德的，妨害自己比妨害他人更利害。因爲這種見解，所以在那些國裏的生殖率大減退。人口生殖率的低減是文化與幸福的關係上最重要的事情，因爲這正是對於生殖的人道化，生殖上加以人道卽可免去許多的苦痛了。

從此可見在許多方面都有力預備向個人幸福方面進行，將許多反抗的阻礙物戰勝。

同時在科學的範圍內也有極重要的事件發生，這就是文化運動的發見。在自然界的各方面都是無意識在有意識之先（例如有機的發展，個人的發展都是）所以文化運動向來也都是無意識的，不是本意的。但是自從發展進行了以後，人類早晚一定要到能夠對於他自己的存在有意識的地位。

自從社會學發生，人已經到了有意識的發展的地位，從此世界上將開始一個新的世紀。人類從此將跳出本能生活，到了意識生活，昏睡的人類現在覺悟了他的目的，爲有目的的奮鬬。人類向來像盲目的自然力那樣工作的現在可以看了。山谷中雖然仍有黑暗的陰影，但是山頂已現出紅的曙光。社會的知識已經侵入自我意識的領域。因此文化運動一定要改變性質。因爲人以先不知道文化發展的實際與存在，所以他當然要忍受種種，以爲是他們的運命。現在人類可以藉着科學利用文化運動適於一己的利益了。人類既然藉着自然科學支配自然，他也可以學着藉着文化科學支配奇異的文化產物使適於自己的利用。『研究社會力的科學自身就是社會力，』人類有了這個社會力就不受盲目的勢力的支配，可以覺悟他的目標向前進行。

綜上所述：人類向來是沒有知識的，沒有意志的，不斷的經過長期的周折的與無窮的競爭。在這個幾萬年的時代之內，社會經過完成的程序而他的代價就是犧牲了個人幸福。這個程序的結果，有組織的人類聯合漸獲到高的理解力與權力，人類從此覺悟了他自己的生命。我們從各方面的情形推測可以看出第二時期的開始，人類向來爲文化的奴隸爲他自己所創造物的玩物的，現在在這個時期內才把辛辛苦苦所獲得的文化成績利用在增加個人幸福上，爲文化的主人。

據天文學與地質學的證據，我們現在所經過的第二時代將延長數十萬年或數百萬年。我們看了過去二千年內重大的進步，再推測將來的發展可以更登峯造極，到完美的文化的境界，將我們所有的半文化合併起來與那完全的文化相比較一定極幼稚的。這個推測大概是很合理的。只有在將來文化完全發展的時候，人才可以正當的理會那文化的價值。

我們用社會學的眼光來研究文化的發展，那公正的穩靜的研究決不會使我們得到悲觀的結論。我們反覺得在人道發展的大程序中，常蘊藏着救濟與獲幸福的祕密計畫，假使人類發展曾有有目的權力指揮着，也不會比現在的形式有大差異的，一定要先造出工具，才可以得到那工具之用。假使我爲自己做一把斧子，我做斧子的時候不過是達目的的方法。必等到我把斧子做好，我手裏自由揮動的時候，我才是斧子的主人。我們可以將瑀特（Goethe）的名言掉轉來說『最初我們是僕役，只有以後我們才得自由』

所以我們的不幸不是因爲我們所有的文化太多，但是因爲文化太少。我們不應該說「返於自然」須說『去完成文化。』假使人不能利用從文化所得到的權力，反將他拋棄，那是極愚蠢的。這樣的人與那費半生精力積聚財富的人以後因爲財富使他厤煩增加困難，竟將那有價值的財產不去享用他的一樣的愚蠢。

人類只有用文化的方法才可以達到他的理想。所有我們的精力都應該集中在這個目的上。就是不具這個希望的人也可以在文化的事業中獲到人類生命所能得到的最高的滿足。因爲如我們上文已經說過的，真的幸福不在目標上，但是在達到目標的路上，不在最末的情形，但是在那引到那情形的程序中，不在平和的占有好的事物，但是在向更好的事物努力，奮鬬，節節的前進。

敬啟

「民國專題史」叢書，乃民國時期出版的著名學者、專家在某一專題領域的學術成果。所收圖書絶大部分著作權已進入公有領域，但仍有極少圖書著作權還在保護期内，需按相關要求支付著作權人或繼承人報酬。因未能全部聯系到相關著作權人，請見到此説明者及時與河南人民出版社聯系。

聯系人 楊光
聯系電話 0371-65788063
2016年3月28日